可复制的
文案变现法

兔妈 / 著

机械工业出版社
CHINA MACHINE PRESS

本书包括文案入门、文案学习、文案自检、文案变现、文案副业接单、用文案打造个人IP以及文案变现实战案例七个板块，清晰、准确地总结了爆款文案的创作要领和变现路径。所讲方法深入浅出、通俗易懂、易于模仿，教你真正吃透文案写作这项技能，看透文案变现的本质，掌握文案变现的打法，突破文案变现的困境，真正解决新手学文案常见的写不好、转化差、难变现三大难题。书中方法被试读者称为"文案变现藏宝图"，只需顺着它的指引认真加以实践，就可以轻松打开文案变现的大门。尤其对于想要通过副业增收、内容创业、文案变现、打造个人IP和做爆款自媒体的新手而言，能够少走甚至不走弯路，让自己掌握文案创作的新技能。

图书在版编目（CIP）数据

可复制的文案变现法 / 兔妈著 . — 北京：
机械工业出版社，2022.12
ISBN 978-7-111-72279-3

Ⅰ.①可… Ⅱ.①兔… Ⅲ.①市场营销学–文书–写作 Ⅳ.① F713.50

中国版本图书馆CIP数据核字（2022）第255610号

机械工业出版社（北京市百万庄大街22号 邮政编码100037）
策划编辑：曹雅君　　　　　　责任编辑：曹雅君
责任校对：丁梦卓　王 延　责任印制：张 博
中教科（保定）印刷股份有限公司印刷

2023年3月第1版第1次印刷
170mm×242mm・18.75印张・1插页・228千字
标准书号：ISBN 978-7-111-72279-3
定价：69.00元

电话服务　　　　　　　　　网络服务
客服电话：010-88361066　　机 工 官 网：www.cmpbook.com
　　　　　010-88379833　　机 工 官 博：weibo.com/cmp1952
　　　　　010-68326294　　金 书 网：www.golden-book.com
封底无防伪标均为盗版　　机工教育服务网：www.cmpedu.com

业内推荐

（排名不分先后）

在我印象中，兔妈是一个文案超级极客。她对文案的钻研之深、理解之透、实战之强，在我的朋友圈中无人能及，她的前两本著作一本比一本有干货（第一本著作 33 万字、第二本著作 35 万字），从书的厚度就可以感受到她做人的态度，我相信这本书一定能带给大家更多、更大的惊喜和收获，从学习文案技能到文案变现完成闭环，兔妈自己在讲文案、写文案、做文案、教文案方面的成果数不清，如果你想写好文案、用好文案，做好文案变现，选她选她一定要选她，她的认真、极致、尽责，值得你选择，跟兔妈学文案准没错！

——干货帮 / 壹职学创始人、知识 IP 商业顾问　肖邦德

文字是极其富有魅力的，尤其是在高度发达的新商业时代！无论是专业的营销达人，还是想拥有这个核心技能的斜杠青年，文案能力都是高效沟通的必备技能，也是自媒体时代展现个人影响力的"魔法棒"！但文案变现有着一整套完整的心法和技法，需要你的潜心钻研和积极实践。兔妈是时代光华"爆款文案训练营"的核心老师，拥有专业的理论体系和丰富的商业实践，相信这本书一定能帮你找到文案"点石成金"的秘诀！

——时代光华研究院院长、咨询公司总经理　闫吉伦

至今为止，我阅读兔妈的作品从来不曾失望过，她不仅在书中将卖货文案知识毫无保留地分享出来，更将此运用得炉火纯青。与兔妈合作三年，她对市场的专业见解、严谨的销售逻辑、优秀的文笔，帮助我们孕育出了三个爆款产品，累计两亿元的销售额，成功占据了市场。兔妈的文案系列书籍，通俗易懂，实操性极强，是所有企业管理者、文案工作者都应该阅读的。《可复制的文案变现法》是兔妈的第三本新书，有幸成为第一批读者，在这个人人都是自媒体的时代，如果你想要通过短视频、直播等形式实现人生的蜕变，赚取第一桶金，想要实现更大的人生价值，那么这本书对你会有巨大的帮助。

——明礼德教育科技集团有限公司市场总监、璞德（广东）
文化科技有限公司首席信息官　廖艾辉

市场上缺乏优秀的文案人才，特别是卖货型文案人才，花高薪都招不到。提到文案，大部分人的第一反应就是自己没那个能力，殊不知，文案写作可以学习、实践，再学习、再实践。能力是可以不断提升的，兔妈的书就是那个帮助你快速学习的优质内容之一。每当遇到我服务的客户文案能力瓶颈的时候，我就会推荐兔妈的书《爆款文案卖货指南》和《短文案卖货》，客户反馈都很好。很高兴兔妈的第三本书出版了，我给朋友推荐的书又多了一本。

——有赞学堂金牌讲师、杭州新视橙 CEO　杨亚霖

恭喜兔妈的第三本书要面世了，从出版第一本书到现在才短短 4 年，成长速度惊人，可见其学习能力和用功程度，实在令人佩服。兔妈是非常认真、用心的人，记得有一次邀请她出一个课程赋能商家，哪怕是公益性质的，她也是和盘托出，让商家都非常感动。更重要的是，她对文案的理解真的非常到位，能通过不一样的角度和细小的卖点抓住消费者的心，因此经过她手的文案，转化率都特别高。相信这本书能给你带来非常大的收

获，能让你真正读懂文案原来有那么大的魅力，文案原来这样写才能抓住消费者的心，更清晰地了解文案变现有这么多可能！

——店小秘（中国独角兽企业）副总裁　张建洲

兔妈的两本畅销书《爆款文案卖货指南》《短文案卖货》已经成为我们团队和学员学习文案的必读书籍，喜闻兔妈的第三本书《可复制的文案变现法》即将上市，一定又是一本文案界的畅销书！兔妈在文案方向的实战经验、案例，足够让你在学习文案的道路上少走一年弯路，强烈分享给每一位想要学习文案的同学。

——《可复制的私域流量》作者、私域研究院创始人　尹基跃

兔妈是我亦师亦友的那个人，是我非常崇敬的文案大神。能写文案的人很多，能像设计师一样"设计文案"的人很少，兔妈就是一位非常卓越的文案设计师。兔妈的文案个性十足、直击人心、说到灵魂深处，她的创作绝对是一鸣惊人，一字千"金"，令我折服。她通过最简单直白的语言和丰富的案例，讲透了文案创作的核心命脉，让人学会怎样用文案来百倍放大个人品牌影响力。我有幸在出版前试读部分内容，确实是干货满满，我会推荐身边所有的朋友拜读这本书。

——疯狂运营官创始人、洛阳理工学院创新创业导师、微擎商学院名誉副院长、抖音巨量大学认证讲师、UU跑腿原运营总监、熊猫传媒华中区运营顾问　阿豪

兔妈是打造爆款文案的高手，她在文案卖货方面的见解总是能抓到产品的本质，通过文案使产品转化率大幅提升。这也得益于她长期坚持钻研产品、洞察用户心理，研究适用的文案策略。相信《可复制的文案变现法》这本书，一定也能给你带来质的提升。

——IP工场创始人　商业IP王校长

"三年入行，五年懂行，十年称王。"一路见证"文案界的新华字典"兔妈从电商文案变现、短视频文案变现到全媒体文案的研究历程。我们每个人的成长都曾受益于文案撰写的能力，而文字表达能力，也是一个人学习、工作、沉淀、跃迁必备的底层能力之一，期待你在书中遇见更好的自己！

——干货帮合伙人 李轩洋

听闻兔妈的第三本书《可复制的文案变现法》很快就要问世，对此我是太惊讶了。惊在这么短时间内就能写好一本动辄一二十万字的书，会不会有所不足？当我提前看了部分内容后，心中的石头落了下来。因为相熟多年，兔妈确实是个做事谨慎认真、注重营销细节的人。这本书也秉承了前两本书一贯的实用风格，通俗易懂且案例丰富，就算是新人小白，也可快速学习并用起来！如果你也想通过文案变现赚钱，那么这本新书真的要好好研读一下！

——卖货研究所创始人、有赞学堂金牌讲师、《如何写出短视频爆款文案》作者、《疯卖文案速成训练营》课程主理人 雨涛

从文案新手到爆单女神要多久？兔妈以亲身经历给出了答案，只要掌握正确方法并刻意练习，一年甚至几个月足够了！与一般讲文案方法与技巧的作者不同，兔妈是身经百战，屡创卖货奇迹的实战派，是真正拿到过结果的文案变现高手！正所谓知行合一才是真知道，真知道才能写出真经验！本书就是兔妈在文案变现领域真经验的和盘托出，不仅有详实的文案变现实战方法论，更有如何接单，持续获取客户的实操路径和清单，不仅能帮你打通文案底层逻辑，还能助你通过文案赚到真金白银。

——《爆款品牌营销》作者、公众号"刘好风"主理人、杭州好风品牌战略咨询创始人 刘好风

认识兔妈已经有三个年头了，在我印象中，兔妈是文案界实战和教学经验都非常丰富的高手。她对文案的理解从来都不局限于纸上谈兵，而是一笔一划、真刀真枪地边实践、边总结、边分享。她的执行力和利他心令我十分钦佩，正是她认真负责的做事风格才吸引了那么多想学习文案写作的人一直追随。如果你也想借助文案写作能力升职加薪或提高收入，兔妈这本极具实操价值的书一定不会让你失望。

——私域成交联盟创始人、某上市企业前私域负责人　私域郭盟主

阅读过兔妈的前两本书，对于我在文案撰写方面的提升有非常大的帮助。今年兔妈的第三本书上市，当下这个时代是超级个体的时代，确实人人都可以通过文案来进行变现，跟随兔妈的脚步，相信大家也能使商品爆单，找到自己的文案技能变现之路。强烈推荐！

——企业级短视频直播操盘手　王焕

文案写作能力不是一蹴而就的，一定是一个积累和沉淀的过程。因此有一位专业的老师去辅导，手把手带你梳理，会让你少踩很多坑，进而快速掌握方法和诀窍，实现文案变现。兔妈是我认识的在文案写作这个领域顶级的专家之一，不但有着非常专业的理论知识，更有着丰富的实践经验，能够将理论与实践进行很好地结合，真正地帮到学员。

——抖音直播专家、桃李园 COO　四方（向从兵）

为什么说做自媒体要从学习文案开始？因为懂了文案，就懂了营销、懂了用户，就能说到用户心里，就能把自己"卖出去"。文案也是把产品变成钱的落地工具。可以说，如果没学过文案，我也走不到今天。兔妈是我朋友圈里最靠谱、最值得跟随的文案老师，期待这本《可复制的文案变现法》能帮到你。

——分销王子、裂变发售操盘手　罗光现

与其说这是一本教人文案变现的指南，不如说这是一本人生逆袭宝典。学会文案变现是现代职场人的重要竞争力，兔妈是最懂文案变现的人，这本书涵盖了她所认为的文案变现所需的要点，从文案入门、文案学习、文案自检再到文案变现、文案副业接单、文案 IP 打造，让人人都学会文案变现，实现身份逆袭，最终获得影响力和商业价值。

——加推学院互联网运营负责人　曹勇辉

接连出版两本文案畅销书之后，兔妈开始在"爆单女神"的定位和专业视野之外，尝试突破和跃迁，从商业生态和人生角度来思考如何用文案帮助更多人创造价值。

新书主要分享了 3 个思维：① 工具思维。这秉承了兔妈一贯的风格，只讲干货，上手可用，更系统化，适合组织和个人马上开干。② 文案思维。对产品、服务和自身优势进行文案化和系统化梳理，塑造自身的价值感和品牌形象，赢得用户的关注和信任。③ 杠杆思维。好的文案一定要形成有效的裂变式传播，锁定更多目标用户，直击用户的精准需求，产生有效变现。

持续精进，不断突破，是高手的基本功。兔妈在保持高度专注的同时，持续分享自己的实战经验和思考，希望能像她一样，持续为他人创造价值。

——新国货赛道创业者　赵镇

学员代表推荐

（排名不分先后）

2020年3月，我拜兔妈为师，很幸运能成为严师兔妈的徒弟。记得第一次交作业，因不合格被师父退回七次。师父一遍又一遍、不厌其烦地指导我。直到我完全理解那堂课的知识点后，才能学习下一节课。

2021年3月，我将师父所教的文案带货方法运用在直播带货的话术中，粉丝付款的转化率由原来的最高12%上升至32.8%。

2022年6月，我又继续跟着师父学习短视频文案。只用了40多天，集中为客户优化发布60条视频，助其在抖音接到金额超过百万元的订单。

2022年8月，我用所学的带货文案思维，测试做小红书的笔记。没想到五篇笔记中，有两篇笔记成为小爆文，赞藏比超过99.9%同类创作者。获得官方三次流量奖励。

非常感谢师父兔妈对待卖货文案写作务实、专业的精神。这本《可复制的文案变现法》是我期待已久的宝藏书籍。我知道学会此书的方法后，一定能帮助我和我的客户在网络营销推广中降本增效。

往后我会更加认真地向师父学习，争取每天都比昨天进步一小步。

——广州吉祥财神智能科技有限公司 CEO　高艳

以前的我，写文案专业性太强，离用户比较远，兔妈是实战型老师，短短 6 个月时间，我就掌握了文案创作的窍门，学会了如何站在用户角度去思考文案，小红书粉丝实现了爆发式增长。现在粉丝已经突破 50 万。做自媒体，文案是一项非常重要的能力，感谢兔妈老师当时手把手帮我指出问题、给出优化建议，对我帮助很大，让我找到了事业最大的杠杆。

——小红书知名护肤类博主　Dr. 药小金

掐指一算，跟随兔妈的脚步快五年了。从一开始的知识星球到《爆款文案卖货指南》《短文案卖货》，她不仅是我见过最会磕卖点、读人心的牛人，更是难得一见愿意带着学员一起卖爆货的好老师！如果你愿意沉下心学习，兔妈会带着你研究文案创作原则，整理思考路径。碰上心急的，兔妈更是毫无保留地送上几百个爆款模板和实战案例，手把手教你直接套用，马上出单！期待兔妈的第三部作品《可复制的文案变现法》，为兔妈疯狂点赞！

——心照顾平台创始人、资深新媒体人、多家集团新媒体顾问　王靖

身为一名高校教师，总想在理论教学的同时能够带给学生更多的实操训练，让他们切实感知广告文案的魅力。兔妈书籍的出现让人眼前一亮，满满的干货。系统读过她的《爆款文案卖货指南》和《短文案卖货》，框架体系清楚，分行业总结的文案模板都可以直接套用，避免了很多弯路。最关键的是有实操案例讲解，对消费者心理的把握和文案最终经济效果都有具体解析，也有实实在在的商业实战案例，这对于学生和文案新手而言都是莫大的帮助。如果你想系统学习广告文案，如果你想切实提高文案的转化率而不单纯是打文字战，真心给你推荐兔妈的系列书籍。

——某高校副教授　李伟娟

陪人创业 8 年，自主创业一年半。猛然发现：影响项目成败的关键因素，往往不是普遍认为的"管理问题和运营玩法"，而是取决于最容易被忽视的文案。你绝对想象不到"持续打磨投放文案能省至少 20% 以上的获客成本，就连客服朋友圈和私信话术的优化都能让你的成交率至少再涨 10%……"兔妈是我所见的少有的真正掌握文案变现核心逻辑的实战型导师。如果你的企业正处在迷茫期，业绩增长缓慢，推荐你好好读一读并践行这本书的内容，或许可以从中找出一些答案。

——资深新媒体人、7 本营销类图书作者、多家集团公司新媒体顾问
张宇微

就像电影《教父》中说的：一秒钟看透本质的人，和一辈子都看不透本质的人，注定是截然不同的命运。三年前我刚入行做文案时，执着于文笔，业绩惨淡，是兔妈帮我拨开迷雾，告诉我洞察用户和市场需求才是文案的核心，并辅导我做竞品分析、用户分析、写标题、磨文案，在第三个月我就做出了百万级爆款，在职期间业绩排全公司第一。现在我自己创业了，在创作每一个脚本、谈客户或者辅导团队伙伴写文案时，所用到的底层逻辑，就来自于兔妈。如果你也想文案变现，那么兔妈的这本书，就是你的敲门砖和指路明灯！

——小红书流量操盘手　文案大圣

在文案行业，我有幸认识了许多优秀大咖与头部媒体人，兔妈就是其中一个让我十分钦佩的人。以前的我写文案只懂"套路"，不清楚如何利用心理与细节直击用户内心。跟着兔妈学习后，我对文案写作有了更为系统的思考。就像做出一道菜，曾经只关心放几勺调料，而忽略了食材的选择。如果你也想通过文案变现，那这本书是你的不二选择，因为它易学，看完就能上手，帮你节约选书和学习的时间成本。

——明睿大语文创始人、翰谷教育市场总监　大灰

　　文案老师很多，但像兔妈老师这么实战经验丰富的真不多，她四年靠文案实现了 4 亿多元的销售，卖爆了超多产品。现在她把自己多年的实战经验总结成了简单易上手的干货方法，让很多初入文案行业的朋友，看完就能轻松上手，更快地掌握文案变现的方法和精髓，少走几年弯路。《可复制的文案变现法》让我系统地掌握了文案变现的底层逻辑和方法，实现了质的飞跃，是每一位文案人必备的文案书，真心推荐！

——星辰部落创始人　吴凡诚

　　作为兔妈文案课的学员之一，从她的课里学到很多文案方法和技巧。兔妈之前写过两本书，内容深入浅出，且给到非常精准的案例拆解。简言之，她的书一向兼具专业和通俗易懂两大特点。在这本新书里，除了以上两点，她还把从基础入门到各位常见职场、副业当中最常见文案形式做了专业拆解，并分享了自己实战总结出来的爆款文案创作方法、自检清单、接单指南等，将会给所有想在文案领域深耕、用文案变现、提升个人竞争力的朋友带来帮助和支持。兔妈作为国内文案变现实战派的优秀代表，由她倾力打造的这本书，相信也一定会成为读者朋友们文案变现路上的强大武器。

——喜马拉雅某部门新媒体运营主管　主编七七

　　2021 年 4 月，遇见兔妈之前，我与文字打交道足有 10 年时间，在杂志、报纸发表文章无数，并出版了自己的两本书。然而，我对文案变现却一无所知。说难听点，尽管写作多年，作品颇丰，我仍然囊中羞涩，"穷困潦倒"，不懂文案变现的魅力。于是我在互联网上遍寻解决问题的灵丹妙药，后来终于遇到了兔妈，成为她的私教课学员。通过足足长达半年的贴身学习，在兔妈专业又耐心的指导下，我终于通晓文字变现的底层逻辑，并找到自己的细分领域——故事。唯有在写作中巧妙融入销售、变现等商业思维，你的文字才能价值百万。相信兔妈在这本书中可以很好地帮助到你。

——畅销书作者、个人品牌故事撰稿人　顾寒山在如今的互联网时代，我认为每个人都应该学一点文案技巧。文案不仅是文字版销售可以放大你的销量，还是对用户发出你想让他完成指令的核心技能。这背后要学的可不仅仅是表面的文案套路那么简单，高手往往都是对用户需求的深刻理解。在兔妈的指导下，我学会了对文案更底层的思考，增加了对营销变现的认知理解，相信这本书也能给你带来不一样的收获。

——电商行业运营总监　宋宋

遇到兔妈，是我人生的转折点。兔妈是我系统学习卖货文案的师父，是她手把手带着我从一个跨行业的纯小白成长为独当一面的文案人。尽管文案的形式千变万化，但兔妈总能一针见血地道破文案卖货的底层逻辑，并且源源不断地输出可复制的方法论。这也是为什么我能在短时间内上手，快速变现拿到结果。除了过硬的专业能力，更让我敬佩的是兔妈做事的态度。对客户，她发扬死磕精神，反复打磨作品，始终做到超值交付；对学员，她毫无保留地教，事无巨细一一指导。可以说，兔妈不仅是我的文案老师，更是我的人生榜样。我会继续跟随兔妈师父精进卖货文案，也希望有更多人能从她的文案变现方法中受益，在这个全民卖货的时代脱颖而出。

——独立文案人　七海

认识兔妈好几年了，她是我文案路上的重要导师。我以前写文案，经常为抓不住痛点和产品卖点苦恼。直到偶然一次遇到兔妈，被她吸引，开始跟着她学习文案。我发现她的文案学习方法很接地气，能通过实用的方法教你写出接地气、能卖货的文案。在兔妈的指导下，我写出不少爆款产品文案。对此我一辈子都感激不尽！现在我作为保险经纪人，经常会写文章拓展客户，兔妈教导的各种方法，对我依然受用。

——头部知识付费平台前资深文案、明亚资深保险经纪人　野小君兔妈不是我的文案启蒙老师，但却是我文案路上特别重要的一位老师。是她让我明白了什么叫作"文案的底层逻辑"，让我从原来写文案时浅层次的模仿和复刻，转变成了真正的写作。而且，掌握了文案的底层逻辑，不管什么类型的文案，都可以轻松驾驭。是兔妈指导我成长为名副其实的"专业文案人"，并且靠文案能力的提升实现了收入的大幅度增长。感谢兔妈成为我文案路上的良师益友，期待她的新书《可复制的文案变现法》能帮助更多小伙伴学会文案，学懂文案，靠文案成功变现。

——独立文案人　晓雯

我是一名职场宝妈，孩子 3 岁后重新走入职场，却只能选择文员工作，月入 3000 多元根本不够家庭开销。我挣扎过，想要改变，但又不知道从何开始，也担心做不好。2021 年 7 月，我开始跟着兔妈学写卖货文案，从听课到写作业，从指导反馈到举一反三，是她手把手带我走进变现的大门！2022 年 1 月，被客户主动约稿，3 月正式转入广告文案行业，底薪翻倍。师父对我们总是有求必应！遇到了问题，总能得到解答。找副业，她会主动对接项目；找工作，她会联系同城人脉，给出合适的建议。她总是以"伯乐"的身份出现，看不见摸不着，却又时刻都在！

——职业文案人　谦奈儿

前　言

人人都能通过文案实现人生逆袭

我为什么要写这本书？

如果只是为了讲更多卖货文案的创作方法，的确没有必要写这本书，毕竟我的前两本书《爆款文案卖货指南》和《短文案卖货》已经讲得足够透彻、详尽了，但是，在给越来越多的企业内训，以及辅导越来越多的学员之后，我发现一个比较现实的"大问题"，它让我有了写一本新书的想法。这个"大问题"是什么呢？就是：如何正确运用学到的卖货文案知识？如何靠写卖货文案这个技能实现变现增收？尤其是那些本职工作不是做文案的人，在学完文案知识后，大多数人都不知道怎么应用，更不知道如何靠写文案这个技能实现持续、稳定的副业变现。

之所以会出现这样的情况，我分析后发现主要有这两个原因：

第一个原因：基本功不扎实

想靠写文案实现副业变现，首先基本功一定要扎实，给你一个产品，你要能独立完成一篇合格的卖货文案。然而，很多人看书、听课，看似学了不少文案知识，实则无法写出一篇合格的文案。这时候，谈变现就没有任何意义。

之所以基本功学得不扎实，很多人会统一归结为缺乏自律、不够努力，但我发现缺乏自律、不够努力只是表面现象。真正的原因是缺乏对卖货文案的正确认知。这一点，从隔三岔五就收到学员的问题"兔妈，学好写卖货文案真的能变现吗？"就能看得出来。

一位互联网大咖说过一句话：每天6点起床，不叫自律。真正的自律是愿意为之放弃或者牺牲一些东西。我特别认同。

没有人会真正意义上的不自律。比如刻意练习创作文案100天，就给你100万元，大概率没有人做不到。只是在现实中，大多数人的视野太短了，不愿意为长期的利益放弃短期的快乐。就像我，靠卖货文案获得成功后，经常被人冠以"拼命三娘"的头衔，但为什么我愿意牺牲眼下追剧、逛街的时间去拼呢？不是因为我天生喜欢拼，而是我对文案有深刻的认知，我能看到踏踏实实学好文案之后的长期利益。

我是怎么判断这一点的呢？有5点思考。

1）文案创作一个人就能搞定。像曾经风靡一时的微商，要花钱囤货、要懂拍摄、懂制图，还要懂文案、管理代理，同时具备这些能力的人少之又少，所以，大多数人很难做出成果。但写文案不同，你只要研究好这一项技能就可以了，更容易做出成果。而且相比其他副业，它的门槛也更低。

2）文案是整个互联网商业的枢纽。古希腊物理学家阿基米德说过："给我一个支点，我可以撬起地球。"而在互联网商业里，这个支点就是文案。无论你是做公众号、微商、电商、朋友圈卖货、社群营销，还是做短视频（抖音、快手、小红书、视频号）、直播等，都要通过一个环节把产品销售出去。只要你销售产品，就需要用到卖货文案。而且好文案直接决定产品的销售转化。

3）文案创作是离钱最近的岗位。职场求职想获得高薪，一定要去那些能直接创造业绩的岗位。文案创作就是这样的岗位。像行政、人事，甚至是传统创意广告等，都是花钱的岗位，公司一有变动，首先裁掉的就是那些不创造业绩的岗位。而且求职时，会写文案的人可以选择的岗位很多，包括内容营销、产品文案、产品经理、新媒体运营、朋友圈运营、电商文案、短视频文案、图文种草文案等。

4）写文案是获取高收入的技能。我一直倡导"文案+"，因为它能为所有技能赋能。不信我们组合一下看看：

一个优秀的营养师+会写文案；一个优秀的销售员+会写文案；一个优秀的平面设计师+会写文案；一个优秀的产品运营+会写文案；一个优秀的创业者+会写文案；一个优秀的化妆师+会写文案；一个优秀的摄影师+会写文案……甚至，一个普通宝妈，只是把孩子养得好一些，也可以把养娃的经验分享出来，实现技能变现。我认识一位宝妈，原来她在公司做文员。生孩子后开始做育儿读书社群，然后用文案进行社群营销。她说，好的时候，每天有600~800元的收入。

再举个例子，假如你会做PPT，在二三线城市的企业当一个小职员，每月的工资是3000~4000元，但如果你把这个技能包装成产品，并用文案销售出去，你可能一天就能收到3000元。

每一种身份与文案能力相加，都能产生充满想象力的反应，这就是文案的魅力。

5）文案能产生非常可观的复利。具体体现在两个方面：能力复利和个人品牌复利。随着你做的时间越来越长，经验越来越丰富，个人品牌越来越值钱，最终形成你的强势个人品牌。而且它具有极强的时间累积性，一旦形成，别人短时间内无法超过你。时间就是壁垒。如果你擅长其他领域，通过文案打造你所在细分领域的个人品牌，也能比其他同行获取更多的资源和机会。

当然，在开始接触卖货文案时，我并没有思考得这么全面，只看到了前3点。在持续成长的过程中，我对卖货文案有了更深刻的认识，也让我更坚定地在这条路上走下去。这才有了大家看到的"兔妈很自律、很拼"。所以，从这个角度来说，自律是一种高认知。所谓能坚持，就是因为多看了几步，深思了几层；所谓不能坚持，就是没有多看几步，没有多深思几层。

如果你只是一时冲动想要学写文案，当你遇到困难时，可能会盘算着准备转行了，当然也不可能收获文案变现的好结果。所以，我经常给学员说："先要立志，才能立功。"当你有了这个态度，才愿意踏踏实实修炼基本功，才能独立完成优秀的卖货文案，才有可能靠文案持续变现。

第二个原因：缺乏正确方法

有一类人对卖货文案有清晰的认知，也非常坚定地要在卖货文案领域有一番作为，但是缺乏正确的方法，结果花了大量的时间和金钱成本之后，依然没有收获好的结果。具体体现在：不知道怎样获得客户的信任，很久以后才接到第一个订单；接单后不知道怎样做准备工作，导致写的文案客户不满意，自信心大大受挫；不知道去哪里找客户，导致没有持续、稳定的订单；不知道如何与客户谈判沟通，不知道如何报价，导致潜在客户白白流失；等等。此时，他们就开始怀疑自己是否适合做卖货文案，甚至直接放弃。这是非常可惜的。

这也是我写这本书的初衷，通过理清文案变现的误区、普及文案变现的正确思维、分享文案变现的正确方法，帮助更多人实现文案变现的小目标。

我为什么相信这本书一定能帮助你？首先，我自己靠这套方法，从一个月拿几千元工资的"职场小透明"，变成写一篇文案收费5万元起，1小时咨询费3000元起的文案人。其次，我把这套方法成功复制给学员，帮助

10000 多名学员实现了 2~18 倍的收入增长。

你肯定有疑惑，一般来说，一件事成功可能是靠实力也可能是靠运气，但是，为什么我能帮助拥有不同年龄、不同学历、不同背景的人写出卖货爆文，并成功迈出文案变现的第一步，实现副业增收呢？肯定是掌握了某种方法论。是的，我自己在成长进阶中，以及在辅导学员的过程中均使用了这套文案变现的方法论。

学习最大的成本不是金钱，更不是时间，而是学了错误的知识并付诸实践。我写这本书的时候，就决定把这套文案变现的正确方法论公布出来，辅以实战应用案例，希望能帮助更多文案从业者和想实现文案副业增收的人。

关于兔妈和本书的"使用说明"

我相信，在买下这本书的那一刻，你已经有了非常明确的目标，就是：解决自己的问题，成功靠文案变现。那么，你怎样使用本书才能更好地达成目标呢？有 3 种使用方式：

第一种使用方式：当你对文案变现萌生了兴趣，却不知道从哪里着手时，我会从你身后把这本书递给你，在你耳边说一句"跟着导航的提示，大胆向前走"。

这本书共有 7 章，前 6 章是复盘我自己从新手成长为如今"爆单女神"的过程，以及辅导过的那些零基础学员一路成长中走过的每一个节点。从学习入门到成功变现，就像 GPS 导航，告诉你文案入门要注意什么，文案学习的方法是什么，写完文案如何自检，文案变现要注意什么，学好文案如何接单，如何用文案打造个人 IP，实现爆发式成长。只要你按照这个路线，把每一步执行到位，就能闯关成功。最后一章详细讲解了变现实战案例，帮你打开思路，发现更多可能。

第二种使用方式：当你觉得文案变现是一件非常困难的事情时，我会拍拍你的肩膀，并递上本书，说一句"你可以的"。

我 2018 年开始接触卖货文案，从一个纯粹的新手，到 2 个月帮客户做出第一个千万元级爆款产品，并在 1 年里连续做出 46 个爆款产品，累计帮商家卖货 1 亿多元。但你可能不知道，在这之前，我连卖货文案是什么都不了解，而且我只有大专学历。

我辅导的很多学员中，尽管有不少企业创始人、大学教授、500 强公司产品总监，头部品牌新媒体总监，但也有很多零基础的人，他们学历不高、没有基础，有些人只有初中文凭，在学文案之前没有任何工作经验，就是一个普通的全职宝妈（部分学员案例，你可以在第 7 章看到）。所以，每当你遇到困难、自我怀疑时，就可以想想我，想想这些人，告诉自己："我也行。"当然，这并不意味着卖货文案很容易被掌握，但我相信只要掌握正确方法，勤加练习，你一定也可以成功！

第三种使用方式：当你在文案学习和变现过程中，遇到一些棘手的问题时，比如，拿到一款陌生产品没思路；不知道如何与客户谈判；写的文案商家不满意，你也不知道怎么改；接的文案是你不熟悉的类型（小红书、详情页、朋友圈、海报等），不知道怎么下手；客户不稳定，焦虑又不知道怎么办；看别人的个人品牌经营得越来越好，而你努力过却没有太明显的效果；等等，我会向你挥挥手，把这个"万能的工具箱"交给你。工具箱里装有这本书，还有很多高效的好工具。

我把文案学习和变现过程中最基础的问题一一拆解开来，并给出对应的方法。一共包含从入门到变现的 43 类问题，提供了上百个具体案例和方法，覆盖了这类问题：没有好文笔能不能写出好文案？怎样不靠灵感持续产出好文案？怎样介绍产品才能避免自娱自乐？怎样向客户介绍自己才能获得合作机会？怎样迈出文案变现第一步？等等。不要小看这些问题，它们几乎覆盖了文案变现过程中的所有问题，只要你真正理解、掌握，就能够应对各种各样的复杂情况，开启文案变现之旅。当然，你也可以检测出自己的薄弱部分，根据书上的方法针对性地进行刻意训练。

坏消息是，这次的学习任务不会太轻松。好消息是，写文案技能就像开车、游泳一样，一旦习得，永远不会退化。通过系统学习，任何人都有机会实现零基础文案变现。而且，你不用担心自己太孤单，我会一直在你身后支持你。

每当你有需要时，可以搜索公众号、抖音号、小红书号"兔妈教卖货文案"，就能找到我，把你的问题抛给我。只要是关于卖货文案学习和变现的实际问题，我都会积极为你提供解决建议。而且我会不定期举办"公开课"和"实操营"，你可以随时加入。

读完以上说明，还请你收下两句话：

（1）文案变现是一项技能，它不在于你把这本书读透，而在于你能把这本书中的每一个方法用起来、用熟练。

（2）文案变现不只是一个副业，还是一个微型的个体商业体系，不管你做什么行业，若掌握了这些方法，就拥有了一双腾飞的翅膀，可以飞得更高、看得更远。

现在，就开启你的文案变现之旅吧！

兔妈
2023 年 1 月

目 录

第7章　9个实战案例，给你可复制的文案变现思路 / 227

第 1 章

文案入门，必须知道的 8 个要点

1.1 我没有好文笔，能写好文案吗？

我平时经常会看到一些粉丝留言，内容大体是这样的："我觉得自己文字功底不错，或许也可以写好文案。这是我写的一些文案，能不能帮我看看？"打开他发来的内容，无非是一些流水账式的生活故事、小诗或者鸡汤文章。在我的社群里，有很多新手想学习写文案，普遍也会问一个问题："兔妈，我特别想写文案，但没有文字基础，文笔也不好，能学会吗？"

还有一次，我与女儿同学的几位家长聚会，当我谈及自己是文案人的时候，一位同学的家长说："我从小就害怕写作文，这下好了，以后的发言稿、年终报告就包你身上了。"当时我有点哭笑不得，但不得不说，"以为好文案就是好文笔"是很多人对文案最大的认识误区！甚至就连很多做市场营销、做运营的人也常常发出这样的感叹，"当年要是读中文系或者新闻系该多好，现在写文案就不会这么头疼了"。他们觉得，没有好文笔就写不出好文案。

以至于很多文案工作者，尤其是一些新手把提高文笔当成了努力和精进的方向，绞尽脑汁去想怎么把文案写得更漂亮、更优美。甚至有些人自诩为"文字匠人"，为了把文案写得更优美，花大量精力去背诵好文、好句。如果你的思路和认识仅仅局限在"好文笔"上，基本上可以断定你的文案之路不会走太远。这也是为什么很多文案工作者干了几年，技能和收入都没有明显增长的原因。

其实，这也不能怪他们。因为网上充斥着太多误导人的文章了。比如，你平时刷朋友圈、头条、知乎，会看到这样的内容："知乎 10 条经典神文案，年薪百万的文案人看了都认输""让'骨灰级'文案大佬都自愧不如的 8 条神文案！"让资深文案人都赞不绝口的 20 条神文案！刷爆朋友圈的神文案！但你点击进去，看到的一般是这样的句子："常说一口吃不成胖子，但一口一口接一口却可以""你懂得越多，能懂你的就越少""只要心中有沙，哪里都是马尔代夫"；等等。这些被无数人称赞的"神文案""笔杆子"，严格来说，只能算得上好段子，或者好的句子、有趣的观点，但这并不是我们所讲的文案。

我们先看看那些好的文案是怎样的？

经常用脑，多喝六个核桃。

充电 5 分钟，通话 2 小时。

只溶在口，不溶在手。

想想还是小的好，甲壳虫。

把 1000 首歌装进口袋。

妈妈再也不用担心我的学习。

学钢琴的孩子不会变坏。

今年过节不收礼，收礼只收脑白金。

爱干净，住汉庭。

米饭要讲究，就吃老娘舅。

你会发现，这些传播得比较广、营销效果比较好的文案，并没有用华丽的词语，也没有多好的文采，就是二年级小学生都理解的大白话。所以，我们可以得出一个结论：好文笔不等于好文案，好文案也不需要好文笔。

文字的使用只是文案工作中的一小部分，它就如同战士学习操作枪械，或者厨师熟悉炊具。只会操作枪械，就是优秀的战士吗？并不是。熟练操作枪械甚至不能让你成为一名神枪手，神枪手得学会瞄准、懂得战术才行。

那文案是什么呢？它只是一个工具，一个你和潜在客户沟通的工具。

沟通的核心原则是什么呢？一是准确地传递信息，二是影响观念或行为。这是最重要的原则，能够把这两个原则做到就已经达到八九十分了。

想达成这两个原则，关键是要掌握以下两点：

1. 语言朴素

是的。你没有看错，好文案一定要语言朴素。甚至很多时候表达简单一些，会有更好的效果。

为什么会出现这种情况呢？

因为大部分人都是普通人，若你的文案平实易懂，他们读起来就没有距离感，也会更容易产生信任，于是就会有更好的结果。相反，如果你写文案用词华丽、文绉绉的，用户就会看不懂，也觉得很别扭。所以，越朴素的语言，越能够打动别人，越能获得对方的信任。

在平时培训教学时，我也见到过很多写出多篇"10万＋"文章的学员，他们写文案时，总会不自觉地写出一堆漂亮的废话，这些漂亮的废话反而会影响浏览量目标的达成。

所以，写文案的正确方式，是用朴素的大白话，就像上面提到的那些经典案例一样。有些看起来高大上的文案，用尽了"极致""奢华""激情""豪华"等华丽词语，看完之后却不知道产品是什么，有什么特点，反而把用户推得更远。

许多人担心自己学不好、写不好文案，就是因为没有搞清楚文案是什么，要起到什么作用，甚至还有人说自己的文化程度不高，读的经典名著太少，所以写不出好文案。这些想法都大错特错！只要你会说话，你就能写好文案。

2. 击中需求

如果说文案是沟通工具，那么沟通的目的是什么？影响用户的观念，或者是改变用户的行为。所以，真正的文案工作者，能写出打动人心、影响消费者、实现商业目标的好内容。

服务商业目标也是文案与段子、文章的真正区别。

段子、文章是用来表达的，表达某种思想、某种观点、某种感觉，甚至只是展示某种才华，满足宣泄的欲望，最终就是为了获取认同和赞许，让别人看完夸上一句"他讲得真好""他太有趣了"或者"他太有才了"！但文案不同。文案不只是表达，我们写文案也不是为了让别人夸"他写得真好""他的文笔绝了""他的脑洞真大"等。如果一个文案人平时得到的都是这样的赞扬，并还为此扬扬自得，就不可能把文案写好，更不可能获得理想的收入。

文案的唯一目的是说服、是影响、是引发或者促成用户认知上或行为上的某种改变。这个要促成的改变，就是我们的商业目标。这个商业目标不一定是购买，也可能是报名参与、下载安装或者主动给身边的亲朋好友推荐你的品牌。

比如，一个人原本不重视保险，看了你写的文案，觉得保险是必须买的；或者一个人本来只认大牌护肤品，看了你写的文案，觉得这个小众牌子好像也不错，值得一试；或者一个人原来觉得木菜板是最好的，看了你写的文案，突然觉得家里的木菜板必须得换掉了；或者一个人原来觉得某种牌子的衣服全是没品位的人穿的，看了你写的文案，突然觉得自己作为职场精英，穿这个牌子的衣服也还行；再或者，一个原本不喝豆浆的人，看了你写的文案，发现每天喝杯豆浆是很有必要的。

所以，写文案之前，一定要问问自己："你要达成什么目的？"否则，很容易写出一堆漂亮的废话。

我们平时在网上买东西，包裹里会有一些好评返现的卡片，它的商业目标是什么呢？就是让我们参与好评返现的活动，增加产品的好评率。这就是文案的一种形式。还有我们在朋友圈经常看到的裂变海报，它的商业目标是什么呢？就是让我们购买海报上的产品，与此同时，还能主动帮它去裂变推广，实现更高的曝光量。这也是文案的一种形式。类似的还有朋友圈文案、短视频文案、信息流文案、产品种草文案、节日促销文案……

不管用什么样的形式，如果你的文案没有影响、打动一些人，没有促成他们认知和行为上的任何改变，就不配叫"文案"，哪怕句子写得多么优美，流传多么广，都没用。

在营销界，有个非常经典的"AB点理论"。什么是AB点呢？A点就是用户看到文案之前的状态，B点则是我们希望扭转他们、改变他们的状态。那么，从A点到B点的过程，就是我们所说的"改变"。原来不懂，现在懂了；原来不想买，现在想买了；原来对你没印象，现在对你印象深刻；原来对你没兴趣，现在很喜欢你。影响用户的认知，影响用户的行为，这也是文案要达成的结果。

用一句话概括就是，文案是一个让人选择的理由，是一种让人信服的语言，是一个不断强化的承诺。用文字的形式，去传达一些信息，让目标用户准确认识并接收到这些信息，进而影响他们，做出我们想要的某种改变。

最后，我们再来举个例子：如果卖大米，文案甲写的是"口感润滑香甜，极致味蕾享受"，文案乙写的是"越嚼越甜，让孩子多吃 2 碗饭"。单从文笔看，第一个文案明显比第二个要好，看起来也更高大上，但第二个文案却更容易打动顾客，实现更好的营销效果。因为它的语言朴素，准确传递了信息。读完你就能清楚地知道这个大米到底有什么特点。更重要的是，它击中了目标用户（妈妈们）"渴望孩子多吃点"的核心需求。

所以，不要再说你没有好文笔，没有高学历，没有读过经典名著，你需要的，只是把话说清楚、说到点上的方法。

007

1.2 为什么我学了那么多知识，依然写不好文案？

你在读本书之前，可能也读过其他文案书，或者加入过付费的文案学习社群，甚至花成千上万元学习过文案方面的课程。但是做了这么多努力之后，你还是不知道该怎么写文案，拿到一款产品之后还是大脑一片空白，没有一点思路。你发现自己花了那么多钱和时间去学习，付出的努力好像并没有起到什么实质性的帮助。

为什么会出现这样的情况呢？是看的书不够专业，还是学习的课程不够好呢？假设你看的书、学习的课程都是专业的，都是好的，它们一定会讲很多实用性的写文案方法和创作技巧，那么，为什么它们却没有办法让你学会写文案呢？

对那些学了很多文案知识，却依然写不好文案的人，我总结出以下三种类型，你可以对照看看自己属于哪一种。

第一种类型：学习之后，根本没有去练习。

这种人有一个非常明显的特点，就是看起来特别爱学习，买书、买课毫不犹豫，听课时很激动，但上完课就完了。为此，网上把这类人戏称为"学习专业户"。

根据我的经验，这样的人还真不少。其实，他们获得的只是一种虚假的学习感，用花钱的方式为自己买了一份感动，觉得自己很努力，但如果你让他们真的投入时间去练习，他们会觉得太累了。他们内心的潜台词是："你看，我都已经花过钱了，都这么努力了，你还让我怎么样。"与其说他们花钱是为了学好写文案，倒不如说他们是用花钱的方式缓解自己的焦虑，但这种虚假的学习感却不能让其写文案技能得到任何的提升。

学习分为两个部分，一个是"学"的部分，另一个是"习"的部分。如果你属于这一类人，你需要做的不是买更多文案书和文案课程，而是先行动起来、练习起来。比方说，从这一本书开始，把书中提到的每一种方法和技巧都用起来，并刻意练习，我相信你很快就会看到自己的进步和成长。

第二种类型：学了，也练了，但没用正确的方法进行训练。

在同一个班级里，老师是一样的，上课的时间、学习的内容也都是一样的。但有的同学成绩好，能考上好大学，有的同学成绩差，考不上好大学。更有趣的是，那些学习好的人看起来也并没有太努力，但是一考试就能考出好成绩。相反，有些学生天天趴在课桌前学习，看起来特别勤奋，却考不出好成绩。为什么会出现这样的情况呢？原因就在于他们的学习方法和练习方法不同。优秀的学生都掌握了高效的学习方法，而普通学生只会盲目增加学习和练习的时间，却不懂得如何提升自己的学习效率。

学写文案也一样。如果你不懂正确的学习和练习方法，即便你比别人花更多时间，也很难学好写文案。比如，在书中，我谈到了如何高效拆解文案的问题，很多人拆解文案只停留在文字技巧这个表层，却不去思考为什么要这样写，为什么要这样搭建框架，为什么要用这个素材等一些底层逻辑。结果你花很多时间拆解 100 篇文案，可能还不如别人深度拆解一篇文案获得的效果好。

低效练习的另一种常见情况就是，一直在用自己觉得容易的、舒服的方式去练习，而没有用刻意练习的方式，去加强自己的薄弱环节。

我女儿读小学一年级时，早读课上老师会让他们背诵成语，看老师发来的视频，她每次都读得特别卖力，但回家一检查，发现那些有难度的成语她还是不会背，一问才知道她每天早上都是从最简单的第一页开始背。因为这些简单的内容不需要花太多的心思，只需要重复就行了。结果就是看起来很努力，实际上并没有掌握新的内容。后来我就让她早读时刻意背诵自己不熟悉的成语，进步很大。其实，不只是孩子，我们大人也是这样。面对有难度的、高维的知识，都很抵触，不愿意接受新的挑战。喜欢守着自己熟悉的内容，重复练习。这样不管你花多长时间、怎么练习，也很难有大的进步。

学习写文案也是一样的道理。比如，有些学员每天早上四五点就起床开始学文案、做练习，但只练习自己最熟悉的文字表达技巧，对于更高阶的文案知识，比如如何挖掘目标用户痛点、如何提炼产品卖点、如何梳理文案逻辑等，却是敬而远之。看起来很努力，实际上并没有走出自己的舒适区，你的写文案技能也不会有太明显的提升。

如果你属于这样的情况，你要先了解创作文案这个技能，弄清楚它都包含哪些知识点和内容，再分析自己的薄弱项是什么，并借鉴高手的练习方法，勇敢地走出舒适区，刻意练习自己不熟悉的文案知识。

可能有同学说："我听课之后也有刻意练习，也借鉴了高手分享的练习方法，为什么我的文案水平依然进步不大呢？"

如果你真的用正确的方式持续练习，进步还不是特别明显，那你就属于第三种类型：**练完没有反馈，不知道哪里没做到位，也无法获得提升。**

这就像我们健身一样，你想减掉小肚腩，听健身教练说做平板支撑可以瘦肚子、练腹肌，你就开始回家练习了。可能你的动作并没有做到位，但你并不知道这一点，还是错误地坚持着，那你的练习效果肯定不好，甚至还可能把身体练伤了，腹肌没练出来，腰却越来越疼了。

对于文案练习也是一样。很多人经常说："一学就会，一写就废。"原因就在于练习没有到位，但你又不知道问题出在哪里。所以，明明和别人用的是同样的写文案技巧，却达不到同样的效果。

如果你属于这种情况，就要试着为自己建立一套反馈系统。为什么我们上学要写作业，这就是一个反馈系统。做对了，你的大脑就发出了肯定信号，"哦，原来遇到这种情况，就这样做"。它就会变成你的经验，成为条件反射式的存在。做错了，通过老师的辅导、指正，你改正过来，你的大脑就发出了矫正信号，"我知道了，原来遇到这种情况不能这样做，而要那样做"，并形成新的条件反射。

那问题来了，怎么建立文案练习的反馈系统呢？有三种方法：第一，罗列出要点清单，每次练习完就拿着这份清单去自检，看看自己漏掉了哪个知识点，哪个知识点没有用到位；第二，多和优秀案例做对比，找出不同，通过和优秀案例的对比，你会更容易发现自己和别人的差距，找出自己哪里没有做好；第三，请专业的人士给你反馈，这是最高效的方法。不过采用这种方法的成本也会高一点，相当于你花钱买了时间。

以上就是我总结的"学了那么多的知识，依然写不好文案的人"的三种类型。

如果你已经明白自己的问题，知道自己属于哪种类型，你可能又会问，如何才能学好文案呢？为了帮助更多人清晰认识到学习文案的正确路径，更快地掌握这项技能，兔妈总结了一套"文案象限学习模型"。这是我快速成长的经验精髓，也是我们团队孵化出如此多文案高手的独家秘密模型。

这个模型包括四个象限，第一象限——学。就是通过课程和书籍学习文案方面的知识。比如，文案是什么、好文案的标准是什么、如何写出高转化的卖货文案、写卖货文案需要哪些准备工作、拿到一款产品先干什么后干什么、写卖货文案需要注意什么、什么样的标题点击率更高、什么样的开场可以吸引用户读下去、什么样的结尾可以让用户疯狂下单，以及文案的变现途径是什么等。但光学习是不够的，就像我们上面提到的第一种类型，学习完是需要练习的。这就是第二象限——习。而且在练习的时候，还要注意一个常见的误区，就是不要闷头苦练，你要懂得高效的练习方法，更要建立有效的反馈系统。接下来是第三象限——实践。就像我们学习开车，在教室里学完了理论交规、汽车操作原理，然后又讲解分解动作，这是第一象限。在教练的带领下，一步步学习了驾驶操作，这是第二象限。这时候，你终于能把车开走了，但如果让你直接开车上路，你肯定会成为一名"马路杀手"。因为一门技术的掌握，除了学和习，还有一个尝试的阶段，这就是我们第三象限说的实践。在写文案这项技能上，我们把它叫作实习练手期。第四象限——行动变现，这也是我们学习文案的终极目的。只有到了这一步，才算完成了文案学习的整个闭环。

罗马不是一天建成的，写文案技能的习得也不是一蹴而就的，它需要我们在以后的学习中持续地互动和碰撞。先了解自己的写文案技能难以提升的原因，以及写文案技能养成的正确路径。明确了这两点之后，才有可能找到科学、正确的方法慢慢提高。

011

1.3 没有灵感，怎么稳定产出好文案？

谈到写文案，很多人经常会提到一个词——灵感。灵感重要吗？重要，因为那些灵光一现的东西总会让人格外兴奋，甚至让你有一种特别的成就感。灵感重要吗？不重要，因为灵感具有偶然性，可遇不可求。对文案创作者来说，没思路、没想法、不知道写什么才是工作中的常态。

那我们要不要刻意去追求灵感呢？千万不要！为什么？

首先，即时的想法未必是最好的。你靠灵感写出一篇80分的文案，客户也许能欣然接受，但是，也许只要你再慎重思考一下，你就可以写出一篇90分的文案。80分的文案被先入为主地认可了，那篇90分的文案就没有展示机会了。

其次，灵机一动不应该是文案人的工作方式。灵机一动的次数多了，会让客户及别人对我们的工作方式产生误解。如果客户今后每次都要求你灵机一动，当天甚至当场写出一篇文案来，你能做到吗？要让客户知道，我们写一篇文案是要经过产品梳理、竞品分析、用户画像等一系列深思熟虑的过程，不要让他怀疑这一点。因为我们的工作确实需要这样的深思熟虑。

最后，如果你写文案要靠灵感，那永远不可能成为出色的文案高手。文案人是干活的，不是搞艺术的。搞艺术没方法，但干活是有流程的。

文案人的角色更像是医生，医生是解决问题的，帮客户解决问题，帮用户解决问题。举个例子，你去找医生看病，医生说：今天没灵感，这病先不看，等有灵感再说。或者你去理发，理发师说：对不起，我今天没有灵感，先不理了。再或者，你今天去买包子，包子铺的老板说：今天我没有灵感，包子没有蒸。你是不是觉得这个医生、这个理发师、这个包子铺的老板都有病？写文案也是一样的道理。

那么，当你实在没有灵感，没有思路的时候，怎么办呢？我的答案是：硬写。"硬写"不是让你东拉西扯凑字数，而是有流程和方法的。获得一个好灵感很难，但靠流程做事就简单多了。下面给你分享我的几点经验，告诉你在没有思路的时候，到底应该如何应对。

首先，你要充分了解你写的产品和领域。

前段时间，有个老乡学员约我喝咖啡，想向我请教一些关于做短视频和写文案脚本的问题。结果他问了我几个像"怎么上热门""如何快速涨粉""脚本怎么写能爆单"这样又大又空的问题之后，竟然不知道要问什么了。我请他随便问，我会知无不言，言无不尽。他说随便问也不知道问什么了。

其实，这很正常。如果你让我去问一些股票、金融、投资等问题，我肯定也不知道问什么。为什么？因为我对这些领域不熟悉。写文案也是这样。如果你对一个领域压根不了解，别说让你写出一篇好文案了，可能你连一句话都写不出来。

就像平时教学过程中，经常有学员会问："兔妈，遇到自己不熟悉的产品，怎么办？"这个问题就好比是，"不知道到去北京的路，怎么去北京？"但是，为什么在生活中你不会问这么幼稚的问题呢？因为如果你不知道去北京的路，你会条件反射式地看地图、查导航。所以，想把文案写好，你首先要做的就是去查资料，充分了解你要写的产品和领域。很多人写不出、写不好文案，最大的一个原因就是对这个产品压根不了解或者了解不透彻，不知道有什么可写的。

我就有一次这样的经历：曾经我接了一个黄酒的案子，对于从来不喝酒的我来说，这完全是一个陌生的产品。如果让我"硬写"，一年也写不出来。怎么办？我要去查资料，看黄酒是怎么酿造出来的，用什么样的材料、什么样的水，会采用什么样的工艺流程，流程中要注意什么细节，它有什么特征，与其他品类的酒有什么区别，什么样的人更喜欢喝黄酒，为什么人们会喜欢喝黄酒，以及品酒大师是如何评价它的，评价一款黄酒好不好的标准是什么，有没有关于黄酒的典故等。

当你了解了这些内容，你才有东西可写，才知道要写什么。所以，当你接到一个文案任务，却不知道怎么下手时，不妨去了解下这个行业和产品的相关信息，甚至要把自己培养成半个产品专家。比如，给化妆品写文案，就要补充一些皮肤结构、护肤成分的知识。就像兔妈，有次接了一个护肤品的案子，为了了解这个领域，我特意去买了两本护肤的书。写美食文案，特意买了《舌尖上的中国》。同理，如果让你给空气净化器写文案，你就要去了解净化器的作用、原理等科学知识。当你做好了第一步，你脑子里自然而然就有了"灵感"。

可能有同学要说："兔妈，我查了很多资料，确实有点思路了，但还是写不出来，怎么办呢？"这就要给你**分享第二个经验，你要掌握几条文案公式。**

什么是公式？

"总－分－总"，是我们上小学时就学习过的，也是最简单的写作公式。

"是什么－为什么－怎么做"，也是我们非常熟悉的公式。

"论点－案例－总结"，这也是我们生活中经常使用的公式。

对于写文案来说，也有很多类似的公式。比如以下六条：

（1）写开场的公式：一句话引出话题 + 正面场景 + 负面场景 + 解决方案。

（2）突出产品卖点的公式：没有产品多么糟糕 + 有了产品多么幸福。

（3）和竞品对比的公式：竞品缺点 + 利益小 + 产品优点 + 利益大。

（4）写逆袭故事的公式：低起点 + 决心反击 + 付出努力 + 成功逆袭。

（5）写产品测评的公式：初步否定 / 质疑 + 测评体验 + 场景利益

（6）塑造产品价值的公式：产品属性 + 产品优势 + 带来利益 + 证据。

在我的第一本书《爆款文案卖货指南》和第二本书《短文案卖货》中，还有很多这样的文案公式。这些公式都是我帮客户操盘项目的过程中总结出来的。之所以总结这些公式，是因为最开始为了帮助我自己提高文案创作的效率，但在教学过程中，我发现很多零基础文案新手，直接套用这些公式也能轻松写出不错的文案。

有人说，套公式写文案会让内容千篇一律。真的是这样吗？不是。"总 – 分 – 总"的写作公式并不妨碍你有创意地写文案，"是什么 – 为什么 – 怎么做"的写作公式也不妨碍你有深度地讲干货，它只是提供一个写文案的行文方向。

事实上，即便按照同样的文案公式去写文案，不同的人写出来的文案是完全不同的。因为所谓的文案公式，只是提供一个行文的方向和逻辑思路，并不限制你的独特思考和个性发挥。所以，如果你经常觉得拿到产品不知道如何下笔，你不妨掌握几条文案公式。这个方法听起来不是那么高级，但对新手来说不失为一个快速上手、培养手感的好方法。了解一个产品之后，选一个不错的公式顺着往下写，一定会比毫无章法地写效率更高，逻辑也更通顺。

当你没有灵感时，这两点经验能帮你更快打开思路。它们就像"速效药"，能立竿见影起到作用，让你从大脑一片空白到思路越来越清晰，并能逻辑清晰地写出来。

除此之外，还有三个非常重要，但并不是这么立竿见影的方法。哪三个呢？

第一，建立写文案的"仪式感"。

很多文案大师，为了让自己能长期保持充沛的劲头、更高效地产出好灵感，都有会各式各样的"仪式"。比如，有人会在写文案前，喝上一杯浓咖啡，有人会抽完一支烟再动笔，有人会戴上一副耳机，还有人会先跑上两公里。

仪式感的意义在于，可以让你全身心地聚焦在一个项目上。而且一旦你写文案的"仪式感"建立起来，只要触发这个仪式感的事件，就像按下了你的"灵感开关"，不仅创作效率更高，还会让你的大脑迸发出一系列好想法。

仪式感不需要太复杂。你可以给自己创建一个"写作必听的灵感歌单"，也可以买一个能发出打字机声音的机械键盘。兔妈的仪式很简单，就是把桌面收拾整齐，然后，吃一片维生素 C 就开工。

第二，多看案例，积累素材。

对文案人来说，素材就是我们的弹药库。很多人觉得没东西可写，其中一个很大的原因，就是积累的素材不够。我们的大脑中就像有个内容"蓄水池"，如果你只是一味地放水而从不蓄水，那它早晚有一天会空空如也。

如何积累素材呢？最简单有效的方法就是关注同领域的媒体账号，不需要太多，七八个就够了。也不需要刻意去看，在你吃饭时、睡觉前、坐地铁时，花十几分钟看一下，把好的文案存储到你的素材库里。还有一点很重要，你要试着把搜集的好文案总结成自己能看懂的公式。

举个例子，看到标题"二胎宝妈，学文案写作 30 天，每月副业收入 5000+"，你可以总结出一个"目标人群 + 多长时间 + 收获结果"的模板。这样做有什么用呢？如果你要给一款瘦身产品写标题，不知道怎么写，就可以直接套用这个模板："产后 130 斤，被人喊大妈？用这个方法 30 天，瘦了 20 斤"。

除此之外，养成看广告、看新闻的习惯，比如刷朋友圈时、周末逛商场时、逛购物网站时、刷短视频时，看到好文案，就截屏或拍照存下来。有意识地训练自己发现素材的能力，不仅能避免大脑卡壳，还能大大提高创作效率。

第三，培养自己的观察力。

提到观察，很多人会觉得无从下手，因为平时很难接触到消费者，也不知道观察什么。其实，有个最简单的方法，也是最容易被忽略的，就是观察自己，尤其是观察自己掏钱的那一刻。

给大家分享我的一次经历。我去超市给女儿买奶酪棒，两个牌子都在做促销。一个老牌子，一个新牌子，我的惯性动作就是拿起老牌子，但这时候，另一个新牌子的促销员只说了一句话，就让我毫不犹豫换成了新牌子。她说的这句话是："我们这款奶酪的含钙量比那个高 3 个点。"说实话，以前买奶酪棒我从来没注意过这些细节，但这句话一下子就打动了我。因为"关注钙含量的多少"是妈妈们买奶酪棒的共同诉求。非常巧的是，后面我接到了一款奶酪棒的项目诊断，这样我就可以一针见血找准用户的核心需求。所以，一定要关注自己掏钱的那一刻。

另外，你还可以观察身边的人，观察他们挑选产品和讨价还价的过程。这样你会了解用户在购物时，都会关注什么样的问题，影响他们做决策的因素都有哪些。这些有意义的小事做多了，你的大脑就会养成好的习惯和状态，你也不会再害怕"没有灵感"。

017

1.4 满足这两点，你就能成为文案高手

经常遇到想转行做文案又非常纠结的学员，他们常问的问题是："兔妈，我很想转行做文案，但自己学历不高，也没有经验，不知道适不适合？"

回答这个问题之前，我先给你说说这个行业里一个有趣的现象，有很多学历不高的人，甚至连高中都没毕业的人能做好文案，反而一些211、985大学毕业的优秀大学生做不好。所以，能不能做好文案，和学历、经验根本没有直接的关系。就拿我自己来说，我的学历不高，学的又是和文案八竿子打不着的游戏编程专业，但这并没有影响我成长为一名优秀的"卖货文案高手"，并被客户和学员称为"爆单女神"。无论你之前在大学学的是什么专业，也不管你是什么学历，都能做，但想要做好并没有那么容易。

那到底什么样的人适合做文案？什么样的人更容易把文案做好呢？结合我这几年带学员、帮企业培训团队的经验，我发现能把文案做好的人，都符合这两点：① 有兴趣；② 有能力。

下面我们一个个来阐述说明。

首先，怎么判断你对文案有没有兴趣呢？

如果你看到别人带着一台电脑，一边旅游一边工作，就很想去学文案，这并不是真正的兴趣，而是你的一腔热情。如果你看到别人接稿、挣稿费，就很想去学文案，这也不是真正的兴趣，而是你想挣钱的欲望。兴趣不是凭一腔热血，也不是靠强烈的欲望，相反这样的人很难做好文案，

为什么？因为他根本没有想清楚，尝试之后会发现：原来文案就是这样啊，原来写文案挣稿费也不容易啊，就会很失望。这也是很多高学历的人做不好文案的主要原因。真正的兴趣是，在你认识、了解文案之后，还能有强烈的兴趣。

那文案是什么呢？有句话说：文案是藏在键盘后面的销售员。我们把这句话讲得更直白一点，就是：用文字的形式来销售产品。再继续拆解一下，就是："文字表达 + 销售产品"。所以，从兴趣这个方面来讲，你要具备两点：

第一，对文字感兴趣。就是你要对写作有兴趣，看到一件事、听到一个故事、拿到一款产品就有要写出来的想法，最起码不讨厌写作。

这里再纠正一个很多人的错误想法，认为写文案一定要文笔好，甚至有些人觉得自己文笔不好，选择放弃，其实是很可惜的。关于这一点，在本章第一节我们也强调过了。真正的好文案，不是妙笔生花，而是能打动用户，卖出产品。比如一款面部清洁仪的广告文案，很多人会写："智能焕肤""洁面小旋风"，看起来非常高大上，但不能让用户看完产生任何联想，更不会让他产生想买的冲动。

好文案是什么样呢？"1分钟，把毛孔里的脏东西震出来"，这句话中的每一个字，小学生都认识，但它让人感受到了产品的功能及效果，让人好像听到洁面仪启动时的嗡嗡声，看到毛孔里的油脂、残妆被抖落的画面。这比"洁面旋风"更能唤起用户购买的冲动。所以，写文案不需要你有多好的文笔，更不需要你写出多华丽的辞藻，但是你要对写作感兴趣。

第二，对销售感兴趣，对研究人性感兴趣。就像线下的导购员，要能准确地揣摩和把握用户的心理，恰到好处地介绍你要销售的产品，最终打动用户，让他掏钱买单。文案也是一样，只不过它是以文字的形式来和目标用户沟通的。只有对销售感兴趣，对人性有洞察和了解，你才能写出勾起用户购买欲望，影响用户做出下单决策的好文案。

曾经我接了一家培训机构的海报文案，他们卖的是 10800 元的课程，目标客户是软装设计师，教他们软装设计如何搭配色彩。为了吸引目标客户，这位老师准备了一场 3 天的公开课，并设计一张引流海报发布在朋友圈。他写的文案是"你有多久没升级了？听完这堂课，你就是下一个设计大师！"效果很差，半天才吸引几十个人。当时他找到我，我帮他改了几个字，效果提升了近 10 倍。第一天，500 人的群就满员了。我改的内容是什么呢？就是"我想和你聊 3 天色彩，帮你多赚 10 万元。"为什么优化后的文案，销售力能提升这么多？因为我琢磨透了目标客户的心理，抓住了他们购买课程的真正动机。

如果你不讨厌写作，对销售感兴趣，喜欢琢磨人性，那么恭喜你，你很可能成为一名出色的文案人。为什么说是"很可能成为一名出色的文案人"呢？因为兴趣只是入行的基础门槛。能不能把这份工作做好，甚至领跑 80% 的同行，还需要看你的能力。就像上面讲的这两个案例都不复杂，但为什么别人能想到，你想不到呢？这就是能力的差别。好消息是，能力是可以通过刻意练习来培养和提升的，而且只要你有兴趣，就会比别人更快养成这种能力。

那写文案必备的能力都包括什么呢？主要有两种核心能力：

1. 拆解模仿能力

《模仿的技术》这本书里有一句话："学会模仿，是让我们站在巨人的肩膀上看世界，先模仿才有创新。"模仿是一种重要能力，尤其是对于新手，这是学习的最初形式。

就像非科班出身的我，入行时没有老师带，实习期的工作日常就是研究老板拿回来的一摞摞的同行广告，并模仿去写。我特别感谢这些"让人讨厌"的广告纸，它让我对文案有了最初的认识和理解。所以，我经常建议新手学员去做一件事，就是收集业内优秀的文案案例，然后拆解它的框架逻辑、表达技巧，并试着去模仿。

比如你不知道怎么突出产品卖点更容易打动用户，当你看到一篇冰凉坐垫文案中"描述卖点"的部分写得很不错，你就可以单独把它摘抄出来：

"像我们平时开车、上班什么的，基本都是跟座位 360° 无死角亲密接触，臀部闷得又热又难受只是其次，皮炎、湿疹找上门就不好了……而 3D 坐垫透气性特别好，就像给椅子装上了一个小风扇，立马降温 10℃。每个胶柱的间隙，在保证了受压同时，采用空气微量流动浅槽设计，可以更好地使空气流通，就算 40℃ 的大夏天也不感觉闷热潮湿。"

然后，试着分析这段文案的逻辑。第一句话，和用户聊生活中遇到的问题"像我们平时开车、上班什么的……"这样更容易让用户产生代入感。紧接着，后半句指出了这个问题不解决可能导致的后果，可能会得皮炎、湿疹。最后一部分，突出了产品透气性好的卖点，并讲述这个卖点给用户带来的好处和利益。分析清楚了这里面的逻辑规律，你就可以总结出一个："像我们平时 + 生活中普遍的问题 + 问题不解决会导致的严重后果……而 + 产品卖点，就像 + 带来的具体利益"的公式。接下来，我们试着用这个公式进行模仿练习：

比如，卖兔妈的第一本书《爆款文案卖货指南》，你可以这样写：

像我们平时写促销海报、发朋友圈什么的，基本都是"香甜可口""限时特价"这些词儿，千篇一律倒是其次，顾客看了没感觉，花了广告费、卖不出去货就不好了……而《爆款文案卖货指南》就非常适合你了，就像一个卖货文案专家在身边，让你快速掌握卖货文案的底层套路，更重要的是，里面有特别多的案例，很多可以直接拿来套用，帮你激发灵感，你会感觉卖货没那么难。

再如，卖宝宝的辅食产品——鱼酥，你可以这样写：

像我们平时给孩子加辅食，基本都是米粉、蔬菜泥什么的，宝宝不爱吃是其次，营养跟不上、错过宝宝智力发育的关键时期就不好了……而××鱼酥好吃，营养又全面，特别适合0~5岁的宝宝，就像孩子的"能量补充剂"，一杯就能满足一天的营养需求，尤其是高于牛奶5倍的钙含量，让宝宝每年多长高2cm。更重要的是，采用无氧锁鲜技术，完全零添加也能保证新鲜不变质，不用担心添加剂给宝宝身体带来的负担。

看到这里，你可能会问，现在我知道模仿很重要了，但经常拿捏不准用户的需求，总是模仿不到点上，怎么办？这就需要第二个能力：换位思考能力。

2. 换位思考能力

有一次，我帮一年级的女儿整理书包，发现她写给好闺蜜的一封信，最后署名是名字"汉字＋拼音"。我觉得奇怪就问她："你明明会写名字啊，为什么还要再写一遍拼音呢？"她说："我认识我的名字，但我的好朋友可能不认识啊。"这就是换位思考。

同样是写出租房屋的文案，普通文案一般会写："一居室、交通便利、靠近学校、生活设施齐全"。但，具备换位思考能力的人会怎么写呢？交通便利，他会写："步行5分钟到地铁，每天早上让你多睡半小时"；靠近学校，他会写："能去学校蹭个食堂，去操场跑个步"；生活设施齐全，他会写："楼下就有菜市场和超市，买菜不用再坐公交"。这个文案不仅向用户介绍清楚了房屋的特点，还说清楚了租下这个房子，能给他带来什么样的好处和便利。所以，想写出好文案，你需要转变思维。不要"向对方描述一个产品""向对方介绍一个方法"，而要"告诉用户这个产品、这个方法对他有什么用"。

怎么才能训练自己的换位思考能力呢？告诉你一个小技巧：学会改称呼，用好"你字诀"。举例说明一下，"今天分享一个我的创业故事"改成"你的创业路上有没有遇到过这些问题"。"这是我家新上的羊毛衫"改成"冬天怕冷又不想穿得太臃肿，这款羊毛衫一穿就暖，还能让你又瘦又美"。"给大家分享一个我做短视频的经验"改成"遇上 × × 问题，这个技巧帮你解决"。当开始用"你"这个字时，用户潜意识会认为这个内容是与自己有关的，他的信息接收装置就会打开，从而达到更好的沟通效果。

当你具备了这两项核心能力，就能快速看透任何爆款文案的门道。就算你的其他能力，比如表达能力、逻辑能力等比较薄弱，也能被快速弥补。如果你对文案有兴趣，又天生拥有这两项能力，那么恭喜你，你真的非常适合做文案。当然，如果你不具备这些能力，只要你有兴趣，又愿意刻意练习，培养这些能力，也可以做好卖货文案。

1.5 普通文案与好文案的区别在哪？

曾经在营销圈疯传过这样一个段子：做策划的鄙视写文案的，做设计的鄙视写文案的，做媒介的鄙视写文案的，做销售的鄙视写文案的，就连做前台的都鄙视写文案的。为什么？因为写文案没有任何门槛，只要你写过作文，就能写文案。人人都能做，只要会打字就可以。

写几行文案容易，想把文案写好就难了。所以，同样是做文案，有人月薪 3000 元，有人月薪 3 万元。同样是写一篇文案，有人写一篇收费 50 元，而兔妈写一篇文案 5 万元起，还要提前 2 个月预约。

那么，好文案与普通文案到底差在哪儿呢？视角不同。

好文案会以用户的视角去挖掘切入点，顺应用户认知事物的过程去设计每一句话，会考虑用户的阅读体验，会追求用户接受信息的精准度，会考虑用户读文案的反应。这也是上一节我们提到的换位思考能力。而普通文案则习惯以自己的视角去写，习惯写一堆华丽词语，罗列一堆专业的产品术语，要么是盲目追求押韵、双关，结果写出的文案抽象、模糊、假大空，根本没把产品说清楚，消费者看完什么都没记住，更别说掏钱买单了。

如果从读者看完文案的反应来说，看完普通的文案，用户会两眼无神地说："哦。"但看完好文案，用户会两眼放光地说："啊。"比如，同样给一家钢琴培训机构写文案，目的是打动家长给孩子报名。普通文案会写："带您寻找音符中的梦想"，"梦想"这个词看起来很高大上，但并没有给用户一个学习钢琴的充分理由。而好文案会写："学钢琴的孩子不会变坏"，这就高明了很多。它利用了人们的恐惧心理，引发家长想要规避"孩子变坏"这个风险的行动反应，让家长心甘情愿报名。

知道了好文案和普通文案的关键区别，那怎样才能写出好文案呢？主要有三个步骤：

第一步：把文案写对。

我曾经看过一个新学员写的旅行箱文案："有了它，让你散发迷人的光芒。"这就是典型的没写对。

用户买旅行箱是为了增加个人魅力吗？显然不是！他是为了出行方便。所以，我们要根据用户的着眼点（比如轻便、小巧、能装）去写。你可以说：上飞机不托运，100 件宝贝轻松装。这样旅行箱小巧、方便且能装很多东西的特点才能被准确地凸显出来。

那怎样才能把文案写对呢？答案是要能准确洞察用户的内心。文案人的工作就是通过对用户、产品进行综合分析，找到关键洞察，制定对的策略。有了好策略，好文案才能手到擒来。你可以从两个角度进行思考分析：用户的行动动机和产品的重要程度。比如，为牙科诊所写文案，用户的行动动机就比较低，毕竟没有人喜欢去诊所。但它又非常重要，若牙齿坏了，你必须去诊所。所以，你可以戳用户的痛点，促使他马上做出"解决问题"的决策。比如，牙齿疼，睡不着，好吃的排骨吃不了等。再如，写美食的文案，用户的行动动机比较高，因为吃是人们的天性，又在人们的消费中占着很大的比重。所以，你要描述美食给用户带来的感官体验，让用户隔着屏幕忍不住流口水，促使他马上做出"尝鲜"的决策。再如，写口红、香水的文案，用户的行动动机比较高，而获得别人好感这件事也挺重要的。这是人们天性中渴望被尊重和认同的原动力。所以，你要描述拥有产品的那种美好，撩拨用户的欲望，刺激他做出"追求美好"的决策。就像某主播卖口红的文案：好闪！五克拉的嘴巴！太心动的感觉，人间水蜜桃就是你！这些描述会让用户产生美好的联想，觉得只要涂上这个口红就能化身美丽动人的女主角。

第二步：把话说清楚。

很多人写文案喜欢用一堆华丽的词语。比如，给一款果汁饮料写文案，要表达出很"清爽"的感觉，普通文案会写："沁心怡然每一刻"。沁心和怡然都有清爽的意思，不仅重复，而且这样的书面语并不能让用户了解喝完这款饮料会有什么样的感受。好文案会怎么写呢？"透心凉"！简单三个字就把喝完饮料的清爽感表达清楚了。想象一个炎热的下午，你刚跑完步，看到这两个文案，哪个更能刺激你产生购买的冲动呢？肯定是后者。面对抽象、模糊的描述，用户根本不知道你讲的是什么。所以，好文案一定要把话说清楚。

怎样才能把话说清楚呢？给你分享 3 个小技巧：

1. 塑造画面感

如果送给你一本《红楼梦》，可能你好久都不读，但如果让你看电视，不用提醒，你就会追着看。因为人通常不喜欢书面、抽象的东西。所以，好文案要让用户"看到"具体的画面。比如给手机厂商写文案，它的卖点是晚上拍照也好看。如果只说"夜拍能力强"，很多人没有直观的感觉。但如果说"能拍星星的手机"，就立马让人回忆起了"看到漂亮的星空想拍却拍不成"的情景。再如，卖美白面膜，你说"让你白一个度"，就不如说"和闺蜜拍照时，你就是反光板！"有冲击力。因为她脑海中会想象自己与闺蜜在一起，比闺蜜更白更美的画面，这个美好的画面会让她特别兴奋。

2. 寻找关联物

乔布斯在发布第一代 iPhone 时，并没有直接推出 iPhone 讲解功能，而是说要发布 3 个产品：1 个电话、1 个大屏幕 iPod、1 个上网设备，这3 个产品都是大家熟悉的。最后他才说，我们只发布一个产品，它具备上面 3 个产品的功能，那就是——iPhone。并不是乔布斯故意吊大家胃口，而是他知道人们不喜欢陌生，更不会为陌生的东西买单。所以，我们写文案时，一定要懂得建立关联，将你要讲的内容附在一个大家熟知的物品上。比如，如果你完全不了解电视机顶盒，它宣传"自由遥控"，你可能没什么概念。但如果说"让电视秒变电脑"，你立马就明白了，它能像电脑一样自由操控。再如，你卖一款运动鞋，它的卖点是很轻。但如果你只说很轻，消费者的感知就很模糊，不知道到底有多轻。但如果你说："轻如鸡蛋"，用户就能秒懂，根本不需要任何多余的解释。

3. 数据和事实

假如给一家水果店写文案，要突出水果的新鲜，普通文案是"果园直采，100% 新鲜"，但新鲜到什么程度呢？用户还是不清楚。而好文案是"清晨 5 点采摘，下午 4 点送到你手中"，你立马就明白它有多新鲜了。

再如，甲壳虫的经典文案，就是将对汽车检查的苛刻要求，用数据和事实具象表现了出来："我们沃尔夫斯堡的工厂中，有 3389 名工作人员，他们唯一的任务就是：在每一个阶段去检验甲壳虫（我们每天生产 3000 辆甲壳虫，而检查员比生产的车还要多）。最后的检查更是苛刻到了极点，检查员把每辆车像流水一样送上检查台，接受 189 处检验，再冲向自动刹车点，在这一过程中，淘汰率是 2%，50 辆车总有一辆被淘汰！"通过这些数据和事实的描述，用户就会得出甲壳虫品质靠谱的结论。总之，好文案不需要让用户思考，用户看完就能秒懂。

第三步：带一点情绪。

请问，你在什么情况下更想大吃一顿？无非两种情况，特别郁闷和特别开心的时候。郁闷时，吃可以解压；开心时，想吃一顿庆祝。这说明当用户处在强烈的情绪下，更容易产生行动。所以，好文案还要在写对、说清楚的基础上，带一点情绪。

比如，有句很出名的房产文案"我爱北京天安门正南 50 公里"。北京天安门正南 50 公里，是固安。这里用了寻找关联物和数据的技巧，把位置说清楚了。但如果你直接写"买房，就选北京天安门向南 50 公里"。

写对了，也说清楚了，但情绪没到位，效果就会打折。而一个"爱"字，就很好地把人们的情绪唤起了！天安门向南50公里到底是哪里？怎么就值得爱了？就会让人忍不住去搜索，甚至去实地看一看。

再如，一个英语培训机构的文案是"曾经有一份月薪30000元的工作摆在你面前，但你不会英语，只好扼腕叹息。"看完是不是有点懊恼？有点遗憾？这会促使用户更想学英语。包括我们在写推文时，经常会使用一些网络惊叹词，也是为了凸显小编对产品的喜欢，进而更好地影响用户行为。这就是情绪的力量。

写对是核心项，说清楚是必备项，带一点情绪是加分项。如果你写文案时，从来没有考虑过这几点，那你勉强只算是一个普通的码字民工，写的文案自然也是不值钱的。要想让自己写的文案更值钱，就要学会转换视角，并按这三个步骤去反复打磨你的文案。

1.6 拆解成功案例，比动笔练习更重要

前段时间，有个学员问我："我学了很多文案技巧，记了很多文案公式，也在坚持每天练习写文案，但为什么我的文案水平却没有明显的提高呢？"当时，我反问他一句："最近你拆解了多少篇文案？"这句话，把他问得哑口无言。

从我开设卖货文案课开始，我听到很多人对我说，自己要好好学文案，好好练习文案，却很少听到有人告诉我，最近研究了哪一篇文案，有怎样的收获。在我看来，学习文案时，比动笔练习更重要的，是学会拆解优秀的文案。优秀案例看得多了，自然就知道什么样的文案是好的，也知

道自己写的文案该如何调整。如果你没有见过足够多的好文案，那你的努力方向又是什么呢？

我从没经验的"卖货新手"，到做出多个千万元级爆款，成为商家和学员口中的"爆单高手"，我只用了两个月。并不是因为我比其他人更聪明、更有天赋，而是因为我掌握了写好卖货文案的秘密武器，那就是：拆解案例。那时候不管每天多忙，我都会坚持拆解一篇爆款文案。正因为拆解的案例足够多，我才会飞速成长。所以在卖货文案训练中，我也会训练徒弟、学员拆解大量案例。他们从零基础新手到独立写出优秀的卖货文案，成为公司里的文案实力担当，别人眼中的"接单红人"，普遍也只用了 2~6 个月的时间。

曾经听樊登老师分享过一个观点，普通的学习者学了很多知识，但每个知识点都是单独存放的，这样就特别容易忘，用的时候也很低效。而厉害的学习者会把学到的知识点关联、归纳、总结，串成一串然后打上结，再存放起来，这样每次用就可以调出一串，解决问题也更高效。对文案学习来说，拆解案例就是把你前面学到的知识点、方法和技巧串起来、打上结的过程。

事实上，想看别人的文案，也非常方便，你只需要多关注一些卖货公众号，这样不仅能见识到一篇完整的文案是什么样，还能学习其优点。现在，只要有时间我还喜欢去拆解爆款文案。多看别人的优秀文案，每一次都会有不同的收获。

有些学员也会看别人的优秀文案，但我发现，大多数人只是单纯地看，看完就结束了。作为一名专业的文案写手，在看别人的文案时，一定要有目的地看，懂得关注重点。那么，看别人的文案时，应该关注哪些重点内容呢？主要包含三个点：

1. 切入点

切入点是一篇文案的起点。就像走迷宫，你只有知道作者是从哪个点开始走的，怎么过渡到主题的，如何论证的，才能找到走出迷宫的路线，真正把这篇文案吃透。切入点主要看什么呢？看切入的思路和素材。

（1）切入的思路

切入思路无非两种：痛点和爽点。比如，你看到一篇介绍减脂产品的文案，切入点是这样的："在家大鱼大肉、重油重盐、毫无节制，实在太爽了吧！但是俗话说得好，闲鱼一时爽，节后火葬场。不仅明显感觉腰身粗了，每天起床都觉着自己手脚又粗又肿！腿好像硬成一块石头，上班后同事还调侃我有没有胖 20 斤，整个脸盘大了一圈。"

看到一篇介绍香水菠萝的文案，切入点是这样的："刚步入初春，藏在云南山沟沟里的，香水小菠萝便骑着骡马来了。如果你到过这里，会被眼前的景象所震撼。目之所及，山野间菠萝延绵起伏。形成壮观的'菠萝的海'，微风一吹，鼻息间瞬间弥漫菠萝的甜香，撩人味蕾。这枚小小的香水菠萝，出生便与众不同。长在差不多呈 60° 陡峭的山坡上，沐浴着北纬 22°~23° 的春日暖阳，颗颗积累高达 18° 以上的香甜，多汁解腻，对半切成四股，像吃西瓜一样直接啃着吃，爽口的果肉，香甜的汁液不涩口，更香浓。"

你要思考为什么介绍减脂产品要从痛点切入，而介绍香水菠萝要从爽点切入。因为产品属性不同，目标用户的行动动机不同。这时候，你就可以总结出一个规律：介绍功能型产品要从痛点切入，而介绍享受型产品要从爽点切入。以后你拿到一款产品，就可以根据产品属性快速判断要从什么角度切入写文案了。

（2）切入的素材

切入的素材一般有 3 种：

1）热点。主要包括娱乐热点、社会热点和季节热点。如果你看到一篇护肤产品的文案，用某女明星颜值上热搜的娱乐热点，不仅更容易吸引人阅读，主题过渡也特别顺畅，你就要分析热点类型、热点来源，当你写类似产品的时候，也可以试着去搜索相关的素材。

2）故事。如果你看到一篇文案的开头讲了我们身边发生的小故事，击中了你的内心，让你的情感产生了某种波动或者强烈的共鸣，那么恭喜你，你遇到了一个好素材。你一定要把这个故事记下来，日后你写类似的文案时也可以讲这个故事。你可能会问：写别人讲过的故事，不等于抄袭吗？如果你看的文案多了，就会发现：同类型的故事，甚至同一个故事，会出现在不同的文案中。在写文案时，写别人讲过的故事，引用大家熟悉的素材，这都是被允许的。只要你的表达方式和别人有差别，不是完全照抄就可以。除此之外，你也要分析他是如何讲述这个故事的，设置了什么样的冲突和情节。这些细节也是值得学习的。

3）事实或数据。引用事实和数据比干巴巴地讲道理更容易打动人。所以，你要看一下文案的切入点部分引用了什么事实或者数据。举个例子，写毛巾的文案，常常会引用"使用 3 个月的毛巾滋生细菌"的央视新闻报道。这要比你自己说"用过 3 个月的毛巾很脏，要定期更换"更有说服力。你可以把这些素材收集起来，并且举一反三，把这个思路用到其他产品中。比如，写清洁马桶的产品文案，你可以试着去搜索有没有相关的事实和数据。

2. 逻辑框架

好的切入点是第一步，接下来你还要顺着这个起点，理顺文案的整个逻辑框架。简单理解就是先写什么，再写什么，最后写什么。概括起来就是 6 个问题：

1）如何从切入点过渡到产品，是直接抛出了产品，还是先讲了一个案例作为铺垫？

2）怎么罗列产品卖点，是并列结构，还是递进结构，产品卖点是如何排序的？

3）在打动用户方面，是如何塑造产品价值来激发用户欲望的？都用到了什么样的结构？借鉴它的思路，你在写文案时就能避免掉入自娱自乐式介绍产品的误区。

4）在论证产品收益时，都讲了什么事实，摆了什么证据，这些论据是如何排列布局的？

5）有没有主动化解用户顾虑，具体是怎么做的，提出了什么问题，又是如何解答的？借鉴它化解用户顾虑的思路，能让你更好地了解不同用户群体的顾虑和担忧，这样你在写其他文案时，也会考虑得更全面。

6）文案是如何收尾的，具体用了什么技巧和方法来刺激用户马上做出下单决策的？

另外，针对某个具体部分，也要注意它的逻辑结构。比如，在塑造产品卖点的价值时，先抛出产品的卖点属性，再讲产品优势、产品给用户带来的利益以及证明利益的确凿证据。那么，你就要把这个塑造卖点价值的结构拆解出来。

很多时候，同样的产品，同样的素材，用不同的框架，就会呈现出不同的效果。所以，在看别人的文案时，尤其是销售数据比较好的优秀案例，要多留意它的框架，多分析、多学习。

3. 优秀表达

很多时候，我们面对空白的文档憋不出一个字，不是因为没有洞察、没有思路，而是因为找不到合适的表达方式。所以，在看别人的文案时，一定要注意那些优秀的表达方式。

优秀的表达体现在整篇文案框架中的每一个环节。比如这个开场：

"大家回到家的第一件事是做什么？99% 的人当然跟小编一样，包包一扔，鞋子一甩，换上舒服的拖鞋，整个人放松到忍不住要在房间起舞！尤其在外面工作累了一天，脚丫被高跟鞋挤得生疼，或被厚皮鞋捂得臭痒，终于挨到回家可以解放双脚啦，一天的疲惫和焦虑在此刻得到了全部释放！"

这段文案描述了下班回到家换上一双舒服拖鞋的正面场景，整个人放松到忍不住在房间起舞，一句话就让用户联想到累了一天下班回到家的情景，而且"一扔""一甩"这些动词很有画面感，更能激发读者的情绪。在讲痛点时，结合用户穿高跟鞋、皮鞋在外累一天的场景，"挤得生疼""捂得臭痒"中"挤"和"捂"这样的动词也更有力度。

再如，介绍这款颈纹霜的文案：

"再年轻的脸蛋，都会被颈纹拖了后腿。而且颈纹是很'努力生存'的纹，只要长了，它就能继续茁壮成长！越长越深！如果不管它，它还会更猖狂（我同事说，因为自己的颈纹严重，外号是沙皮狗）。让人尽显老态，还显得生活很苦、人很糙。"

这段文案的目的是戳中目标用户对颈纹的恐惧。但不是干巴巴地写"颈纹让人显老"，而是通过年轻脸蛋和颈纹的视觉对比，凸显颈纹对颜值的影响，并且使用了拟物的修辞方式"努力生存、茁壮成长、越长越深、猖狂"，突出不解决颈纹的严重后果，刺激用户产生解决问题的紧迫感。还通过"沙皮狗"这个形象的比喻，让用户联想到颈纹滋生的丑陋画面，进而更容易做出购买决策。

再如，在介绍产品的作用原理时，这款美白面膜的文案是这样写的：

"打个比方，熊果苷就像特务，能够轻易进入皮肤，破坏黑色素细胞，还能使黑色素细胞长期休眠。就连天生黑黄皮，熊果苷也有1001种方法让你白起来。"

这段文案使用了比拟的修辞方法，把产品的成分"熊果苷"比成"特务"，让用户更容易理解它的作用原理，进而对产品的效果深信不疑。

再如，在介绍产品的优势时，丑橘的文案是这样写的：

"我不是一般的'丑橘'哦，我是培育了超过40年，几十代择优而生的新品种。父亲是青见柑橘，妈妈是椪柑。无与伦比的爆爽口感外，还兼有橘子的酸甜和椪柑的清香。"

通过比拟的修辞，把产品的优势（长期培育、择优而生）和产品的特点（酸甜和清香并存）介绍得一清二楚，也更容易让用户记住。

优秀的表达方式各种各样，当你遇到好的表达方式，你要做的就是两件事：第一，分析它用了什么样的技巧和方法；第二，把它收录进你的素材库。这样，在你写文案没有思路时，就可以借鉴这些好的表达方式，避免掉入写作生硬、无趣的误区。

除了以上三个方面，你在看别人的文案时，也要思考三个问题：

1）看这篇文案，我有什么感受和收获？

2）看完这篇文案，目标用户会产生什么样的反应？

3）假如让我写这个产品的文案，我如何写得更好？

如果在看每一篇文案的时候，你都能从这三个方面去拆解，从这三个问题去思考，我相信你的文案写作水平将会大幅度提升。刚开始，可能你会觉得从别人的文案中吸取精髓有点困难，甚至没有头绪。没关系，如果你想掌握更详细的文案拆解步骤和方法，可以参考我的第一本书《爆款文案卖货指南》，在这本书里我罗列了如何拆解标题、如何拆解开场、如何拆解过渡部分、如何拆解证据链和结尾、如何归纳总结等，你可以照着里面的步骤，并结合本节讲到的这三个细节去拆解优秀文案。相信我，只要你开始去做，开始去思考，你就会越来越接近答案。

1.7 写文案前需要做哪些准备功课

客户："你好，我们有一款产品急需一篇文案。你可以写吗？"

你："你好，可以的。"

客户："我把产品资料发给你，你先看看。这周五能完成吗？"

你："好的，我尽量吧。"

结束对话的你，忍不住和家人分享接单的喜悦，但一想到周五就要交稿，又开始焦虑。因为你不知道接到卖货文案任务后，到底该怎么准备？这是很多文案人的通病，尤其是对于新手来说，更是觉得无从下手。

那么，在接到一篇卖货文案的任务后，到底要准备什么呢？下面从 5 个方面告诉你写文案前要做哪些准备功课。

定位目标用户

举个例子，你要卖一款唇膏，产品价格是 8.8 元 4 个，非常便宜。目标人群是谁呢？女性，再准确点是 18~29 岁的年轻女性。她们可能在读大学或者刚入职场，收入不高，所以更在意产品的性价比。而那些收入高的职场精英肯定不会买这种便宜唇膏。她们在什么情况下会需要唇膏呢？季节干燥，嘴唇爆皮的时候。这就找到了目标人群的需求和痛点。

再如，文案切入点是从娱乐话题切入，还是从新闻热点切入？文案的语言风格，是像闺蜜一样娓娓道来，还是像一位德高望重的专家一样答疑解惑。这都取决于用户的偏好。

分解产品属性

确定了用户的需求和痛点，怎样才能更好地满足他的需求呢？这就要做好分解产品属性的工作。只有了解产品的属性和特点，你才知道突出产品的哪一个特点更容易打动顾客。怎么分解产品属性呢？你可以从以下两个方面分析：

（1）基础属性：主要包括产品的颜色、大小、外观、气味、重量等。比如一款面膜的基础属性有：水果香味、精华液多、蚕丝很薄等。

（2）功能属性：产品的主要功能一般也是产品的核心卖点。以面膜来举例，它的功能属性有：补水、美白、祛痘、调理红血丝等。

首先，把产品的这两个属性全部罗列出来，其次，从中找出用户最感兴趣的1~2个卖点。比如用户买面膜时最关注的卖点是：精华液多不多、膜布薄不薄、效果好不好。最后，围绕产品的这几个核心卖点进行文案创作，也就是把它们表现成消费者能够理解的语言。比如，"一片面膜精华含量足足有30mL，拿在手上沉甸甸的，它是那种啫喱质地，清透不油腻。蚕丝的膜布，也很轻薄，只有0.1mm，上脸很敷贴，敷在脸上几乎是透明的，犹如第二层肌肤。敷完后皮肤嘭嘭嘭、水嫩嫩的，毛孔也肉眼可见地被抚平了"。如果推荐的面膜是主打美白功效的，写出来的文案肯定是完全不同的感觉。所以，弄清楚产品的属性很重要。

明确使用场景

产品的使用场景可以刺激欲望、创造需求，更好地促使用户做出购买决策。但很多人的困惑是："明明很多人都能用我的产品，很多场合都能用，为什么大家就是不买呢？"

事实上，80% 的文案都犯了一个大错，只因为加上了这两句话"随时随地，想用就用""适合所有人群"。这两句话是很多老板和文案写手的最爱，他们想当然地认为：这样强调，把所有人都框进了目标人群里，从概率上讲，肯定能卖出去更多货。但真相是——这样根本不能打动用户。

"产品何时用、怎么用"是一个思考题，但用户是很懒的，所以，当你偷懒说"随时随地，想用就用"的时候，顾客索性就会放弃购买。所以，在做准备工作时，我们一定要想在用户的前面。替用户思考好产品的具体使用场景。到底应该怎么做呢？

首先，罗列出目标用户一天的行程。比如，他在什么时间会去哪些地方，做哪些事。其次，思考一下在这些过程中，在什么场景下他有可能需要这款产品。具体你可以从以下三个维度去发散思考：

时间维度：工作日、周末、节假日、小长假、早上、中午、晚上、春天、夏天、秋天、冬天等。

地点维度：出差途中、上班途中、公交车上、地铁上、家里、办公室里、公园里等。

需求维度：天气干燥嗓子疼、感冒、咳嗽等。

举个例子，卖燕麦片：

从时间维度思考，很多上班族早上没时间做饭。你就可以写："没时间做饭，用牛奶冲一碗即食燕麦粥，加一些时令水果或坚果，美滋滋地吃早餐。"

从地点维度思考，晚上在办公室加班时，肚子会饿，又没时间出去买吃的。你就可以写："晚上加班肚子饿得咕咕叫，冲一杯快速补充体能，热量很低，也不用担心长胖。"

从需求维度思考，很多人吃饭不规律时，会出现胃不舒服的情况，想要喝点养胃粥。你就可以写："每天吃饭不规律，经常胃痛、不舒服，直接加水煮一份燕麦粥，软糯口感，好消化，好吃又养胃。"

当用户想象一天中可以一次又一次地使用产品，不断获得幸福和快感，就会产生更强烈的购买欲望。

注意，场景并不是越多越好。那怎么筛选能击中目标用户需求的场景呢？可以从以下 3 点来评判：

1）普遍程度。

2）频率高低。

3）重要程度。

分析竞争对手

在同样的场景需求下，用户不仅会接触到你的产品，还会接触到其他竞争对手的产品，如何让用户选择你的产品而不是竞争对手的产品呢？这就要先对竞争对手有个彻底的了解。

竞争对手一般有两类：同类型的竞争对手和不同类型的竞争对手。比如，你卖鼻炎喷雾，同类型的竞争对手就是其他牌子的鼻炎喷雾。不同类型的竞争对手就是解决鼻炎问题的其他替代方案，像激光脱敏等。

罗列出竞争对手之后，该如何分析呢？有两点：

1）分析竞争对手的优缺点。比如，你要给一款护肤果酸写文案，护肤果酸可以让皮肤状态更好。不同类型的竞争对手中有医美刷酸。很多人写文案就会抱怨医美刷酸容易过敏烂脸，但用户看到这样的文案就会产生怀疑，既然医美刷酸效果这么差，为什么还有那么多明星去做？她就会对你产生不信任，更不可能购买你推荐的产品。这就是典型的没有分析竞争对手的优缺点。若你查阅一些资料，就会了解到医美刷酸的技术已经很成熟了，而且效果立竿见影，缺点就是贵。那你在写文案时，就可以更客观地说"医美刷酸效果是好，但做一次就要上千元，还要按疗程做。对我们这些普通上班族来说着实不便宜。"这样用户就会觉得"你说得太对了！"也更容易信任你推荐的替代产品。如果是同类型的竞争对手，你就可以找出证据证明它的原料、工艺、品质方面的差距，进而让用户选择你推荐的产品。

2）分析竞争对手的文案。除了分析竞争对手本身的优缺点之外，我们还要分析竞争对手文案中的优缺点。对于优点，我们要借鉴学习，并试着在它的基础上进行创新；对于缺点，我们要避免犯同样的错误。

搜寻写作素材

搜集素材也是准备工作中的重头戏。那么，到底要搜集什么样的素材呢？你可以从以下 4 个方面入手。

1）专业知识。如果你对某类产品不了解，即便用再多写作技巧，写出来的文案也是浮于表面的。所以，你要对这个领域有所了解。比如你要写敏感肌调理产品的卖货文案，你就要了解敏感肌形成的原因、肌肤的构造、肤质的分类以及正确的护理知识。通过哪些渠道了解这些专业知识呢？常用的有：专业书籍、信息类网站、KOL 的意见（比如微博大号）等。

2）行业新闻。还以敏感肌调理产品来举例，你可以去查一下有没有被曝光的违规产品新闻报道，以及某用户用了不当化妆品导致变成敏感肌的负面案例等。这些新闻或许能给你灵感。

3）产品知识。比如产品的研发故事、研发背景、产品的作用机理、产品的试用报告和顾客证言，以及有没有获得过认证证书？有没有权威人士的推荐等。

4）图片素材。图片在文案中也起着举足轻重的作用。很多人都是写好文案再配图，我建议先找一找图片，写好后再进行精细化补充。因为你在搜集专业知识时，会看到一些相关图片，这时候就可以顺手保存下来，或者通过这个线索去了解更多知识。

关于每项准备工作的操作细节，在我的第一本书《爆款文案卖货指南》里，有更详细的操作步骤讲解，你可以参考阅读。

总之，一个好的文案写手，一定不是一个只懂得摆弄文字的人，而是在写文案时，会有意识地结合用户的需求、产品的属性，并且根据产品的不同使用场景、竞争对手的优缺点，确定相应的行文方向和论证逻辑。

1.8 大多数人学习文案的 5 个误区

在我初学文案时，犯过一个很大的错误，当老板让我就产品的新文案发表看法时，我一连提了好几条意见都是"我觉得……"。但是当领导问我："你的理由是什么？有更好的方案吗？"我却哑口无言了。我以为"我觉得"就是表达自己最真实的意见，但实际上，我只是自娱自乐式地满足了自己表达意见的欲望，只是配合老板做了一个看似听话的好员工，并没有真正去思考这个文案要实现的目的，以及用户真正的问题和需求。

如今的我，帮客户操盘过不少爆款，四年累计卖货 4 亿多元，还培养出很多优秀的徒弟和学员。在这期间，我发现和我犯同样错误的人不在少数。除此之外，我还发现了很多人在学习写卖货文案方面的其他误区，特别在这里总结，希望能帮助真正想写好卖货文案的人少走一些弯路。

第一个误区：开启自娱自乐模式，写自己想写的内容

就像我初学文案时犯的错误一样，很多人只是把文案当成满足自我表达欲望的一种形式。比如，在介绍一款产品时，总是讲产品有多好，罗列一大段的优点，却没有告诉用户每个优点能帮他解决什么问题，会给他的生活带来什么改变。当然，也不能吸引用户的注意，更无法激发他的欲望。

可能有人说，写文案的最高境界不是真诚吗？的确，但真诚并不是只写你想写的内容，而是要从用户角度去思考，结合用户的喜好和需求，写用户喜欢的内容，给出能帮用户解决问题的方案，这才是真正的真诚。否则，只写自己想写的内容，那就是对用户需求的无视，是对用户的信息骚扰，更是对用户的不尊重。如果不能吸引用户看下去，你写的这篇文案肯定也不能帮客户实现销售产品的目的，从这个角度来说，也是对客户的不尊重。

想写好卖货文案，就要改掉"写你想写"的自娱自乐模式，主动去了解目标用户的喜好和软肋，以及在购买过程中他比较关注哪些因素，容易受哪些因素影响。只有真正了解目标用户内心想要的，才能轻而易举地做到把产品卖给他。

第二个误区："文案 = 写作"，写作不好肯定写不好文案

很多人问我："你写文案这么厉害，是不是小时候很会写作文？"或者问我："我没有写作基础，能写好文案吗？"

说到写作，我先来给大家纠正一下，很多人以为："写作 = 文案"。

其实，这是大大的误区。它们的区别在哪里呢？有三点：第一，从目的来说，写作是通过文字告诉人们一个道理，传递一种观念，或者讲述一个故事。你想写出和别人不一样的道理、不一样的观点，需要你有足够的阅历。但文案不同，它的目的是通过文字把产品卖出去，即便你的阅历不是那么丰富，也不会对写文案有太大的影响。第二，从难易程度来说，写作更考验文笔。但文笔不是一时半会就能训练出来的，需要长时间的阅读积累和素材沉淀。但文案就不同了，只要你对产品了解，对用户了解，再懂得一些文案技巧和方法就可以了。所以，相对来说，文案更适合普通人、零基础的人。第三，从发展路径来说，写作的终极目标就是成为专业作家，但想成为作家并非易事。我见过很多人写了三年，写了百万字，没有任何结果。而文案的目的是通过介绍产品，把产品卖出去。就算你的水平差点，只要你努力，也能接到一些小单子。再不济，也能轻松找一份薪酬还不错的产品文案工作。所以，我可以负责任地告诉你，任何一个普通人，都可以写文案。我上学的时候，作文写得并不是那么好，顶多算是中等水准。而我认识的、我带出的很多文案高手，他们甚至没读过大学，但这并不妨碍他们写出优秀的文案。

第三个误区：写文案需要深厚的专业知识积累

很多人看到一些爆款文案，会被文案中讲到的产品知识所迷惑，认为没有深厚的专业知识积累就写不好文案。其实，这是对文案的一个极大误解。

首先，不管写什么产品的文案，这些产品知识是客户提供给我们的，或者你也可以通过高效的互联网搜索工具来获取。用文案这行的专业术语，叫"搜集素材"。找到这些素材之后，你还可以套一些现成的文案公式。只要按照正确的方法找素材、套公式，你也能写出"让人觉得很专业、很内行"的文案。

其次，不同的人有不同的行文风格，不同的产品适合不同的创作方向，并不是所有文案都需要这么多专业知识。比如，你要写一篇橙子的文案，只要把吃橙子的感官体验描述清楚，就已经能成功打动很多人了。

第四个误区：只贪求知识的广度，不求掌握的深度

一说到要学文案，很多人就是买书、买课，但可能连一半的内容都没有学完。为什么会出现这样的情况呢？这是由人性中的贪婪决定的。在把知识"据为己有"的那一刻，你会觉得自己已经努力了，甚至误以为自己离"文案大神"又近了一步，却忽略一个关键指标，你真正掌握了多少，会用了多少。

学习文案分三个层级：信息、知识和技能。最差的学习者只接收信息，贪多求广；好一点的学习者看重知识，以记忆文案方法和模板为目标；高手磨炼技能，热衷于实战操练，以求日日精进。这样才能把知道的知识内化成自己的能力，变成自己的经验，才算真正掌握。正如网上那句流行语，"知道了很多道理，还是过不好这一生"。如果你一直处在前面两个层级，永远不可能写出好文案。

写文案是一项技能，就像木匠做椅子一样，只有做得足够多，手艺才能越来越娴熟。所以，在你决定学文案的那一刻，就要清楚地知道日复一日的练习才是你的日常。

除此之外，还有一种情况，你制定好了文案的学习计划，但每次都是随便看看书、记记笔记，对照模板练习一下，你觉得自己挺努力的，但坚持一段发现掌握得并不好。这又是为什么呢？因为你每次都是被动接受知识。想更好地掌握这些知识，达到好的学习效果，你要懂得主动建构知识。主动建构知识的一个重要表现就是：学会提问。每次看书、听课时，

你不妨思考以下几个问题：① 我学到了哪些文案新知识？这些知识我可以怎么用？② 用这些知识的过程中，可能会遇到哪些问题？对于这些问题，我能用原来的知识解决吗？③ 为了写出销售力更强的文案，我还要去探索的问题是什么？这些问题，就像导航一样引领我们想得更透彻、掌握得更扎实。

第五个误区：盲目练习，不求练习后有没有进步

有一部分人为了写好文案非常勤奋，甚至有些人哄完孩子都半夜 12 点了，还要坚持练习写文案。但坚持一段时间就跑来问我："我每天努力练习，为啥还是写不好呢？"

事实上，很多人陷入了一个误区，误把重复劳动当努力。看似很刻苦、很勤奋，其实，你只是感动了你自己。努力的真正含义是，每一次练习都要比上次好一点。所以，重要的不是你练习写了多少字，写了多少篇，而是练习后你有没有进步和成长。

举个简单的例子，你想去罗马，不可能一步迈过去。你需要走无数步，每次都向前一步，这样每一步都可以被称为一次迭代，每一次迭代都会让你离目标更近一点。问题的关键就在这里，很多人在学写文案时，看似每天勤学苦练，但如果你仔细观察就会发现，他们写 1 个月、2 个月后，水平还和第一篇一个样，没有进步。

产生这样的情况，主要有两个原因：一个原因是缺乏有效的反馈。关于这一点，前面我们已经强调过。如果用错误的方法去练习，且没有人告诉你这是错的，即便练习 100 遍还是错的，你依然不会进步。另一个原因是缺乏系统的训练。很多人学完了，今天心情不错就练习写一段，明天心情不好就停下来了。而且每一次练习都是凭感觉，缺乏系统的规划，用网络流行语来形容就是"非常佛系"。什么是系统规划？就是你清楚知

道修炼文案基本功必须按照什么路径去做，第一步做什么，第二步做什么，这样才能更快拿到结果。它就像练腹肌一样，你想更快见到效果肯定要遵循一些步骤和要点。比如，每天要做几项运动，要做什么样的运动，每项运动练习几组，练习后要搭配什么样的食谱等。但如果你只是哪天兴致不错，就练几组平板撑，就吃个低卡餐，效果肯定不好。所以，想要快速进步并不是只拼努力就行，它一定要建立在有效的反馈和系统的规划上。就像我们上学的时候，要按照章节去学习，要有作业和老师点评，还要有阶段性的摸底测试，这样才能保证你每一次练习都能向前一步，都能比昨天向前一点。

如果你对文案没有一个正确的认识，就会习惯于自我否定，误以为自己不能学写文案，自己写不好文案。如果你对如何学写文案没有正确的认识，即便你很努力，可能也不会有太好的结果，甚至不断走弯路，不断受挫。认知决定方法，方法影响行为，行为影响结果。只有走出这些误区，正确看待文案，正确学习文案，才能有一个好的开始，有一个好的结果。

第 2 章

文案学习，必须掌握
的 8 种类型

2.1 信息流短文案：
7种构思路径，轻松写出引爆点击的好标题

很多文案新人经常会遇到这样的情况：花一两周策划了一个项目，好不容易上线了，结果因为横幅（banner）标题没有吸引力，导致点击率低，前期累死累活做的一系列努力全都白费了……怎样才能写出吸引用户点击的好标题呢？兔妈总结了7种简单有效的构思路径。在你没灵感的时候，可以直接借鉴。

第一种构思路径：凸显利益、好处

消费者永远只关心一个问题，就是对我有什么用？只要你的标题中出现他在意的利益点，比如，诱人的福利、有用的干货、确切的功效等，他就会立马点击阅读。所以，开门见山说出能给读者带来哪些好处，是最有效的思路，也有利于筛选精准用户。

怎样才能更好地凸显利益呢？有3个常用技巧：

1）数字+收益。前面的数字一般是多长时间、几个步骤、几个要点等，后半部分就是使用产品的收益。比如，文案课的大纲标题：如何在10分钟写出点击率5倍飙升的标题？数字是10分钟，收益是写出点击

率 5 倍飙升的标题。再如，摄影课的标题：掌握 3 大元素，摄影小白变大神。数字是 3 大元素，收益是小白变大神。再如，某理财 App 推送的文案：年化收益 4.05%，3 个月定期！数字是 3 个月定期，收益是年化收益 4.05%，凸显了时间短、高收益，吸引想理财的用户点击。

2）创建关联。关联用户熟知的事物，把使用产品的收益具象化表达出来。比如，摄影课的标题：学会构图，小区花园秒变马尔代夫。解锁隐藏功能，手机秒变万元单反。通过关联"马尔代夫"和"万元单反"，让用户瞬间就明白学完这节课，能获得什么样的好处。再如，面膜文案的标题：敷完皮肤就像剥了壳的鸡蛋。通过鸡蛋的类比，让用户清楚敷完面膜的好处。

3）场景利益。结合用户的生活场景，凸显产品的好处。比如，高跟鞋文案的标题：就算偶尔赶时间小跑也没事。这句话就会让人想起穿高跟鞋赶地铁的场景。再如，Excel 课的标题：IF 函数用得好，下班一定会很早。"下班一定会很早"这句话立马让人回忆起了"表格没完成，被迫加班"的痛苦场景。

第二种构思路径：解决具体问题

在生活中，如果你能帮某个人解决正困扰他的难题，他一定对你倍加感激。同样，如果你在标题里突出产品能帮用户解决的某个问题，就会吸引有相应需求的用户来买单。所以，当推广你的产品时，先问问自己："它能解决目标用户很想解决，却又一直没能解决的问题吗？"把这个问题写下来，然后给出解决方案，即你要推荐的产品，或者使用产品后可以获得的圆满结局。

常用技巧是："痛点 + 解决方案"或者圆满结局。比如，工作 10 年还不知道怎么赚钱？这本书来帮你！它解决的是工作 10 年赚得少的问题，解决方案是这本书。

有眼袋何止显老 10 岁？教你 1 招，在家用它解决眼袋烦恼！它解决的是眼袋问题，解决方案是在家就能用的方法。具体什么方法？需要你点击后才知道。

手动复制粘贴 5 小时？教你 1 招 5 分钟搞定。这是 Excel 课程的标题，帮用户解决的就是手动复制粘贴效率低的问题，而学习 Excel 课程可以实现的就是：5 分钟搞定。

第三种构思路径：颠覆已有认知

在标题中指出与用户已有认知相反的事实，这样用户为了弄清心中的疑问，就会点击进去一探究竟。最终结果无非两种：一是转变观念；二是坚持原先的看法。无论是哪种结果，我们的营销信息已经传播出去了。

比如，推广抑菌液标题：手机竟比马桶还脏 100 倍！在人们的认知里，马桶是最脏的。手机一直被拿在手里，甚至有些人边吃饭边玩手机，怎么会比马桶脏呢？在这种疑问驱使下，用户就会对真相进行探索。再如，育儿课标题：说"不"，让亲子关系更有活力。孩子狠狠地玩，写作业效率提高 3 倍。在平时，父母体会到的是：只要说"不"，孩子就哭闹，亲子关系就变差。孩子只要贪玩就会影响学习。而这门课却告诉用户与其已有认知相反的结论。此时，父母就会非常好奇，到底怎么拒绝孩子，孩子才容易接受？到底怎么玩，孩子写作业的效率才能提高。在这种疑问的驱使下，就更容易做出购买的行为。

第四种构思路径：对话目标用户

我们从小就被灌输这种思想：别人跟你讲话时，你必须回复，这是基本礼貌。而对话目标用户就是利用人们的这种心理，在标题里直接召唤你的目标用户群体，用他们最熟悉的昵称，说他们最熟悉的口头禅，从而吸引用户的关注。具体有两种用法：① 直接点名用户群体，比如，营销人必看的 2022 十大营销案例；熬夜党好物；刷酸小白必备；养生女孩必备；瘦子的穿搭法则；敏感肌最爱的加厚版洁面巾；产后妈妈专属。② 加入"你"字。当看到"你"字时，用户的信息接收装置就会下意识打开。就像在办公室，同事说"你的快递"，你会下意识扭头一样。因为每个人都关心与自己相关的事情。

除此之外，还有一点：口语化。要像和朋友聊天一样，这样才能拉近你和用户的距离。比如，眼霜文案的标题：恭喜你！在 25 岁前看到了这篇最靠谱（口语词）的眼霜测评！再如，写作课的标题：手把手教你每个板块写什么，怎么写（口语词）。

第五种构思路径：警告用户须知

警告式标题是针对人的不安全心理来设计，进而戳中目标用户的焦虑情绪。就像一位经验丰富的长辈一样，真诚地提醒你要注意某件事。它可能是产品的副作用，可能是产品的高价位，可能是对产品的错误用法等。

要注意，你警告的事要和目标群体息息相关，且和你的产品有关联。否则，就没有效果。常用的技巧有 4 个：

1）普遍误区 + 严重后果。比如，育儿课的标题"90% 父母踩中 3 大沟通误区，导致孩子厌学"。"90% 父母踩中 3 大沟通误区"，说明这个误区非常普遍，这就会引发人们的焦虑，担心自己是不是也做错了。后半句"导致孩子厌学"，指出了误区不纠正会导致的严重后果，这种焦虑心理就会影响他做出相应的改变。

2）具体症状 + 警告提醒。常用的句式有：千万不要如何、千万别如何、别再如何、一定要注意等！比如，孩子养生课的标题"孩子咳嗽老不好？千万别盲目止咳！孩子换季就过敏？这些事情应知应会"。当用户看到这个标题时会想：哪些止咳方法是不对的呢？我给孩子吃的止咳药会不会有问题？这一系列的疑问和随之而来的恐惧感，会驱使他不由自主地付诸行动。

3）警告提醒 + 好结果。比如，"避开这 3 大雷区，再也不怕孩子小学就戴眼镜"。前半句给出了警告，后半句讲了用户期望的好结果，让用户想知道到底是哪 3 大雷区。

4）具体症状 + 严重后果。比如，"孩子注意力差？小心缺铁性贫血长不高"。前半句指出了"孩子注意力差"的具体症状，家长就会对号入座。后半句警告用户如果这个问题不解决会出现严重的后果，唤起家长担心孩子长不高的情绪，为了避免产生这种后果，家长就会行动起来。

第六种构思路径：抛出一个问题

如果你心里憋着一个问题，会非常难受。抛出问题就是利用人们的这一心理，提出用户感兴趣的问题，进而吸引他去寻找答案。一般以"如何""怎么""怎样""你知道吗"等方式呈现。

这类标题的含金量在于"问题"二字。设问也好，反问也罢，你提出的问题必须具备足够强的吸引力。假如提出的问题太小儿科，用户会觉得你的内容没有价值，不值一读。如何设计吸引人的问题呢？可以从两方面着手：第一，提出的问题必须是目标群体有共鸣或想知道答案的。比如"存一万元在卡里，十年后还能剩多少？""未来 5 年房价走势如何？""女性家庭事业两头忙，如何实现更好的个人发展？"第二，问题中藏着用户渴望的答案，比如"创业做什么好？有没有千元就可以创业的好项目？"很多人想创业，但苦于没资金。而"千元创业"恰好写出了用户的痛点。再如"如何在饭局中驾驭全场？"写出了目标用户渴望获得的理想结果。类似的还有"如何准备简历，能成功拿到 500 强企业的录用通知？"

第七种构思路径：设置一个悬念

每个人面对未知和不确定的时候，都想去寻找答案，这就是好奇心。写标题也是同样的道理，在标题中加入悬念，可以激发用户的好奇心，吸引他点击后一探究竟。

悬念常用的技巧是：话说一半，欲言又止。常用的句式有"为什么""这个""它""原来……秘籍""原因是＋省略号""竟然""如何"等。比如，护肤产品的标题："这就是我'皮肤发光'的原因！原来这就是韩剧女主水光肌的秘密！邻居大姐用这方法淡斑，大家直呼不敢认！"养生产品的标题："如果身体有这个表现，说明你要养肝了！"当读者看到这些标题时，就特别想知道到底是什么原因、什么秘密、什么表现、什么方法，为了知道答案，就会点击阅读。

需要注意的是，在设置悬念时一定不能落入"标题党"。否则，就会起到反效果。你的内容一定要围绕悬念展开，抽丝剥茧地引出答案。只有这样，才能有好的效果。

以上这些方法可以单独用，也可以组合使用。你可以用不同方法写出 3~5 个标题，通过测试选出效果最好的那一个。

2.2 公众号推文：
文案必爆结构，轻松写出一发就变现的推文

说到写公众号推文，你可能会害怕，那么长的文案，到底该怎么写啊？怎么开头？怎么介绍产品？怎么收尾呢？感觉根本无从下手。不要紧，这一节兔妈就给你提炼总结写推文的一整套实战方法。我会把每一步都列出来，你可以直接拿去用，帮你更快写出一篇高转化推文。

想把一篇推文写好，你要知道，用户打开推文可能只是随便看看，但我们的目标并不是让他随便看看，而是让他掏钱。这是很难的一件事，但我们可以把这件难的事拆成细分的步骤，把每一步都做到位了，就一定能引导用户掏钱购买你的产品。这也是一篇写推文的 5 个步骤。

第一步，标题抓人眼球。

如果一篇推文的标题不吸引人，用户看到也不会点，那么即便你的正文写得再精彩，用户都看不到了，更不可能去购买。所以，写公众号推文的第一步就是抓住用户眼球，让他震惊或者好奇，不由自主地想要点进来。

当你的标题成功吸引用户点了进来，他就会看到内文，但是面对密密麻麻的文字，人们容易没有耐心。所以，我们要勾起他的兴趣，比如讲最近发生的热点事件，讲他感兴趣的小故事，或者是他每天经历的痛苦，让他继续读下去。这样你才有机会给他传达产品的更多信息。这是**第二步，开场勾人兴趣。**

这时候他会有个疑问，这个产品真的是我要的吗？他想知道自己是不是真的需要这个产品，如果他感觉可买可不买，可能他看一眼就跳出了页面。我们的任务是激发他的购买欲望，让他的购买欲望从 5 分上升到 8 分、9 分，甚至 10 分，让他欲罢不能。所以，推文的**第三步是激发购买欲望。**

当你成功调动起用户的感性情绪，他很心动，很想买了，但他又思考到底要不要买的时候，理性就会占据上风，这时候他又会有一个疑惑：你说的是真的吗？他会想：这个产品真的这么好吗？真会有这样的效果吗？这个老师真的这么厉害吗？他的方法真的有效吗？真能帮我达成目标吗？如果没有充分的证据，即便他再渴望，也会劝服自己，并放弃购买。

所以，这一步我们要拿出足够多的证据，证明你说的这一切都是真的，证明你的产品能帮他达成目标，实现更好的生活，让他放心下单。这就是**第四步，赢得用户信任。**

　　讲到这里，很多人可能会认为：用户很想买，又相信我们，是不是就一定会下单了。事实并不是这样的。我们可以换位思考一下，当用户想下单时，他要掏钱了，掏钱是让人非常痛苦的一件事，毕竟这是自己辛辛苦苦赚来的钱，这时候他就会很纠结，纠结来纠结去，干脆就不买了。所以，在文案收尾的地方，我们一定要做好最后一步工作，引导他马上下单。这里的关键是"马上""立刻"，不要拖。我们要给出明确的行动指令，并且让他知道现在只需要花一点小钱，就能获得巨大的回报，如果现在不买，就可能错过了优惠。只有这样他才会马上下单，你的推文才能大获成功。这是**第五步，引导用户下单。**

　　这几个步骤是环环相扣的，就像我们精心搭建起来的文字滑梯，让用户从开始坐上去，一直滑到下单。

　　若我们掌握了这 5 个步骤，写公众号推文就变得简单了。那到底应该怎么去做呢？怎样去引起他的兴趣？怎么激发欲望？怎样让他相信呢？下面，兔妈给你总结出每个步骤常用的文案方法，你把他们直接组合到一起，一篇精彩的推文就完成了。

　　首先是标题。关于标题我们在上一节讲了标题的 7 种构思路径，这里就不再多讲。如果写标题的时候你没思路，可以去复习下。接下来是开场。怎样才能写出成功勾起读者兴趣的好开场呢？教你两个屡试不爽的招数：

第一个常用的招数：痛点法。

什么是痛点法呢？就是戳中目标用户的软肋，激发他的恐惧和焦虑。

比如下面这个案例：

> 下面 3 句话，你若有同感，就打个钩。
>
> □ 常常忙了一天，却感觉很多事情还没做完。
>
> □ 工作时常被领导、下属、其他部门同事打断。
>
> □ 买了很多书，收藏了很多微信文章，却没有时间读完。
>
> 如果你一个钩都没有打，说明……如果你打 3 个钩，说明你属于"晚期患者"，缺乏时间管理的基本概念，必须马上改变！

这是一篇时间管理课程的推文开场。看起来是一个测试题，但其实每条测试都是目标用户普遍存在的痛点。

在我帮客户操盘的鼻炎喷雾案例中，也用到了痛点法：

> 秋天来啦！没那么燥热了，但对于患有鼻炎的朋友来说，烦恼才刚刚开始……鼻子不通气，一会左鼻孔，一会右鼻孔，一会两个鼻孔都塞住了。
>
> 一入秋鼻炎就加重，就像神奇的开关。
>
> 同事林子是老鼻炎患者，每年 9 月前后，鼻炎就加重，尤其阴天下雨，打喷嚏、流鼻涕不说，鼻子不通气说话也嘟嘟囔囔，就像感冒永远好不了，部门开会他永远在揉鼻子、擤鼻涕……
>
> "一天一包纸巾都不够，鼻子擦得又红又疼。"
>
> "流鼻涕、打喷嚏，夜里一家人都没法好好睡。"
>
> "上班挤地铁忘带纸巾，一路憋下来差点缺氧。"
>
> "严重时，头上像戴个金箍圈，脑袋要炸开。"

第二个常用的招数：故事法。

当人们听故事时，他们更容易受剧情驱动，被唤起某种强烈的情绪，比如感动、愤怒、恐惧、焦虑，情绪越强烈，就越容易形成记忆和被影响。

如何写出一个让目标用户共鸣的故事开场呢？有 2 个要点：① 符合用户画像。你要讲会发生在目标用户身上的、有代表性的故事，这样才能让他觉得：是的，这就是我。这需要你根据用户画像为剧本主角设置情境，包括基本属性（身份、年龄、性别、职业），社交属性（经常出现的场所、日常动态）等。曾经有位学员，她的目标用户是 30~35 岁的中产文艺女性，而她的故事主人公却是一位 80 岁的老奶奶，即便这个故事很出彩，也很难让目标用户产生代入感，引发共鸣。② 描述关键细节。你要舍弃掉那些不痛不痒的事实，只保留尖锐的关键细节，比如场景、冲突等。这样你的开场才能短小精悍、有穿透力，才能戳中用户的心。

比如，在上面提到的鼻炎喷雾案例中，其中一部分是："同事林子是老鼻炎患者，每年 9 月前后，鼻炎就加重，尤其阴天下雨，打喷嚏、流鼻涕不说，鼻子不通气说话也嘟嘟囔囔，就像感冒永远好不了，部门开会他永远在揉鼻子、擤鼻涕……"这就是生活中的一个小故事，"同事林子""老鼻炎"是目标用户的基本属性，"办公室开会"是社交属性。"每年 9 月前后，鼻炎就加重，尤其阴天下雨，打喷嚏、流鼻涕，鼻子不通气说话也嘟嘟囔囔，就像感冒永远好不了，部门开会他永远在揉鼻子、擤鼻涕……"是关键细节。整段文案并没有说"鼻炎很难受"等主观描述，而是通过一个浓缩了目标用户特征的小故事，引出鼻炎的话题，吸引目标用户的关注。

只要铺垫好了开场，用户就会萌生改变的欲望。而在这一步，我们的任务是，让他的欲望进一步增强，让他觉得这个产品就是他想要的。常用的方法是罗列替代方案的缺点。比如一想到减肥，他可能会想到下班去跑步、跑完不吃晚饭，这样他就不会买你推荐的产品。所以，我们要提前罗列替代方案的缺点，告诉他这些方法都不行。这样他才能产生非常强的寻找新解决方案的欲望，即购买你推荐的产品。

还是以我操盘的鼻炎喷雾这个爆款文案为例，文案是这样写的：

市面上各种治鼻炎的方法非常多，盐水洗鼻、中医偏方……又听说脱敏效果好，内心跃跃欲试！到底哪一种安全有效又彻底？小编来给你们科普一下：

（1）盐水洗鼻是最普遍的方式，但大家反映，刚开始有效，用一段时间就不灵了。而且只能暂时缓解，对治疗并没有多大意义。

（2）中医偏方，没批号、没说明，每天涂啊抹啊，味儿冲得眼泪都要流下来，谁用谁知道。

（3）鼻炎馆，一个疗程三四千元，效果怎么样先不说，做完要 2~3 个月，有时太忙，很难持续。

（4）脱敏疗法，就是口服或注射疫苗。从理论上说效果持久，但疫苗有限，费用还高！

对比一下，最好的治鼻炎方式还是鼻炎喷剂，滋滋滋……一喷，鼻子立马通畅！方便、有效！

除此之外，你也可以描述使用产品后的美好场景，让他产生强烈的渴望。比如，"想象一下，当你靠写文案赚了足够多的钱，不再向别人伸手，不再看别人脸色，可以买自己喜欢的衣服、包包，买刚上市的 iPhone，可以带上孩子和父母去度假，体验不一样的生活，那该多好……"

完成这一步，紧接着就要给出解决方案，即你要推荐的产品。但用户对你要推荐的产品并不了解，他会怀疑这个产品真的这么好吗？真能帮他解决问题吗？所以，接下来第四步，赢得用户的信任。如何赢得用户的信任呢？常用的方法有：

（1）权威背书。比如，雅诗兰黛供应商，让人觉得产品很有实力、很靠谱。

（2）畅销数据。比如，上架 1 小时卖了 3000 支，让人觉得产品很受欢迎。

（3）顾客证言。相比商家的自卖自夸，人们更容易相信第三方使用者的真实反馈。

（4）顾客案例。讲产品的真实用户在使用产品之后的变化。

（5）讲述事实。比如卖海鸭蛋，就讲述海鸭的生长环境，海鸭蛋的加工流程等。

（6）产品演示。比如要证明旅行箱结实，就让一个壮年大汉在旅行箱上蹦跳，然后展示旅行箱的完好无损。

当用户对你推荐的产品有了欲望和信任后，就要趁热打铁，一举把他拿下。否则，他可能就变卦了。所以，你要给出明确的行动指令，这就是第五步，引导用户马上下单。

常用方法有美好场景，就是买了产品后，能拥有什么样的美好体验；还有价格锚点、限时限量限福利、调整顾客心理账户等方法。比如，"官网统一售价为 ×× 元，但针对本平台的读者开放 100 个优惠名额"，促使用户马上做出购买决策。再如，"在外面吃一顿饭的钱，就能让你远离鼻炎困扰。和曾经花的冤枉钱比起来，可以说是良心价了，朋友们真的没必要为了省几元买到含有激素或者无效的产品，你和孩子的健康才是最珍贵的！"让顾客从"在外吃饭"的心理账户中取出 100 多元用于改善鼻炎，他心理上花钱的难度就降低了，更容易做出购买决策。

以上简单介绍了写一篇公众号推文的整体逻辑和常用方法，如果你想掌握更多打造爆款推文的方法和创作细节，可以详细阅读我的第一本书《爆款文案卖货指南》，书中 80% 内容都在讲打造爆款推文的小细节，还拆解分析了 100 多个爆款文案案例。

2.3 详情页文案：
掌握 3 大关键点，打造店铺爆款详情页

在不同渠道的文案类型中，产品详情页文案是非常普遍的，且对订单转化起着举足轻重的影响。然而，很多人往往把详情页写成了产品说明页，导致用户开始看不懂，看时没欲望，看完没行动。之所以出现这样的情况，是因为很多人误以为用户想要了解的是产品本身，但真相并非如此。用户才不关心你的产品，他关心的是：我的这个问题能否得到解决。那么，当我们要给一款产品写详情页的时候，应该怎么着手呢？有 3 大关键点，下面兔妈一一给你介绍。

第一个关键点：捕捉产品卖点、确定产品定位

产品详情页最重要的作用就是用卖点去吸引、打动正在犹豫不决的浏览用户，促使其坚定地做出付款动作。

首先，为了帮你更好地提炼商品的卖点，我给你推荐一个好用的工具：九宫格。先画一个三行三列的表格，在正中间的格子写上产品名称，其他格子写上产品的优点。举个例子，如果要给眼部按摩仪写详情页，你就可以在中间的格子里填上"微电流眼部按摩仪"，在其他八个格子里填上这个商品的优点，比如，明星同款、微电流、去水肿瘦脸、提拉紧致皮肤、使用无痛感、小巧便携等。

其次，你要思考的问题是面对如此多的卖点，我们如何取舍呢？应该把哪个卖点作为重点呢？这里你要根据目标用户来确定。具体可以参考以下几个问题：当初研发这个产品的目的是什么？为了解决哪些人群的哪些问题？目标消费者的一级痛点是什么？目标消费者花钱满足的核心需求是什么？同行业的竞品中，用户经常吐槽的点是什么？另外，也可以通过提问的方式来挖掘：① 产品可以在什么场景下发挥作用？② 思考这个场景中的消费者会遇到什么样的问题。通过对以上内容的梳理，做好产品卖点的优先级排序。

最后，还要思考怎么把这些卖点转换成文字形式，更好地打动用户呢？这里要用到兔妈总结的"三步卖点编码工具"。三步卖点编码工具也可以提炼成三个问题，分别是：产品的卖点是什么？卖点能解决用户的什么问题？能给用户带来什么好处？通过这三个问题，让你更好地找到这个卖点对用户的价值利益点。

061

举个例子，如果给学习灯写详情页，它的其中一个核心卖点是"18cm 直径大面积光源"。很多文案会直接把这个卖点写在详情页上，但用户根本不知道"18cm 直径大面积光源"是什么样的概念，也不知道这个卖点有什么特别之处，能带来什么样的好处，当然这样的详情页也很难打动用户。我们用"三步卖点编码工具"来试一下。第一，产品的卖点是什么？18cm 直径大面积光源。第二，能解决什么问题？解决孩子写作业光线不好、影响视力的问题。第三，能给用户带来什么好处？光线均匀铺满整张学习桌，孩子看得清楚书上的每一个字，再用功也不怕近视。相比于前者，这样就会更容易打动用户。

到这里，只是做好了写电商详情页的准备工作。想要写出促使用户下单的详情页，还要掌握电商详情页的框架结构。这也是我们要讲的第二个关键问题。

第二个关键点：掌握电商详情页的框架结构

一般情况下，一个完整的电商详情页包含 5 大元素。

1. 凸显产品优势

我们先来回忆一下，平时在电商平台购物的过程，大多数情况下，你已经有了某个明确的需求，然后打开电商购物 App，输入产品名称。看到一款还不错的产品就点了进去。浏览了一下评价，觉得还不错，此时你还想了解更详细的产品信息，就进入了详情页。所以，第一部分就要凸显产品的核心优势，让目标用户坚定购买这款产品，吸引他留下来。怎么凸显产品优势呢？你可以从以下 3 个方面来梳理：

1）产品的行业地位。比如明星代言、专注开发多少年或者获得过什么奖。源自哪个知名品牌？目前是哪个渠道的销售冠军？是哪个网站口碑最佳的商品？哪个当红名人代言过这个商品？目的是让用户觉得这款产品有实力。

2）产品的畅销数据。人们都是有从众心理的。对于一个新产品，如果有 10 个人用，你会怀疑它不好，但如果有 1000 个人，甚至更多人在用，你就会相信这个产品应该还不错。因为在大多数人的认知里，畅销品 = 好产品。毕竟 1000 人一起犯错的概率是很小的。如何表现畅销呢？你可以从产品卖得多、好评多、收藏率高等几个方面来凸显畅销。

3）产品的价格优势。人们都是喜欢占便宜的，我们可以利用这种心理凸显产品的绝对价格优势，例如比同类产品便宜多少钱或者全网年度最低价，或者送的礼品多等，促使用户做出购买决策。

2. 晒产品卖点及好处

如果罗列的产品优势成功让用户留了下来，接下来就是详情页的

第二部分——详细的产品利益承诺，就是产品的卖点及不同卖点带来的好处。

注意，你不能直接罗列产品卖点，卖点太抽象了，用户不容易看懂，你要直接将用户能获得什么收益，让他看到、感知到。这里给你分享一个小技巧，把自己当成用户，体验产品的美好，把感受写下来，去打动你的用户。比如卖平底锅，很多人直接把材质写出来，像是大理石平底锅、陶瓷平底锅等。但这些材质本身对用户是没有意义的。写好处的底层逻辑就是要为产品的每个卖点赋予某个具体的场景，这个卖点才有意义。比如，你可以写：每次煎鱼都掉皮吗？大理石平底锅，不粘底不粘锅，让你每次煎的鱼都能完美上桌。

3. 晒产品信任背书

看到产品有这么多好处，用户动心了，但冲动过后理性就会占据上风，他会怀疑，产品真有你说的这么好吗？这时你要拿出产品的信任背书，比如，用户好评、顾客案例、获得的奖项、取得的专利、权威的报告、专业的研发团队、知名的原料供应商、悠久的品牌历史等，通过这些内容赢得用户信任，让他爽快下单。这也是详情页的第三部分。

4. 化解用户的顾虑

用户对你的产品很信任了，但可能还会存在一些顾虑，所以你要帮他主动化解掉。比如，市面上有很多迷你充电宝，但大多产品都有一样的卖点，区别不大。用户的顾虑也没有得到解决。而南孚的迷你充电宝就主动化解了用户的顾虑，告诉用户：可携带上飞机，无须托运。再如，买铁锅，用户最担心的就是有涂层，不仅不耐用，还不安全，如果你告诉用户，查出涂层赔偿 10 万元，就能化解用户的顾虑，让他放心下单。再如，买空调，用户担心安装乱收费，那你要主动告诉用户，如果出现乱收费的情况，赔双倍，化解用户的担忧。

类似的还有碎了坏了包赔、变质了包退、老公说穿上不好看包退、孩子说不好吃包退、7天无理由退换、化妆品过敏免费退等。

5. 赠送、免费，促使下单

赠送、免费是最容易刺激用户做出购买决策的。需要注意的是，很多人不重视赠品，就随便一写下单送什么礼品，这样是没有效果的。因为用户会怀疑你送的东西本身就不值钱。正确的做法是，你要把赠品像正品一样卖，写出赠品能给用户带来的获得感。而且还要给赠品特写镜头，凸显赠品的高价值感。

以上就是电商产品详情页的5大元素。如果你接到一个电商产品详情页的任务后，不知道怎么写，可以按照这个结构去套用。

那么，到这里是不是就结束了呢？不是的，还有最后一个关键问题。

第三个关键点：多和客服沟通，掌握用户的需求命脉

产品详情页做好并不是就一成不变了，而是要根据实际转化情况不断优化和完善。完善的灵感和思路从哪里来？就是多和客服沟通。所有的好想法都来自一线客服的反馈，所以，一定要多和客服人员聊一聊。了解他们在平时工作中，经常被用户问到的问题是什么，用户最关注的因素是什么。只有知道用户关注什么，你才能更准确地掌握用户的需求和购买心理。

关心你的用户，而不是你的产品，只有这样用户才会对你的产品感兴趣。当然，这一步不是必须做的，但却是打造爆款详情页非常关键的一步。

2.4 海报文案：
5 个常用模板，打造用户立马下单的海报

在平时工作中，你一定会接到这样的任务，公司推出新产品、新项目、新活动，需要你把它介绍给你的用户。而海报可以用一张图浓缩所有亮点，向用户展示你的产品。通过朋友圈、公众号、电商平台推广出去，所以它是一种很重要的宣传方式。那么，如何设计一张让用户看完就忍不住下单的海报呢？兔妈给你总结了 5 个常用的海报文案模板，当你没有思路的时候，可以选择适合的模板直接套用，这样你就能轻松高效地写出引导用户下单的海报。

第一个模板：痛点体海报

痛点体海报的模板是：痛点问题＋解决方案＋卖点利益＋行动指令。先提出一个能戳痛用户的痛点问题，唤起他的危机意识和紧张心理。当用户非常痛苦时，赶紧给出解决方案，即你推荐的产品或项目。然后，描述产品的核心卖点和价值利益，进一步刺激用户的购买欲望。这时候用户已经非常渴望拥有这个产品，迫切想要加入你的活动了，所以你要趁热打铁，给出明确的行动指令。

这个模板很简单，但非常有效。曾经有一个项目就用这个海报模板，一年吸引了 1000 多万用户。一起来看这个经典的案例：

你有多久没读完一本书了？

立即加入 ×× 共读计划

把读书的愿望变成具体的行动

语音领读、精华提炼、每周笔记、组队对抗惰性

每周共读一本书，一年轻松汲取 52 本书的营养

长按识别二维码立即报名

在这个案例中，第一句话就是痛点问题。看到这句话，你会忍不住问自己今年读完了几本书。让你情不自禁想到自己制订了很多读书计划，列了很多书单，囤了很多书，但大多没有读完。此时你会产生一种焦虑感、愧疚感，所以这句话就成功击中了目标用户长期不读书的痛点。给出的解决方案就是 ×× 共读计划。"语音领读、精华提炼、每周笔记、组队对抗惰性！每周共读一本书，一年轻松汲取 52 本书的营养"是产品卖点以及用户可以获得的好处利益，让用户产生一种美好想象，只要加入这个活动，一年就能读完 52 本书。最后是行动指令。

第二个模板：获得感海报

获得感海报的模板是：获得感＋产品图片＋引导行动。很多人写产品海报文案，习惯把产品的卖点罗列出来，比如大米，就简单写"核心产区、五星品质"；化妆品，就简单写"天然安全，超强补水"。这些文案确实把产品的卖点介绍清楚了，但用户看完后没有任何感觉。正确的方法是什么呢？写获得感。获得感就是用户购买产品之后，能获得哪些实实在在的利益。

那么，怎样挖掘产品的获得感呢？有 3 个角度：生理获得、心理获得和财富获得。生理获得是身体的感受，比如，口感、味觉的获得感。心理获得一般是家人认同、个人荣耀感、满足感等。财富获得比较好理解，就是财富的增长。然后，配上产品的高清图片。需要注意的是，产品图片

最好是产品的使用场景图。什么是产品使用场景图呢？比如大米，你要配孩子吃得很香甜的图片，而不是一袋冷冰冰的大米；按摩仪，你要配一个美女使用按摩仪的图片，而不是一个冷冰冰的仪器。最后一步，使用优惠、买赠等促销手段使用户马上做出购买决策。

来看看按摩仪的电商页面海报。按摩仪的卖点有外形好看、智能科技、预防衰老，是很多爱美女士的选择。但这些卖点，其他按摩仪也有，而且很笼统，让人看了没感觉。这款按摩仪是如何用获得感这个工具打动用户，快速从竞品中脱颖而出的呢？

××微电流智能提拉刮痧按摩仪

每天只要 1 角钱，轻松打造小 V 脸

8 月 21 日 12:30 结束，立马扫码抢购

这个文案很简单，但转化效果提升了 1.5 倍。它描述了生理上的获得感，让人感觉只要花 1 角钱，就能获得完美小 V 脸，获得形象上的提升。

下面我们再来看一个财富获得的海报文案案例：

这是一个色彩课程的文案。这个海报原来的文案是：

嗨，你多久没有升级了？

【课程收获】

5 大测色工具 +10 大配色锦囊 + 成交客户心法！

原价××元，限时特价××元，马上报名立减××元！

这个海报发出去只收到 9 个订单，其中 7 位都是老用户。当时这位老师找到我，让我帮他优化，优化后的新文案发出去，有 100 多人报名，提升了将近 20 倍。我的秘密武器就是获得感这个工具，具体文案是：

我想和你聊 3 天色彩，帮你多赚 10 万！

【你会学到】

（1）10 大配色锦囊，你也能成为配色高手！

（2）这 5 个配色工具，100% 能打动人！

（3）用好这 6 招，订单率至少翻 1 倍！

在这段文案中，我并没有对它的海报结构进行改变，只讲出了课程给用户带来的获得感。它是一门技能性课程，目标用户是软装设计师，用户学习的目的是提高签单率，多赚钱。所以，主标题就用到了财富获得。针对下面的课程内容，也用了获得感。其中"你也能成为配色高手"是心理获得，"订单率至少翻 1 倍"是财富获得。

第三个模板：促销海报

如今，在传统节假日商家会搞促销，在电商平台大促日还会搞促销。而产品促销海报是非常高频的一种形式。它的模板是：购买理由 + 吸睛优惠 + 产品图片 + 促销信息 + 引导行动。为什么首先是购买理由，而不是大多数人以为的促销信息呢？因为如果用户不需要这款产品，即便产品打 5 折，用户也不感兴趣。

很多时候用户并没有明确的购买计划，所以想让用户购买产品，你必须先给他一个购买理由。当用户有了初步的购买理由，你还要告诉他一个吸睛的优惠，因为占便宜是人的天性。那么，怎么样才算吸睛呢？一个标准就是要足够震撼，比如立减 100 元、全场 1 折、买一送一等，并配上产品图片，产品图片一定要干净，看起来很诱人。最后，给出产品的具体促销信息，并引导用户马上做出购买决策。

来看一个蛋糕促销的案例，这是一个非常优秀的互联网品牌，当时这张海报发出去就爆单了。它的文案是这样写的：

十八岁也要过六一

儿童节蛋糕最高立减 61 元

还送印象大西北 100 元现金券

6 寸：原价 188 元，现价 150 元

8 寸：原价 288 元，现价 227 元

最后 30 个特价蛋糕

扫描二维码立马下单

在这个海报中，第一句"十八岁也要过六一"就是购买理由，是一种"要活得年轻"的价值观。"儿童节蛋糕最高立减 61 元"是吸睛优惠。一般情况下，一个儿童蛋糕也就 200 多元，但这次活动立减 61 元，让人感觉促销力度很大。下面是蛋糕图片和促销信息。促销信息一定要标注清楚原价和活动价，让用户觉得占了便宜。最后利用限时限量的紧迫感，引导用户马上下单。

069

第四个模板：用户故事海报

这种形式特别适合用来引流。比如你想做一次社群活动，做一场直播，就可以挑选出典型的用户，制作成一系列的用户故事海报，刺激目标用户参与进来。它的模板是：一句故事 + 用户证言 + 用户信息 + 利益诱惑 + 引导行动。

首先，一句故事，一般是描述用户的前后改变，比如从 160 斤中年大妈到 90 斤辣妈。用户证言，就是挑选用户的一句好评直接写上，目的是调动潜在用户的欲望，同时又能赢得用户的信任。需要注意，证言的选择非常关键，一定要能满足用户的核心诉求。用户信息就是用户的身份和

照片信息，增加真实感。最后是利益诱惑，就是参与活动可以获得什么好处和利益，并引导用户马上行动。

如今，很多实体店经营越来越困难，而有赞作为一个线上商城平台，可以帮助商家在线上做生意。这次活动的目的就是把实体店老板引流到直播间，并在直播间宣讲有赞的优势，从而完成潜在用户的教育和入驻工作。它的海报文案用了一系列的用户故事。我们来看其中的两张海报文案：

从档口摊位到 200 个小区同城配送

销量翻了 10 倍

10 倍增长的秘籍

×× 月 ×× 日 ×× 点 ×× 分直播间等你

从前卖瓜烂一地，现在瓜还在地里

订单已经爆了

10 倍增长的秘籍

×× 月 ×× 日 ×× 点 ×× 分直播间等你

在这两个海报文案中，第一句话就是一句故事，下面这句"销量翻了 10 倍""订单已经爆了"是用户证言，海报中还配了用户的照片，最后"10 倍增长的秘籍"是利益诱惑，暗示用户进入直播间，业绩就可以获得 10 倍增长，从而引导用户马上进入直播间。

第五个模板：课程海报

这个模板包含 6 个元素，分别是：产品主题、购买理由、产品构成、卖点利益、权威背书、引导行动。其中，产品主题是整个海报最重要的部分，它要让用户看到就想马上参与进来。想达成这个目的，你要找一个目标用户群体感兴趣的"吸引点"。好的吸引点要符合两个标准：第一，点名确切产品，筛选目标人群；第二，吸引眼球，抓住用户注意力。比如 1 堂课带走短视频卖货指南，点名了这堂课是关于短视频带货的课，并且 1 堂课就能学会，对用户来说，吸引力非常大。购买理由是主题下面的这一句话，目的是对主题进行补充，进一步激发用户的兴趣。怎么描述购买理由呢？一般是用户能从产品中获得的利益。比如，穿搭课：1 小时帮你找对穿衣风格！再如，朋友圈文案课：彻底解决你发圈没思路、点赞低、不出单的难题。还有短视频课：3 天教你用短视频轻松吸粉，线上签单收钱。产品构成是指课程包含了哪些核心内容、提纲，并描述出产品可以给用户带来的价值利益。当这些内容成功把用户的欲望激发出来时，他可能还会怀疑、不信任，所以，还需要有权威背书。一般是名人大咖站台以及讲师自身的权威介绍和照片。比如老师的权威头衔、取得的成绩、获得的奖项等。最后一步，利用限时限量、买赠等引导用户马上下单。

我们来看个案例，这是兔妈 3 天文案副业增收营的海报。文案内容如下：

3 天文案副业增收营
你也可以，从写不出来到月入 30000+

兔妈
上市企业高级文案讲师
京东、当当畅销书榜第一名《爆款文案卖货指南》《短文案卖货》作者
1 年操盘 46 个项目，帮商家卖货 1 亿多元
3 天时间，7 节课程，解决你 3 大难题

（1）诊断：文案小白难赚钱？怪你踩中这 4 大致命文案

（2）心法：那些靠文案成功赚到钱的人，都偷偷用了这 3 招

（3）模板：4 步骤 +5 机关，零基础也能轻松写出收钱爆文

（4）变现：文案变现阶梯模型和 12 种路径，新手也能赚钱

前 200 名赠送价值 699 元大礼包

兔妈咨询费：3000 元 / 小时

原价：399 元 限时：9.9 元

已有 1204 人报名

在这个海报中，"3 天文案副业增收营"就是产品主题，"你也可以，从写不出来到月入 30000+"是购买理由，下面 1~4 是产品构成，并指出了这些内容能给用户带来的利益，权威背书是我本人的身份和成绩，最后一步引导用户下单。

掌握以上 5 个常用模板，你就能轻松应对不同类型的海报文案。当然，想实现好的效果，还需要你反复多加练习。

2.5 朋友圈文案：
这样经营你的朋友圈，产品一预售就爆单

同样是发朋友圈，为什么你发的内容没人看，甚至被拉黑？但与此同时，又总有人把朋友圈经营得风生水起，发什么粉丝就跟着买什么，甚至有人靠朋友圈卖产品就能年入百万元。

这就不得不提到，很多人在朋友圈卖货的四大误区：朋友圈全是产品广告、没有一个鲜明的人设、没有为粉丝提供价值、产品文案写得太生

硬。那到底该怎样经营朋友圈，才能把产品卖出去，又不让粉丝反感呢？想要经营好朋友圈，让粉丝跟着你买，你要解决 3 大关键问题，下面兔妈来给你一一揭秘。

第一个关键问题：打造一个鲜明的人设

正确的朋友圈卖货逻辑，是先建立信任，再卖货。而建立信任的第一步是打造一个鲜明的人设。想找准自己的人设，你首先要理解什么是人设。其实，人设也没那么复杂，概括起来就是两个问题：① 你在大家心目中是一个怎样的形象？② 你能给别人提供什么价值？

那如何找准自己的人设呢？你可以按照兔妈总结的朋友圈人设坐标分析模型去梳理。坐标横轴是你的职业和兴趣标签，纵轴是你的口碑和性格标签。这里面兴趣和性格是你的生活人设，它能拉近你与粉丝的距离，让粉丝喜欢并信任你这个人。职业和口碑是你的专业人设，核心是提供有价值的内容，让粉丝信任你的专业和实力。

你可以根据自己的情况，在每个坐标轴填上相应的内容。最后，你会发现把这些内容连起来，就接近一个圆，也就是一个立体的你。粉丝就能清晰知道你是一个怎样的人，从你这里能获取什么价值。拿兔妈举例，我的职业标签比较多，有：畅销书作者、企业顾问、千万级爆款操盘手、文案变现教练、短视频变现教练，但都聚焦在打造爆款文案，并靠爆款文案实现内容变现，所以概括起来就是爆款卖货文案专家。兴趣标签有：阅读、陪女儿玩。性格标签有：务实、接地气、钝感。口碑标签，也就是客户、学员对我的评价是：专业靠谱、卖货文案功底扎实。你会发现，这些标签最后可以合成一段话"兔妈，是爆款卖货文案专家，工作之余喜欢阅读、陪女儿玩，她的性格特点是务实接地气，客户都说她'专业靠谱、功底扎实'"。再举个例子，如果你是卖穿搭课程的，你的人设描述就可以是：××，是穿搭方面的专家，平时喜欢画画。她是个热心肠，性格非常直爽，客户都说她"非常有亲和力，不管是职场还是日常，搭配出来的衣服都非常得体、显气质。"这样你给大家的印象就不是只会刷广告的冷冰冰"机器人"，而是一个专业、热心肠的服装穿搭专家。当然也更容易被人记住、受人欢迎。

第二个关键问题：做好朋友圈素材规划

很多人之所以没有经营好朋友圈就是经常不知道发什么，甚至好长时间都不发一条。这就导致了一个结果：别人刷不到你，也不知道你是做什么的，对你这个人没有记忆点，有需要时也不会想到你。

正确的方法是围绕你的人设定位，系统规划你的朋友圈。如何系统规划呢？你可以按照兔妈总结的"朋友圈五星素材规划模型"去做规划，五星分别是：生活类朋友圈、工作类朋友圈、产品类朋友圈、干货类朋友圈、价值观朋友圈。

第一，生活类朋友圈，包含但不限于以下 4 个方向：

1）兴趣爱好。比如读书、烹饪、健身、画画、陪孩子游戏等。

2）情感表达。比如可以晒伴侣关系、父母关系、闺蜜关系，以及亲子关系等。

3）成长感悟。比如日常学习、读书的感悟，以及和大咖交流的感悟等，核心就是打造积极向上、正能量的形象。

4）线下活动。比如日常参加的一些读书会、行业交流会，或者是参观厂家、生产车间、原料基地、旅游等。

第二，工作类朋友圈，主要有 2 个方向：

1）工作进展。工作进展的核心要体现 4 个点：我很忙、我很职业、我很用心、我很优秀。主要包括：企业新闻或大事件、出差处理问题、和

领导 / 同行高手的交流、学习进修动态、工作成绩等。

2）他人评价。比如，客户给你的评价、同行给你的评价、大咖给你的评价等。我的一个朋友在一家上市的金融公司做客户经理，经常出差，但每次出差，她都会晒出这个客户对她的评价，让人感觉她这个人很靠谱，人缘很好，对客户很负责。

第三，产品类朋友圈，即你要卖的产品的信息。很多人发产品广告的方式都是错误的，最大的误区是：硬广告刷屏，人们看完不但不心动，甚至还会屏蔽你。正确方法是要写"软文"，从"你"出发，从目标用户的角度切入多写好处和价值利益。具体有 4 个方向：

1）使用体验。通过详细描述使用产品后带来的具体效果，让潜在客户能清晰地感受到产品带来的好处和价值。

2）使用场景。产品在什么场景下，可以给用户带来什么价值利益。比如卖面膜，熬夜加班敷一片，第二天依然气色满分。

3）用户反馈。晒用户对产品的好评截图，以及用户使用产品的案例。

4）产品背书。比如获得的荣誉、奖项，以及登上某个权威媒体的高光时刻。

第四，干货类朋友圈。目的是塑造你在专业领域的专家形象。

就像我是做卖货文案和短视频培训的，我朋友圈不可能只发自己的产品、用户案例，更要讲干货。我的朋友圈有个栏目：兔妈讲透卖货文案。每天早上 8 点雷打不动更新，坚持了 3 年多。目的就是通过干货内容塑造专家形象，让别人知道我是专业的。我们举一反三，如果你是卖服装的，就可以分享穿搭方面的干货知识，也可以分享如何辨别真假羊毛衫等。

第五，价值观朋友圈。比如你对工作的态度，对待用户的服务原则和标准，以及关于某个日常问题深度思考的输出，可以是消费价值观、婚姻价值观、两性价值观、择业价值观、选择圈子价值观、女性独立价值观、个人成长价值观等。目的是让你的人设更鲜明，收获得更多同频人的喜欢。

你可以根据这五点，制作一个素材规划表。坚持去做，你的朋友圈就能像一本好书一样有吸引力，让人越看越上瘾，甚至主动把你设为星标朋友。你还担心产品卖不出去吗？

第三个关键问题：写好产品销售型文案

我们打造人设、做素材规划，这些动作都是为销售产品服务的，只不过它们带来的效果是间接的，而销售型文案则直接影响产品的转化。所以，我们单独把产品销售文案拿出来细说。很多人写朋友圈的产品销售文案，就是赤裸裸地叫卖，大夸产品的好，让人觉得不可信，更不会买。正确方法是：多写你的真实体验、场景利益、第三方证言或案例。具体怎么做呢？为了帮你更高效地写出高转化的朋友圈销售型文案，兔妈给你提炼了3个步骤：

第一步：写下产品说明。包括卖的是什么？要卖给谁？特色有哪些？

比如卖面膜：

产品：××美白面膜

目标用户：经常熬夜、想要变白的女性

特色：医美级美白成分，使用效果明显。每片22mL精华。泰国进口蚕丝等。

第二步：用不同方法，突出某个特色给用户带来的好处和利益。

比如，你要突出"美白效果明显"这个特色，可以写试用体验：

我一般一周敷 2~3 次，三周后和原来的照片一比，自己都被吓一跳，这明显白了一个色号啊！天生的暗黄皮由里到外变得透亮，用手指轻轻一戳就像摸到果冻一样，连闺蜜都问我是不是偷偷去打了美白针。

另外，写试用体验时，还有个小技巧，你可以和其他同类产品的试用感受进行对比，凸显产品的好。比如这样写：我用了一周，脸上的痘印就不见了，比 SK-Ⅱ 美白面膜好用，第二天还觉得皮肤滑滑嫩嫩。

用场景利益写：

上个月公司年中总结会，每天加班到凌晨 1 点多，心想坚持这么久的美白功课又白做了。但熬了一周，皮肤还是很透亮，太让我惊喜了！连一起熬夜的同事都嫉妒地说：明明一起熬夜，凭啥你的脸像没熬一样。其实，我原来也一样啊，别说熬一周，熬一天脸就垮了，这次多亏 ×× 面膜救急。

用第三方好评或案例写：

刚用户 ×× 留言说：上周六，我熬夜到凌晨三点多，出门也没涂防晒，第二天以肉眼可见的速度变黑了。星期天晚上急救敷了一片 ×× 面膜，敷完第二天就白了一点点。

第三步：优化表达，让文案更有吸引力。

初稿写好不要着急发布，还要想一下能不能优化表达，比如用疑问句、好友对话、制造反差、用专家人设开头、设置悬念，还可以加入惊叹词和超级词语等。

用提问开头：为什么网红达人都力荐这个美白产品？我亲自体验后才明白，太神奇了。后面再加上你的试用体验就可以了。

用专家人设开头：很多人问我，使用××面膜多久才能见到效果。后面加上你的试用体验就可以了。

用悬念开头：这款面膜惹大祸了！连着好几个人问我：是不是偷偷打了美白针！毫不夸张地说：使用效果太让人震惊了。后面加上你的试用体验就可以了。

用好友对话开头：先写你的试用体验，然后加上一句互动文案（比如，你觉得我像打了美白针吗？），最后配上你变白前后的对比图。

用惊叹词开头：这款面膜太好用了！后面直接写你的试用体验就可以了。

只要应用到位，这3个步骤至少能帮你提升3倍的朋友圈订单量。另外，如果你想学习更多朋友圈卖货方法和销售文案模型，可以详细阅读我的第二本书《短文案卖货》，在这本书中我用四个章节来讲朋友圈卖货，并总结了很多有效的文案模板，相信读完你会有更多的惊喜和收获。

2.6 社群文案：
照这个成交剧本套，不懂营销也能把货卖爆

社群是一种非常高效的卖货成交工具。它的高效就体现在我们通过一场社群发售，就能对潜在用户实现批发式成交。可能很多人也尝试做过社群发售，但并没有收到太好的效果。之所以出现这样的情况，我断定你的问题出在两个环节：第一，建群时，吸引不到人或者吸引来的人不精准；第二，发售时，内容不够有吸引力，人们看完没有购买的欲望。

兔妈做过几十次群发售，并且案例多次被业内大咖模仿，下面我就

来告诉你如何解决这两个关键问题，做一场成功的社群发售。

第一个关键问题：吸引用户进群的 4 种方法

如何吸引精准用户进群，是群发售最关键也最让人头疼的问题。有人为了吸引用户进群，会用福利做诱导，导致进群的人不精准。即便人进来了，也很难实现好的转化。下面兔妈给你总结了 4 种文案方法，直接套用，就能吸引精准用户进群。

1. 用心筹备式

讲述为了筹备这个产品，你花费的精力和时间，付出了什么样的心血和代价，让潜在用户觉得产品非常重磅。在我发售"爆款文案掘金术"课程时就用到了这个方法，文案内容是"很多人问我：这次 3 天公开训练营和以前的课有啥区别？我想说：这次课程我花了 23 天，周末都在迭代课件，反复打磨了 9 遍，并且做了 2 次内测。课程内容从底层逻辑、爆文本质、方法模板，再到案例拆解和变现途径，把文案变现做成一个闭环，3 天给你讲透。"在这一段文案里，讲了我花的时间，内容打磨了多次，让人觉得课程内容很系统、很重磅，也会更期待。

2. 凸显差异式

你的产品与其他同类产品相比最大的特色是什么。在发售我的"爆款文案掘金术"课程时也用到了这个方法。当时市面上的文案课程很多，很多内容都是偏理论的，用户最大的痛点是学完不会用，而我的课程凸显出"一线实战经验"的特点，很好地解决了用户的这个痛点，文案是这样写的：很多朋友说我"太实诚！"每次讲课都和盘托出，你下次讲啥？拿书上理论或者别人的案例，讲得头头是道的"文案讲师"，也许你听过很多，但与大多数讲师不同的是，我是跑在一线的，见客户、做案例，所以每次课程我都能更新70%~80%的内容，都是来自一线的全新经验，这次也不例外。这段文案突出了课程是我实战经验总结而来的特色。

3.痛点刺激式

描述出没有你的产品，用户的生活有多痛苦；拥有你的产品，用户的生活有多美好。通过痛点刺激和美好联想，吸引潜在用户进群。在发售我的课程时，我了解到很多学员的一个普遍痛点是：学完文案不知道如何变现，接单时的稿酬也很低，结果是赚不到钱还非常累。而我用自己单篇稿酬数万元与其他学员的痛苦现状进行对比，刺激目标人群的痛点。"很多人问我：兔妈，同样是写文案，为什么你写文案单篇稿酬5万元，而我收500元还被客户讨价还价？其实，写文案赚钱要用两条腿走路，而92%的人只有'一条腿'。最后一次公开训练营，我用3天给你讲透爆款文案卖货与文案变现的'外挂'秘籍，新手也能接单接到手软。"

4.粉丝调研式

所谓粉丝调研就是在朋友圈告诉粉丝，你耗时许久研究的产品要上线了，现在需要大家帮忙做个小调研。通过调研的形式不仅可以筛选出对产品感兴趣的目标用户，还能让粉丝觉得你对产品的态度是非常用心、负责的，让他觉得产品很靠谱。

比如我发售课程时，就做了一个短视频，视频内容是：经过半年时间，我终于把课程推出来了，但为了把课程做得更好，需要大家帮助我做一个小调研，点赞即可参与，参与调研的伙伴可以领取一份文案变现干货包。在获取好友点赞的过程中，我完成了精准用户的筛选。当时这条朋友圈文案吸引了350多人参与，之后我把参与点赞的人统一拉进群，并进行产品的发售宣讲。朋友圈文案是：熬了无数个夜，打磨20多遍，录制1周，每节又剪辑七八遍，终于敢把这套"爆款文案掘金术"18节卖货实

080

战、真人视频课送到你面前。为了做好最后一步工作，请你帮我做个小调研，点赞即可参与。评论区文案是：为了感谢大家，我特别为大家赠送一份价值 199 元的文案变现干货包。我会把你们统一拉进群发放这份福利，同时汇报课程的成果。

成功吸引目标用户进群之后，我们该如何设计发售流程，才能让用户忍不住购买你的产品呢？这就是我们要解决的第二个关键问题。

第二个关键问题：发售产品的 5 个步骤

在发售产品时，切记不要干巴巴地给用户介绍一个产品，而要像写一篇公众号推文一样，去刺激用户的痛点，展示产品价值，讲述成功案例，让他相信购买产品，就能实现变美、变瘦、升职、加薪等理想目标。具体有 5 个步骤，下面一一给你介绍。

1. 第一步：讲述客观事实，塑造产品价值

在介绍自己的产品时，大多数人会存在两个误区：

第一个误区，用户一味强调产品如何好，功能如何强大，原料多么新鲜，但用户会觉得这只是你的一面之词，所以很难产生信任。

第二个误区，用户一味强调产品多么优惠，多么便宜，原价是多少，现在只卖多少元，机会非常难得，但用户会想买了产品对我有什么用呢？甚至还会担心产品质量是不是有问题。

正确方法是讲述客观事实，塑造产品价值，让用户觉得这是一款重磅产品。怎么做呢？你可以讲述艰辛的选材过程。比如一款红糖的发售文案是这样的：当时我的想法是要么不做，要做就做到最好。为了找到最好的原料，光是选择甘蔗的产地，就花了整整 10 个月的时间。那段日子里，我每天都要品尝不同种类的甘蔗。嚼多了不仅两腮疼，口腔也被刺

伤，都没办法好好吃饭。由此说明产品经过精挑细选，品质优秀。

2. 第二步：狠戳用户痛点，唤起美好梦想

先指出目标用户普遍的痛点，没有这个产品，生活多么痛苦，再展示用户拥有这个产品之后，生活有多么美好。比如发售减肥代餐，你就可以先指出用户的痛点：平时吃的包子、油条很容易被消化，不到中午肚子就饿了，而且热量很高，很容易发胖，时间一长小肚子上的肉一抓一大把，好看的衣服都穿不了。再指出拥有产品后的美好场景：早上吃完代餐到下午都不会饿，减少热量摄入，轻松拥有好身材。以前穿衣服都选最大码，现在 S 码也能穿。瘦下来后，五官都显得更精致了。

3. 第三步：主动对比竞品，凸显产品优势

通过前面两步，你成功激发了用户的购买欲望，此时用户很想买，但他可能会想"我去淘宝看一下，说不定更便宜呢"，如果你不阻止用户，前面那么多的铺垫就白做了。所以，这一步要主动给用户对比竞品，指出竞品不好的地方，并凸显产品的优势、能带来的好处。当你替用户"货比三家"之后，他会觉得自己没必要再去比了，更容易做出购买决策。

4. 第四步：晒出用户证言，赢得用户信任

通过前面的铺垫，用户感受到了产品的好，但此时他可能还会有点怀疑"产品真的像你说的一样好吗？"所以，光自己说好还不行，还需要给出第三方的评价反馈，赢得用户信任。比如，其他用户的好评截图，或者铁杆用户的好评视频。

5. 第五步：引导马上下单，刺激付款成交

假如前面几个步骤你做得都很到位，有 80% 的用户感兴趣，收尾时却轻描淡写地说"感兴趣的朋友快下单吧"，可能成交量只有几单，但如

果你设计一个让用户觉得买到就是赚到的成交方案，销量可能会增加两倍，甚至三倍。

怎么设计高转化的收尾呢？你可以用价格锚定，让用户觉得产品性价比高。比如，市面上同标准的产品都是 99 元，我们卖 69 元，而群内成员购买只要 39 元。还可以用限时、限量、限身份，让用户觉得产品很稀缺。比如，这次是以成本价出售，所以限卖 300 套产品，而且只限群内成员。也可以描绘拥有产品的理想场景，强化下单欲望。比如，学完这套课程后，你也能体会到文案一发出去，订单量就暴涨，商家主动找你的感觉。

2.7 小红书文案：
3 大要点，4 个步骤，轻松打造爆款笔记

学文案最重要的是底层逻辑。当你掌握了底层逻辑，你会发现打造一篇爆款小红书笔记并不是难事。

底层逻辑是什么？两个字，人性。想让用户为你的笔记点赞、收藏、评论，或是下单你种草的产品，首先你要懂得驱动他做出这些行为的因素有哪些。只有真正理解了这一点，你在创作小红书笔记时，方向才不会跑偏。单有方向还不够，还需要详细的步骤，这样才能轻松创作爆款笔记。下面兔妈就来说明打造爆款小红书笔记的两大关键问题。

第一大关键问题：打造爆款笔记的 3 大营销要点

1. 根据人趋利避害的特性，给利益、讲风险

每个人做出某种行为，都是自己权衡利弊的结果。所以，我们要让用户觉得你讲的东西，有他关注的利益点，给用户一个确切的预期。你可

以描述干货的含金量，突出种草产品的使用效果以及使用后的变化，也可以承诺预期的收益。

比如，"好看到炸裂的 8 个穿搭技巧"，当用户看到这句话，就能确信读完这篇笔记可以收获"8 个好看的穿搭技巧"。"太诱人了！甜到发晕的奶酪腮红，我先冲了！"这句话指出了使用产品的具体效果，暗示女生看完也能收获甜甜的妆容。

类似的案例还有很多，比如"揭秘这 5 个地方，居然比拼多多更便宜！优衣库神仙百搭裤子推荐，降 100 元非常好！""少花 8500 元，苹果内部员工揭秘 6 个省钱攻略！""如何边吃边变瘦？一周瘦 6 斤！最强果蔬汁配方！"

还可以突出使用产品给用户带来的美好变化。比如"养出嫩白牛奶肌""比别人年轻 10 岁""让你全身都在发光""秒变光滑鸡蛋肤""皮肤白过雪""瘦成一道闪电"等。

另外，为了凸显利益和收获，承诺效果，在文案格式上，还经常使用前缀或者后缀进行强调。比如"好看不贵""值得收藏""不看会后悔""明星减肥食谱"。

除此之外，我们还可以多讲风险，让用户觉得你讲的东西，可以帮他规避风险、解决痛苦。比如"1 夜睡走蜡黄脸"，这就是帮用户解决脸色蜡黄的痛苦。而且用"1 夜睡走"突出这个方法非常简单、高效。"宝宝面霜红黑榜！"让人觉得这篇笔记很有价值，看完就能避开给宝宝买面霜可能会遇到的风险。

2. 根据从众心态，要讲流行

人们喜欢随大流，因为他们害怕自己落伍，害怕自己是异类，更害怕自己掉坑。看到有很多人做什么就会跟着做什么，这样他们会觉得有安全感。所以，在文案上我们就可以"制造流行"，让用户感觉这是很多人的选择，选它不会错。这也让用户觉得这么多人都知道、都喜欢，如果自己不知道，显得自己跟不上潮流。

3. 根据人关注"与我有关"的特性，要贴标签表认同

人们会关注和自身有关的内容，那我们在写小红书笔记的时候，怎样巧妙利用这个特性呢？核心操作就是让用户产生代入感。如何让用户产生代入感呢？兔妈总结了 4 个常用的小技巧：

（1）身份标签法。比如，普通人、30 岁职场麻麻、全职宝妈、电商小白、学生等。

（2）痛点法。比如，黑黄皮、小个子、油皮、大象腿、梨形身材等，这些都是目标用户的痛点，标出痛点就很容易吸引有这些需求的精准用户。

（3）价值认同法。比如"30 岁职场危机！"看到这句话，有相同危机感的人就会毫不犹豫点击文章看看。

（4）场景代入法。看到和自己相关的场景，用户更容易产生代入感。比如，军训后、面试前、考试前、旅行时……都是非常典型的用户场景。

知道了创作小红书笔记的 3 大营销要点，具体应该怎么做呢？下面我们来看创作小红书笔记的第二大关键问题。

第二大关键问题：打造爆款笔记的 4 个步骤

在介绍具体步骤之前，我们先来梳理一下，用户从打开一篇小红书

笔记到点赞、收藏或者下单的整个行为过程。

想象一下，一个职场白领最近听说某款化妆品特别火，她不确定自己的肤质适不适合，要不要买。白天上了一天班的她，回家躺在沙发上打开了小红书，想看看美妆博主对这款产品的评价，看看到底值不值得买。她输入了这个产品的名字，然后一篇篇的笔记进入了她的视线。关于这个话题的笔记有很多，她会一个一个点开看吗？大多数情况下并不是这样，她会选择最吸引她的或者点赞量最多的去看。她点击进入正文。如果正文的逻辑很清晰，说服力足够强，她可能就被成功"种草"了。这个过程中就藏着打造爆款笔记的核心步骤。

首先，她听说某化妆品很火，这是什么？选题。如果目标用户最近普遍都很关注某个品牌的化妆品，作为美妆博主的你，要赶紧出一篇讲这个品牌化妆品的笔记。这样即便你的内容只有 80 分，也可能因为抓住了先机，做出爆款。这是打造爆款笔记的第一步。打造爆款小红书笔记，第一步不是写标题，而是做选题。

兔妈有一位徒弟是美妆博主，她每天在小红书上分享护肤产品的成分，做了几个月只涨了 200 个粉丝。听了我的建议后，她开始研究哪个产品是用户最近关注的焦点，然后赶快出笔记，这样连续写出几篇爆款笔记。

那么，如何确定选题呢？你可以借用第三方数据平台看一下最近的热词排行榜。你在哪个领域，就看哪个领域的爆款笔记选题以及热词排行榜。把排名前 5 的关键词串起来，作为你要讲的选题，这样会更容易写出爆款笔记。

那是不是做好选题，内容就不重要了？当然不是！同一个选题，很多人都在做。用户大多不会一篇一篇地去看，而是看那个吸引他的。吸引用户点击有两个重要元素，一个是笔记的首图，一个是笔记的标题。它们共同承担着吸引用户注意的作用。尤其是首图，它是用户最先注意到的内容，首图不吸引人，你的笔记就失败了 50%。一般是使用产品前后的对比图，或产品测评合集，让人觉得有干货。而标题要包含 4~5 个关键词。

当用户被吸引点击进来，就进入了正文部分。如果正文内容非常普通，逻辑不通顺，或者文字密密麻麻看起来很费劲，那么用户可能随便看一下就退出了。所以在格式上，一定要分好段落，先保证用户阅读起来很轻松，而且内容也要有价值。只有这样，他才会被你的笔记吸引。这也是打造爆款小红书笔记的 4 个关键步骤，即：策划选题、设计首图、创作标题、梳理正文。

那么如何设计正文呢？你要先了解小红书笔记的调性，都是博主自主分享的一些好产品。所以，一般都以第一视角去写，常用的框架结构是：我的苦恼——我的踩坑经历——我的新发现——关联种草产品——竞品对比——美好结局。

我们来举个例子，如果让你给 A 牌收缩毛孔的精华水写一篇小红书笔记，正文应该怎么写呢？

按照我们提炼的框架结构来梳理一下。首先，讲述你的苦恼。你遇到什么样的苦恼会想买收缩毛孔的精华水呢？毛孔粗大、皮肤粗糙。接下来继续思考，毛孔粗大会带来什么后果呢？鼻子容易长黑头，容易长粉刺闭口。所以，开场部分你就可以分享自己长黑头、长闭口的痛苦经历。接下来，分享你的踩坑过程。这些踩坑过程也是目标用户普遍会经历的。比如买了很多黑头贴、去黑头液等，不仅没去掉黑头，毛孔还被扯得越来越大。当你快要失去信心时，偶然发现一个很便宜的小药膏，去黑头效果超级好,这就是"我的新发现"部分。紧接着继续分享,去黑头之后的错误操作,比如去黑头后没有注意收缩毛孔,结果黑头还是反复长。然后你才意识到,去黑头后要收缩毛孔。试了几个大牌的毛孔收缩精华水,效果都不太理想。最终发现了 A 牌收缩毛孔的精华水,终于有了吹弹可破的好肌肤。

这就是创作一篇小红书笔记的逻辑。按这个逻辑去写,你的笔记就不会太生硬。更重要的是,因为你给用户提供了有价值的信息,即便他知道这是一篇产品种草笔记,还是会给你点赞、评论,甚至收藏。

2.8 短视频脚本: 短视频变现的核心本质和 3 个黄金模板

提到短视频,我们先来说说很多人做短视频的 3 大误区,分别是:把短视频当成朋友圈来发、没想好怎么变现就开始运营、盲目追求粉丝数和播放量,结果导致你拍了一年的短视频,只有几百个粉丝。想做短视频,你从一开始就要想清楚靠什么变现,是接广告、展示自己的技能,还是做好物分享挣佣金。围绕你要变现的产品去倒推,你应该拍什么样的视频,而不是凭感觉去拍。这是短视频变现的核心本质。

我有很多学员,他们可能只有一两万个粉丝,甚至只有几千个粉丝,也能通过短视频把货卖出去,每天挣几百元,好点的时候单天也能有上千元的佣金。那怎么拍出能变现的视频呢?具体怎么做呢?你要了解两个关键问题:第一,短视频能变现的底层逻辑是什么;第二,如何创作能高效变现的带货脚本。我现在来一一讲解。

简单三步，一部手机轻松拍出能变现的视频

很多人以为短视频是风口，只要随便拍个视频上传到平台，就能变现了。不是这样的。短视频变现的核心是视频能满足某个群体的某种需求，能帮他解决某方面的问题，最终结果体现为，他通过你的视频下单了你推荐的产品。所以，能变现的视频并不是随便拍的，而是有目的的。怎么拍出能变现的视频呢？有 3 个步骤。只要你掌握了这三个步骤，就算你是零基础小白，也能用一部手机轻松拍出能变现的带货视频。

第一步，你要卖什么？

第二步，你的目标人群是谁？

第三步，你的视频怎么拍才能打动目标人群，让他们愿意买单？

我来举个例子，如果你要卖一款唇膏，你应该怎么拍视频呢？

首先，你想要卖什么？唇膏，8.8 元 4 个。你的目标人群是谁？18~29 岁的女性。她们可能在读大学，或者刚入职场，收入不高，所以更在意产品的性价比。你的视频怎么拍才能打动她们，让她们愿意为你的产品买单呢？你要找到痛点，在什么情况下，人们会想用唇膏呢？答案是嘴唇干皮、爆皮的时候。你还要进一步思考，在什么情况下，她们会更在意嘴唇干皮这个问题呢？在恋爱阶段，和男朋友亲吻时她们更在意自己的嘴唇是不是爆皮。这样你就知道怎么拍视频了。

只有先确定变现产品，然后围绕产品去做选题、拍视频，才能变现。可能有读者会说，知道怎么拍视频了，但不会写文案。没关系，兔妈总结了 3 个常用且有效的短视频带货脚本模板，没思路的时候，你可以直接套用。

3 个爆款脚本模板，大大提升视频转化率

1. 痛点式脚本

击中目标用户的痛点，刺激他产生购买产品的欲望。公式是：描述

生活中痛点＋使用产品的好效果。首先，描述目标用户生活中会遇到的麻烦，即所谓的痛点，目的是引起用户的共鸣。然后，展示使用产品之后的圆满结局，进而刺激用户产生购买产品解决问题的欲望。

这个模板尤其适合那些功效型、省时型、省力型、养生型、技能型产品。如果你卖得恰巧是这类产品，就可以先罗列目标用户的痛点，再描述使用产品的好效果，就更容易打动用户。我们来看一个卖地缝刷的脚本：我家的一个卫生间四个人用，所以每周都要彻底打扫一遍。卫生间做了干湿分离，像这种边角缝隙特别多（生活中痛点）。多亏有了这个地缝刷，清理起来才这么容易。这个地缝刷一面是 V 形的，各种边边角角、凹槽都可以很轻松刷到，另一面是一个刮板，清洁完就可以直接把水刮干净，而且这个刷头还可以自由转动，用起来特别灵活。不管刷哪个位置，用起来都很顺手，刷地垫也是又快又干净（使用产品的圆满结局）。

在这个脚本中，痛点是四个人用一个卫生间，这是大多数家庭都会有的情况。而且大多数人都有体会，人一多用卫生间就很容易乱、容易臭，清洗起来很麻烦。更痛苦的是什么？边角缝隙特别多，让清扫工作更困难，这也是特别让人抓狂的一点。紧接着，描述使用地缝刷的效果，边边角角轻松刷到，使用时还可以直接把水刮干净，很灵活，刷地垫又快又干净，成功刺激用户产生购买地缝刷的冲动。

2. 对比式脚本

顾名思义，就是通过好和坏的对比，影响用户的选择。公式是：用其他产品的痛苦体验＋用这个产品的幸福体验。先讲用户使用其他产品的痛苦体验。紧接着，再讲使用这款新产品的幸福体验。为什么使用这种形式容易出单呢？因为用户买东西的时候，都习惯货比三家，当你主动做了对比，用户就会觉得自己没有必要再比了，买这个产品就是最明智的选择，所以会爽快下单。

我们来看一个卖清洁球的脚本：现在还有人在用这种传统的钢丝球吗？又伤手又伤锅，还容易掉渣，可以把它淘汰了（用其他产品的痛苦体验）。换上这种方便又好用的清洁球，有长、短两个手柄，夏天用不粘手，冬天用不冻手。它还不粘锅，平时用它刷碗、刷锅、刷水池、刷灶台都非常好用，更换起来也很方便（用这个产品的幸福体验）。

在这个脚本中，用传统钢丝球的痛苦体验是伤手、伤锅、掉渣。用清洁球的幸福体验是刷碗、刷锅、刷水池、刷灶台都很方便。如果是你，会买哪个？肯定会买清洁球！

3. 直推式脚本

顾名思义，就是直截了当地推荐你要卖的产品。公式是：一句话介绍产品 + 罗列产品卖点。开头直接介绍产品，可以介绍产品有什么优点，也可以介绍产品怎么用，什么时候用，适合谁用。接下来，罗列产品卖点。一般是 3 个卖点（最多不超过 4 个卖点），因为卖点太多用户记不住，而且视频太长也不太利于提升播放量。这个模板是最简单的，就像导购一样，只要你把产品的好处讲清楚就可以了。

我们来看一款地垫的带货脚本：在入户的地方垫上这样的垫子（一句话介绍产品用在哪里），加厚的丝圈材质，一面放在外面刮泥土，一面放在家里增加档次。用脏了也不要慌，用水冲洗还能重复使用（罗列产品卖点）。

在这个脚本中，首先用一句话直截了当地告诉你，这条视频要给你推荐的是一款地垫，而且是放在入户门的地垫。后面紧跟产品卖点的罗列。第一个卖点是它的材质，加厚丝圈材质；第二个卖点是显档次，让用户在客人面前有面子；第三个卖点是好清洗。这 3 个卖点，讲清楚了用户在购买地垫时会关注的产品特性。

　　只要你掌握了短视频变现的底层逻辑和创作脚本的 3 个基础思路，你就能比其他人更快入门。

第 3 章

文案自检，必须弄清
的 4 个 "小问题"

3.1 一动笔，就和用户产生了距离感？

前文已经提到，写卖货文案最重要的就是用户思维，在平时培训时，这一点也是我花最多精力去强调的。但是，尽管强调了很多遍，大部分人还是无法站在用户的角度思考问题，即使他们知道这是最重要的一种卖货思维。

想了很久，我终于找到了原因。我们无法做到"站在用户的角度"去写文案，并不是因为我们不够优秀，而是我们拥有的直觉，阻碍了我们站在用户的角度思考。

我曾经看过营销天才李叫兽分享的一个案例：假设你在一条有双行线的道路上开车，突然前方发生故障导致双行线变成单行线，很快两边各有好几辆车拥堵在一起，两边最前排的分别是一辆出租车和一辆私家车，任何一方都不想退让。作为排在后面的车主，你打开车门，走上前去，想说服出租车司机倒车。请先思考三秒钟，你会怎么说？我猜想大多数人都会说："咱们互相让一让。后面都堵成一锅粥了，你不走后面的车也走不了啊！"这就是典型的从自己的角度看问题，只关注后面堵车的情况，表达"我们走不了"的无奈感受。但如果我们换位思考，站在用户角度，从对方真正在意和关心的事出发，我们会这样说："两辆车中，只有你是专业的司机。"这便是把自己想让对方做的事情，关联到了对方真正在意和关心的事情上，让出租车司机因为自己的专业而自豪。

平时不管遇到什么问题，我们的第一反应就是"我的感受是什么，我觉得如何"，而不是"站在对方的角度看问题"。这种思维方式会阻碍你写出好文案，正确的方法是，从用户角度寻找答案。

从了解你的用户开始

如果你天天闷坐在办公室里，只凭空去想用户在想什么，那你永远都不可能知道他们的想法，更不可能将他们的所需所想表达出来。

培养用户思维的关键就是：到用户中去。和用户聊聊天，看看用户最关心的是什么，对我们的产品有什么看法，用户是怎么描述产品的。如果你要做一个线上减肥社群，不知道提供什么服务，突出什么卖点，你就可以从客户聊天中找灵感。我曾不止一次听到想减肥的人说："有很多人一起减肥，更容易坚持下来。"那么，"不容易坚持"就是减肥用户的一大痛点。

可能有同学会说：我实在抽不出时间，也没有机会接触用户，怎么办？教你一个简单高效的方法，做用户画像。你可以先通过调研报告、百度指数等工具，获得用户的年龄、性别、地域等基础信息，然后再根据这些基础信息，对应到身边某个具体的人，比如你的老公、你的同事。最后用角色设定法把他描述出来。比如，在帮用户操盘鼻喷产品时，我描述的用户画像是：林子是一位 31 岁的白领，现在在一家互联网公司做销售主管，月薪 12000 元，居住在广州四环，每天挤地铁上下班。他正处于打拼事业的关键期，对身体的小状况抱着"能忍就忍"的心态。写完文案，不要急着交稿，要再一次梳理产品的用户画像，看看你的文案有没有围绕目标用户去写。

从用户最关心的点入手

在推广产品时，我们很容易犯一个错误，总想告诉用户我的产品是什么，有多么好。比如，"洗发水特含某种珍贵成分，让你体验神一般的滋润效果""拥有 8 大超级功能，颠覆你的体验"。这些文案，符合很多人写文案的直觉反应，既然要推广产品，就要好好宣传产品，让用户了解产品。甚至有人还会觉得，写文案就是为了让用户知道我的产品。但真相是，用户对你的产品根本不感兴趣，用户只关心自己。

就像上面的洗发水文案，当你写出"神一般的滋润效果"时，用户内心却想：我用 ×××用得好好的，为什么要换你推荐的洗发水？所以，正确的方法是，在关注产品之前，先让用户关注他自己。具体体现在两个方面：第一，能帮我解决什么问题；第二，能给我带来什么体验。对应的也有两种方法：第一种是降低现实状态。原来他觉得自己的现实状态还不错，自我感觉良好，但你要让他意识到自己不够好。这就是戳痛点。比如卖减肥产品，原来用户可能只是觉得自己有点胖，但看了你的文案，突然发现自己并不是胖一点那么简单，交友和事业都会受到影响，而且如果不马上做出改变，可能会越来越胖。第二种是提升理想状态。比如，原本他在 1 米高的地方就满足了，但你现在要给他描绘 2 米的风景，用利益来诱惑用户，让他产生渴望。理想和现实产生了偏差，他就有了行动的动力。这就是塑造理想场景。

每次写完文案，都要检查一下应该从哪个角度去写用户关心的点。你的文案有没有戳中目标用户的痛点，有没有写出他渴望的理想场景。

写用户最容易理解的语言

了解了用户，也写出了用户最关心的点，并不一定就能把文案写好。

因为你和用户之间不仅隔着一个手机屏幕，还隔着一堵阻碍信息传达的 "墙"。所以，写完文案你还要检查一下，你说的是不是用户最容易理解的语言。具体可以从以下三个方面着手：

1. 不要官方介绍，只要讲人话

什么是讲人话？我们先来看一组酸奶案例：

案例一：

此酸奶干酪乳杆菌、植物乳杆菌 P-8、乳双歧杆菌含量高，安全、科学、有效，能活着抵达人体肠道的功能性菌，改善肠道环境，提高自身免疫力，让肠道保持一种年轻状态。

案例二：

从没见过这么厉害的益生菌，一杯 120g 的酸奶，含 7900 亿以上益生菌。喝这一杯，堪比喝别的产品一两盒。难怪我试喝了几周，都忘了胀气、胃酸的感觉，整个人都活力满满。

案例一是官方介绍和产品说明中经常见到的，看起来很高大上，但用户并没有看明白。用户只是知道了这款酸奶里面含有益生菌，对肠道好，但具体含有多少益生菌、与其他酸奶相比优势是什么、对肠道好在哪里这些信息都没有体现出来，用户的反应只是 "哦，我知道了"，不会产生购买的冲动。而案例二把这些高大上的信息转换成易懂的话：喝一杯抵别的产品一两盒，对肠道好，喝完胀气、胃酸的感觉没有了。读完这段文案，你的反应是 "啊，这也太棒了吧"，情不自禁买来试一试。

2. 不要模糊信息，只要更好代入

好的文案一定要让用户有画面感，有代入感。如何让用户产生代入

感呢？最好的方法就是描述场景、多讲细节，也可以讲身边发生的小故事。我们来看下面这组鼻炎喷雾的案例：

案例一：

在这个丰收的秋天，有一群人却十分痛苦，因为鼻炎又发作了，鼻塞、鼻痒、流鼻涕、打喷嚏，发作起来头昏脑涨，严重影响生活。

案例二：

秋天来啦！天气没那么燥热了，但对于鼻炎朋友来说，痛苦才刚刚开始，打喷嚏、流鼻涕。尤其是赶上阴天下雨，鼻子不通气，一会儿左鼻孔不通气，一会儿右鼻孔不通气，一会儿两个鼻孔都塞住了……

同事林子是个老鼻炎，每年九月前后，鼻炎就加重，打喷嚏、流鼻涕不说，说话也嘟嘟囔囔，部门开会他总是在揉鼻子、擤鼻涕……

"一天一包纸巾都不够，鼻子擦得又红又疼""流鼻涕、打喷嚏，夜里一家人都没法好好睡""上班挤地铁忘带纸巾，一路憋下来差点缺氧"。

案例一讲了鼻炎的症状，比如，鼻塞、鼻痒、流鼻涕、打喷嚏，头昏脑涨，也强调了鼻炎会对生活有影响，但缺少具体细节，用户很难产生代入感。即便强调了"严重影响生活"，用户还是没觉得有多严重，文案效果就会打折。但案例二描述了用户生活中的具体情景，比如在办公室开会的时候、坐地铁的时候、夜里睡觉的时候，让用户自己得出结论：鼻炎对生活的影响太严重了，进而促使用户购买你推荐的鼻炎喷雾。

3. 不要平铺直叙，巧用表达技巧

如果文案平铺直叙，即便你讲清楚了具体的情景，也描述了很多具体的细节，用户可能还是无感，甚至他压根就不想读。所以，在确保信息

准确传达的前提下，可以巧用一些修辞、表达技巧。比如，反问、疑问、类比、比喻、拟人等。

培养用户思维是一项长期且艰巨的任务，但每次写完文案，只要从这 3 个方面去自检、去思考，你的用户思维就会越来越强。

3.2 想表达得更清楚，用户却嫌你啰唆？

不知道你有没有遇到过这样的情况：和同事、朋友打交道时，如果对方说话特别啰唆，你会觉得和他聊天特别累。即便知道他人不坏，你也会有意无意地避开。写文案也一样。如果你的文案特别冗长、繁复，缺乏重点，让人阅读起来特别累，那用户肯定不想读下去，就会关掉页面。即便你的产品再好，用户都没有机会了解了。

可能很多人会说："我只是想表达得更清楚，怎么是啰唆呢？"很多人也许没有意识到，文案的本质是沟通，而沟通是一个双向的过程。你传达一段信息，花了多少时间，往往就意味着对方需要花同等时间，甚至是更多的时间，才能完整接受和理解你的信息。如果文案写得太啰唆，不仅会耗费用户大量的时间和精力，还容易导致信息传递失真。

写文案啰唆，主要有两个原因。

对自己没有信心

当一个人对自己没有信心时，他不确定自己写的文案是否精彩，也不确定自己是否把产品的卖点介绍清楚了，就索性把每一个点都讲得非常详细，甚至针对一个点还会反复去解释、说明。

曾经我服务的一个客户，给我发来一篇文案，他说："这是我们公司新来的文案人员写的，我觉得她把产品卖点都说清楚了，也找准了痛点，但总觉得哪里有问题，又不知道问题出在哪儿。"打开一看，我就发现了问题所在，就是太啰唆了，让人没有耐心去读，读完也抓不住重点。后来，我辅导这位文案人员优化文案，告诉她这些问题之后，她说写的时候自己也觉得太啰唆了，但总害怕没讲清楚。

没有信心，就容易不相信自己的判断，即便你意识到了文案写得太啰唆，也不敢去调整、精简。

对用户缺乏了解

有一次，我的徒弟接了一个文案任务，给一款驱蚊喷雾写文案，产品客单价不贵，又是夏天的必备产品。她决定采用种草文的框架，用并列结构去展示产品卖点。她先是罗列出产品的所有卖点，并对每个卖点做了详细的介绍。其中一个卖点是玫瑰花香，她对这个卖点进行了大篇幅的介绍，详细写了它选用的是哪里的玫瑰花，采用了什么工艺提取玫瑰花精油等，还描述了很多场景，比如喷了这个驱蚊喷雾身上会保持好闻的玫瑰香味。单看文案好像没什么问题，却忽视了用户买驱蚊液的核心需求。这就是文案人员对用户需求不了解，导致写的文案有很长的篇幅，让人读完抓不住重点。

对用户不了解的另一种表现是一会儿写这个点，一会儿写那个点，写的文案逻辑不清晰，感觉特别乱，让人觉得特别啰唆，读起来也特别累。

那么，如何避免写文案啰唆的问题呢？下面给大家分享四个自检技巧。

1. 把长句换成精炼的短句

那些优秀文案，读起来都特别有节奏感。如果你仔细研究，会发现其秘诀就是足够精炼，句子都很短。所以，想避免写文案拖沓、啰唆，最简单的一个方法就是多用短句。

曾经一个同学写祛痘膏文案，想突出 "祛痘效果快" 这个卖点，最初的文案是这样写的：挤出一滴在食指上，然后在脸上长痘痘的地方涂抹均匀并顺时针画圈，让祛痘液彻底被吸收，可以大大缩短修复时间，更快消红消肿，而且你还会惊喜地发现痘印都被去除了。

你会发现整个文案读下来特别累。一定要记住了，就算用户看文案的时候不会发出声来，但一句话太长，他也会觉得很啰唆，阅读起来很累，用户就会放弃阅读。所以，我们要精炼文案，还要把长句改成短句："轻轻抹几下，红肿痘痘就以肉眼可见的速度消掉了，连痘印都没留下，比人体自行修复的时间缩短了数倍。" 这样是不是读起来就轻松多了，而且还能更好地突出产品祛痘快的优势。

2. 多问自己这两个问题

当你意识到自己写的文案太啰唆时，不妨问问自己：通过这段文案，我要给用户传达什么样的核心信息？我写这句话，对传达核心信息，能起到什么作用？如果没有用，那就是啰唆的句子，应该毫不犹豫删掉。这也是我每次写完文案都会做的事。每写完一小段，就会回过头来看一遍：这句话起到了什么作用？如果删掉，会不会影响信息的传达？会不会影响读者的理解？会，留着；不会，删掉。整篇文案写完，要反复审查至少 6 遍，至少删除 1000 字。

这是一个艰难的过程，但请你一定要养成这个习惯。你会发现，一旦你养成这个习惯，关注文案要传达的核心信息，关注每句话对核心信息起到的作用，你所写出的每一句话，都是重点。

另外，我还有个习惯，在检查的时候（尤其是最后几遍检查时）

101

读出声来。当你精简了文案之后，你看文案特别顺畅，觉得没有多余的句子了，但读出来却发现可能还有很多矫揉造作、毫无意义的词，还有很多绕口的句子。而读出来可以帮你发现这些小细节。如果一句话，连你自己读起来都觉得烦，那你就要提醒自己：这里扣分了，要调整。然后，再精简一遍，读一遍。一直做到满意为止。

3. 去掉赘词，多用连接词

健身时，教练会帮助我们减掉赘肉，因为它影响了我们的身材。写文案时，我们也要去掉赘词，让文案更简洁精炼。常见的赘词有"这个""那个""啊""呢""嗯""噢""呀"等。在写文案时，偶尔用一些赘词来表达惊叹语气是很正常的，但如果高频使用，会让用户觉得很啰唆。赘词太多，用户还会怀疑文案的可信度，效果肯定会大打折扣。

如何避免使用赘词呢？最好用的一个技巧就是用连接词替换赘词。我们写文案时可以用的连接词有：首先、其次、紧接着、不但、而且、一方面、另一方面、之所以、是因为、不仅、不是、而是、尤其是、如果说、那一定等。

举个例子：有些孩子的能力没问题，但成绩提不上去。这是为什么呢？可能是方法出了问题。这句话就有点啰唆，而且语气不够坚定，会让别人对你说的话产生怀疑。如果去掉赘词"呢"和语气不坚定的词"可能"，换上连接词改为：不是孩子能力不行，而是没学到真正有效的方法。这样效果更好。

4. 多分段落多罗列清单

如果你懂得合理分段、罗列清单，就能让人阅读起来更轻松。即便你的清单很长，段落很多，读起来都不会觉得困难。然而，我发现很多人写文案，1000~2000 字都没有一个段落，甚至有些文案通篇都没有一个小标题，这肯定会增加阅读负担。所以，一篇长文案最好要有 5~7 个小标题，这些小标题就是整篇文案的逻辑主线，帮助读者提高阅读效率，更快获取文案的核心点。除此之外，还要多分段。如果有必要，一句话也可以独立成段。

这几个方法结合起来，就能有效地帮你克服写文案啰唆的问题。当你改掉啰唆的坏习惯，你的文案阅读转化数据就会更好。

3.3 介绍产品，一不小心就陷入自娱自乐模式?

很多学员都向我咨询过这个问题："在写文案介绍产品的时候，一不留神就陷入了自娱自乐模式，不仅用户觉得干巴枯燥，连自己都写不下去了，怎么改善呢?"动笔前，我们要时刻记住，用户是来听我们分享经验的，是来了解这个产品能帮他解决什么问题的，不是来看我们开产品说明会的。

自娱自乐很容易使用户产生厌烦、反感的情绪，也会使产品方与用户之间产生距离感。那我们在写文案时，怎么避免陷入自娱自乐模式，让用户能接受我们传达的信息，更好引发用户的共鸣和购买产品的欲望呢?下面给你分享两个自检技巧。

多分享自己的经历和试用体验

很多人写文案时，会习惯写 "我有个朋友……"。写故事是让用户产生共鸣的好方法，但如果你讲的故事细节，用户一眼就看出是编造的，他就会产生怀疑。

除此之外，很多人分享的测评体验、使用反馈都是别人的，这也会让用户抱有一丝丝怀疑的态度。用户会想：这个人说的到底是不是真的？这个成功案例里有多少修饰和包装的成分？既然产品这么好，为什么你自己不用呢？小编都没有测评，就给我们推荐，肯定是收了商家的广告费。

面对用户的怀疑，最简单的应对方法是"人称转换"。就像在生活中，我们想给别人讲一个道理，就会拿自己来举例。比如我们要告诉别人不要熬夜，说自己原来习惯性熬夜，某次体检查出了大问题，最后呼吁大家不要熬夜，要养成早睡早起的习惯。这样就比简单说教、讲别人的故事更容易打动人。写文案时，我们使用人称转换的方式，多分享自己的经历和使用产品的体验，更容易打动用户。

我们来看一个案例，这是我帮客户操盘的一款清肺片，当时靠这一篇卖货文案，5个月销售27万单，创造4000多万元的业绩。在这个案例中，我不仅讲了嗓子干痒、疼痛、咳嗽的痛点，还讲了送女儿上学的事，以此来突出问题的普遍性和严重性，进而引起大家的重视。具体文案是这样写的："最近这情况真的很普遍。送女儿上学，校医挨个检查孩子喉咙，稍有发炎、红肿都让回家看医生。校医说是秋季干燥、雾霾严重，呼吸道和哮喘病高发，要加强防范。"

在引出产品时，如果直接写"今天给大家推荐一款产品，特别好，你一定要试试"，效果肯定不好，因为用户会怀疑你是拿了商家的钱才替产品说好话的。所以，我还是分享了自己的亲身经历，讲了咽炎给我带来的痛苦和困扰，并分享了自己为了摆脱咽炎，走过的一些弯路。对用户来说，这不是生硬的产品介绍，而是小编的踩坑经验分享，用户也更容易接受。具体文案是这样写的："这些罪小编都！受！过！我是重度咽炎患者，一到雾霾天症状就加重！嗓子干，觉得有痰又咳不出，咽口唾沫都费力。

严重时，说不出话，还头晕没劲儿！其实，这些年我试过的方法有上百种！菊花茶、红梨水、白萝卜水……传说润肺止咳的食材都煮过，基本没啥用，还亲身试过 73 种喷剂、含片，有 300 元、400 元的进口货，也有几十元的国产货，衡量价格、效果等各种因素，我良心推荐最值、效果最好的一款是 ××。"所以，当你写完文案，一定要自检一下，那些故事和案例，是否可以换成自己真实的经历和测评体验。这样用户会觉得，他看的是和他有共同遭遇的人的血泪教训，而不是产品广告。这样用户就会更容易沉浸，更重视这个问题，也对你接下来要讲的内容更容易产生信任。

用 FABE 沟通模型连接消费者

我们提到过，用户对你要推荐的产品根本不感兴趣，他只关注产品对他有什么用，能帮他解决什么问题。所以在介绍产品的时候，我们一定要关乎用户的需求和利益，而不是干巴巴地介绍产品。为了帮你更好地避开自娱自乐模式，给大家分享一个介绍产品的逻辑结构——FABE 销售模型，其包含 4 个元素，分别是：

1. F——特点（Feature）

产品的特质、特性等，比如产品产地、原料、成分、工艺、配方等。

2. A——优势 A（Advantage）

产品具备的优点，比如更管用、更高档、更温馨、更保险、美白效果更好等。

3. B——好处 B（Benefit）

这个点是从用户利益出发的，通过强调用户得到的利益，激发用户的购买欲望。

4. E——证据（Evidence）

证据可以是技术报告、用户评价、用户案例、产品演示等。

我们来举个例子，如果卖太空棉隔声耳塞，很多人会写：太空记忆棉耳塞，柔软加倍，隔音效果一级棒。当用户看到这样的文案时，他可能会觉得这个耳塞还不错，但不会心动。如果我们用 FABE 的结构来写就是：太空记忆棉耳塞，柔软加倍，隔音效果一级棒，让你在旅途中免受呼噜的打扰。后面再放上戴耳塞和不戴耳塞的声音分贝数据对比作为证据。相比于前者，用户肯定更容易被后面这个文案打动。

我们再来看一个防弹咖啡的案例，在介绍这款防弹咖啡中所用原料时，就两次用到了 FABE 的结构。先来看第一段："草饲黄油来源于只吃草长大的牛。这种牛的生长遵循自然规律，产出的黄油里含有均衡的脂肪酸 omega 3 和 omega 6，这两种脂肪酸可以修正胆固醇过高之类的健康问题，但人体不能产生，只能靠食补。它选用世界名牌的新西兰安佳无盐草饲黄油，品质有保证，可以降低胆固醇，所以，即便是胆固醇偏高的人，也可以放心喝。而且，有益心脏和大脑，可以让你的大脑持久保持活力。"在这段文案中，特点（F）是无盐草饲黄油，优势（A）是草饲牛的生长遵循自然规律，产出的黄油里含有均衡的脂肪酸 omega 3 和 omega 6，可以修正胆固醇过高之类的健康问题。给用户带来的好处（B）是可以降低胆固醇，即便是胆固醇偏高的人，也可以放心喝。而且有益心脏和大脑，可以让你的大脑持久保持活力。

再来看第二段："MCT 椰子油全称为中链甘油三酸酯油，提炼自印度尼西亚的天然椰子油，无色无味，有利于保持大脑神清气爽，并消耗脂肪。进入人体后不会转换成脂肪，所以完全不会长胖，可以放心喝。而且在人体代谢过程中可以产生大量酮体，这是一种消耗脂肪的物质，如果你有大象腿、小肚腩，坚持一段时间你会发现，不知不觉体态开始变得轻盈。"在这段文案中，特点（F）是选用提炼自印度尼西亚的天然椰子油。这个原料的优势（A）是无色无味，有利于保持大脑神清气爽，并消耗脂肪。该原料给用户带来的好处（B）是进入体内不会转换成脂肪，言外之意就是喝了这个咖啡，你不用担心长胖。代谢过程中的产生大量酮体，可以消耗脂肪。最后，只需在后面加上试用体验、用户反馈、实验证明等作为证据即可。

FABE 是线下销售中非常经典的话术技巧，把它用到卖货文案中也屡试不爽，因为写文案的目的也是卖货成交。所以，当你每次写完文案后，一定要想一想，针对产品的某个卖点，你有没有讲清楚它的优势和它给用户带来的好处。当你按照 FABE 的逻辑结构去介绍产品，你就很容易跳出自娱自乐的陷阱。

107

3.4 讲了很多证据，用户就是不信你？

"我用上了畅销、用户证言、借势权威、事实证明、打造专家人设等所有赢得用户信任的方法，为什么用户还是不下单呢？"这是我平时服务客户和培训学员时，遇到最多的问题之一。

此时此刻，你内心可能已经忍不住在咆哮了："我写得文案这么详细、这么精彩，用户到底还在怀疑什么？担心什么？为什么不信任我？"根据我操盘爆款文案和培训学员的经验，我发现很多人写的文案之所以不能让用户信任，问题主要出在以下两个方面。这也是你写完文案，要反复自检的部分。

不要违背用户已知的事实

曾经有位学员接到一个文案任务，给一家企业新上市的蚕丝被写一句打动人心的广告语。蚕丝被的卖点是蚕丝内芯，非常轻薄松软。她接到任务后，就写了这样一句文案"××蚕丝被，给你婴儿般的好睡眠"。

可能你会觉得，这个文案写出了蚕丝被给用户带来的好处，挺好的。但实际上它却有一个大问题！凭什么你说蚕丝被可以让我获得婴儿般的好睡眠，我就相信呢？怎么解决信任问题呢？很多人首先想到的方法就是罗列出权威背书。比如名人代言、用户证言、畅销数据等，但你会发现效果并不好，就像开头很多人遇到的问题一样。因为现在的用户越来越怀疑别人给他灌输的信息，而越来越相信自己。当他看到这句"给你婴儿般的好睡眠"时，就已经开始怀疑。因为这并不符合用户已经知道并认可的事实。在大多数人的认知里，获得好睡眠的方式是吃安神助眠的保健品、多运动、听轻音乐等。

用户会想，我小时候睡得特别香，那时候也没有盖蚕丝被。所以，他就得出了一个结论，蚕丝被并不能实现婴儿般的好睡眠。这句广告语，对用户来说就是虚假的承诺，你的目的是引导用户掏钱下单。当用户识破你的伎俩之后，即便你罗列再多的权威背书，晒出再多的畅销数据，用户还是不信任你。所以，在写文案时，如果你说的内容并不符合用户已经知道的事实，那么想改变用户的想法，并让他购买产品几乎是一个不可能完成的任务。

那如何让用户接受这个蚕丝被呢？很简单，就是想办法利用用户大脑中已有的事实，与你的产品建立关联，把用户的情感和产品功能融合起来。那么，用户大脑中已经存在的事实有哪些呢？首先，蚕丝被的最大特点就是轻薄松软，让人觉得很舒适。这是用户已经知道的事实。其次，躺在床上的最大感受是什么？放松。这也是用户已经知道的事实。放松和松软的蚕丝被好像有点关系了，因为松软能让人更放松。最后，我们继续思考，人们在什么情况下更想要放松？在身心俱疲的时候、心情不好的时候、压力大的时候、紧张的时候，而且这种时候人们是比较敏感的，也更容易感受到被子松软的小细节。

那么，我们把蚕丝被的松软和人们大脑中已有的事实，以及在不同场景下渴望放松的情感连接起来，你就发现了新的、更容易打动人也更容易让人产生信任的文案。比如，针对压力大的职场人，可以说"被工作压得喘不过气，摔进被子里才松一口气。"一个"摔"字把蚕丝被的松软、舒适体现得淋漓尽致。针对重返职场人士的紧张心理，可以说"重返职场竟比十年前还忐忑，好在有软软的被子让我安心入睡。"这样的文案之所以比"给你婴儿般的好睡眠"更容易打动消费者，是因为我们相信松软的蚕丝被可以让人更放松，我们也相信工作压力大时、紧张时会睡眠不好，压力和紧张的情绪会导致我们失眠，这都是已经存在于我们大脑中的事实。

很多人写文案，总是绞尽脑汁想各种修辞，极力渲染产品的优点，突出产品的档次，但如果没有以用户的认知事实为前提，也不会达到太好的效果。而我们要做的就是，以用户大脑中已经存在的事实为基础，找到与产品功能有关联的点，把它们连接起来。

主动化解用户内心的顾虑

除了与用户大脑中已有的认知事实不符，让用户不信任、不敢行动的第二个原因是内心有顾虑。可能你用上了所有赢得信任的方法，觉得自己写的文案可信度很高了。但真相是，即使你把各种文案技巧都用上，用户还是会担心以下几类问题：

1. 品质问题

产品不是正品怎么办？产品没有你说的那么好，怎么办？用一段时间坏了，怎么办？

2. 效果问题

产品看起来不错，但我已经尝试过 10 多种产品，效果都不是很理想，这个产品会不会也不适合我呢？我不喜欢产品里某个成分的味道，怎么办？

3. 安全问题

产品看起来不错，价格也不贵，但会不会对身体造成伤害呢？使用这种产品会不会产生依赖呢？

4. 价格问题

价格太贵了，性价比是不是不高？以后会不会降价呢？

5. 服务问题

谁来承担邮费、安装费？购买的易碎产品，如果收到产品后发现破碎了怎么办？

6. 隐私问题

购买一些去脚臭、去狐臭产品，或者情趣用品等，送货时是否会被别人发现？

7. 形象问题

我买太便宜的产品，别人会不会嘲笑我？我买太贵的产品，家人会不会嫌我太奢侈？

这些问题像一根刺一样扎在用户的心里，不拔掉不舒服。真正的卖货文案高手懂得主动提出这些问题，把用户心中的刺主动拔掉，让他感觉毫无风险，特别放心。只有这样用户才会毫不犹豫下单。

这个方法，几十年前的甲壳虫就用过，它的海报文案是：你因为收入太丰而不便购买吗？有一部分人，他们的收入很高，完全可以买一部比甲壳虫贵很多的车，可他们却没有——因为他们根本找到不到更好的车了。他们心中最好的车，无非性能靠谱、舒适而经济，不用担心出问题，也不必经常加油，不常送修，送修也不贵。

可能有些收入比较高的人，相信甲壳虫的品质很好，速度很快，售后有保障，但他们可能会担心，买这么便宜的车，会不会被别人嘲笑。这个顾虑会阻碍他做出购买决策。但当他看到这个文案后，就不会觉得买甲壳虫没有面子了，毕竟很多有钱人都买了。

我们再来看一个案例：这篇文案的前半部分，用了大量篇幅证明这套模型书能提升孩子的思维能力、动手能力，而且是国内编程大神设计的，荣获了很多大奖等。但此时用户内心可能会想，这套模型书看起来挺不错的，但会不会太复杂，孩子掌握不了。而这个文案的后半部分主动提出用户的这个顾虑，并化解掉。具体文案是这样写的：有的家长，可能会担心，大神的书会不会太难？完全不会！！这两本书内容丰富，而且非常易于入门。5 岁的孩子，基本都没有障碍。机械结构篇一共 30 个主题，283 阶教程，车辆装置篇一共 26 个主题，138 阶教程，加起来一共 421 阶教程，教会孩子搭出 421 个不同的机械结构模型。每个模型所用的零件都不会太多，基本都在 100 个以内，孩子搭出一个模型并不需要太长的时间，更多的是让孩子熟悉每种结构，让孩子自己思考。看到书，你基本上就会明白，为什么用这套教程学习机械结构的孩子，都能触类旁通，举一反三。而且这本书的特色是，每个主题都是由几个循序渐进、从易到难的教程组成的，让孩子上手极为容易，但可以跟着教程慢慢领会更为复杂的机械结构，并且能活学活用。

当看到第一句话"大神的书会不会太难？"，用户就会觉得小编好懂我啊。然后再通过下面具体的卖点说明，比如，"5 岁孩子都没有障碍""每个模型用的零件不会太多，孩子搭出一个模型不需要太长时间""循序渐进、从易到难"，此时用户的顾虑完全被打消，就会毫不犹豫下单。有时候即便你不能给出这么详细的解释，只要站在用户的角度提出问题，他的顾虑就已经打消一半了。

当你觉得自己已经在文案中罗列出了很多证据，但用户依然不买账的时候，可以静下心来，从这两个方面好好想一想，是不是有哪个结论不符合用户已知的事实，是不是用户还有一些顾虑没有被化解。然后尽快做出相应的调整。

第 4 章

文案变现，必须明白的 7 大思维模型

4.1 完成思维：
学完就做，是成为高手最快的方法

不知道你发现没有，同样是学开车，有些人从不会开车到熟练开车上路，也就几个月的时间，但有些人拿到驾照四五年还是不会开车。为什么？因为前者考完驾照就直接开车上路了。刚开始也会出现一些的小麻烦，但他们的车技也在这些小麻烦中一点点成熟起来。相反，那些不会开车的人，学完之后就把驾驶本放在抽屉里，很少甚至都没有尝试过开车上路，时间越久车技越生疏，最后彻底把驾驶步骤忘了，更不敢开车上路了。

学文案和开车一样，学完就"上路"，是最快成为高手、最快变现的方法。但在培训过程中，我却发现很多人喜欢用"完美主义"来标榜自己。殊不知，完美主义是把双刃剑，用得好，可以帮你达到旁人难以企及的成绩。用得不好，也可能让你始终卡在文案变现的大门外。因为不知道怎样做到完美，所以始终没有开始。这是文案变现的大忌。

最常见的有以下两种情况，可以自测下你属于哪一种？

第一种：一直停留在学知识的阶段

曾经有个学员给我说："兔妈，我为了学好文案用了 3 年的时间，花了五六万元，现在还不能独立写出一篇文案。坦白说，听到他的情况，我是非常震惊的。因为在我培训的学员中，很多人都是 2~6 个月拿出成果。所以，针对他这种情况，如果不是他学的课程有问题，那一定是学习方式出错了。这类人普遍觉得文案知识博大精深，还有好多知识点没有学到，今天看到这个老师的课程想学，明天看到那个老师的课程也想学。几年下来，一直停留在学知识的阶段。但如果你让他独立完成一篇文案作品，他就会找借口说，现在对文案知识掌握还不够扎实，还不能独立完成一篇文案作品，想留出时间专心学习。结果陷入"一直学习，学完不做，永远不会"的恶性循环。

就像经常有人告诉我："兔妈，你的书写得太好了，看了好几遍，每次都有新收获，笔记都记了厚厚一本。"但如果问他，看完有没有试着去写，大多数人都会回答："还没有。"所以，即便你看了 10 遍、100 遍，依然不会写文案。不管是看书，还是听课，把学到的知识用一遍，学完就做，你的文案技能才能得到提升。

第二种：一直停留在接单筹备阶段

提到文案变现，很多人关心的话题都是"怎么接单？去哪里接单？"但若客户真的主动找上门来，很多人都会犹豫，甚至把机会拱手让人。为什么？因为他们觉得自己的文案技术还不过关，还不能打造出爆款文案。我们总渴望那种一出场就惊艳对方的完美感觉。其实，完美思维的背后，是我们太害怕面对不完美的自己了。

我平时辅导学员时，常常遇到这样的情况："兔妈，有个商家主动找我写文案。我想接，但又怕自己做不好。"或者是"兔妈，某某机构邀请我担任文案官，我迟迟不敢答应，总害怕自己做不好。"他们想接单变现，又害怕面对自己学了几个月可能做不好的结果，更害怕面对商家不满意，自己不知道怎么应对，总觉得自己还没学好，要把时间放在学习上。结果错过了机会，陷入越学越低效、越没有动力的沼泽地。

事实上，文案变现并没有那么高的门槛。我可以拍着胸脯说："只要你把我的书或者课程的内容掌握七成以上，就能比很多公司的文案人员还专业。"所以，一定要戒掉完美思维。真正的"完美思维"应该是行动中的完美思维，在一次次完成中不断苛求自己，一次次修改、精进，达到完美。如果你只是构想了一个极致美好的未来，却迟迟没有开始，这不叫完美，你只是在为自己的懒惰和胆小找借口罢了。

那完成思维的体现是什么呢？学完知识就要试着去独立完成一个实操作品。什么是实操作品？这就像模拟考试，系统学完课程之后，你要试着独立完成一个模拟真实接单的作品。当你独立完成第一篇文案之后，你会发现自己有一个质的提升。

在我开设的"爆款文案特种兵实操营"中，有一个环节叫作"实操闯关"，就是系统学完课程之后，商家提供实操的产品，所有学员围绕这款产品，试着去独立完成一个文案作品，即所谓的实操作品。每位提交实操作品的学员，教练都会为其提供 1~3 轮不等的辅导，为他指出问题和提出优化建议。冠军学员还会获得兔妈一对一的辅导和商家提供的奖金。做这些工作的目的就是鼓励并督促学员学完就用，真正帮他们掌握这项技能，而不是学完就结束了。

所有参与过实操的学员都反馈，收获非常大。因为通过这个作品，他能把前面学到的每一个琐碎的知识点串起来。其中，第三期冠军学员牧兰说："这次实操改稿，让我有种捡到宝的感觉。节约了 1~2 年的学习时间，能够站在一个更高的维度去理解文案知识。"把知识内化成自己的，真正学到和得到。第四期冠军学员素小丫说："我打算参与实操的时候，有很多顾虑，担心自己的能力还不足以独立完成一篇文案，担心自己写出来的文案被人笑话，但反思自己这两年来，都是在反复的学习中耗费时间，从来没有独立完成过一篇文案。所以，我决定迈出这一步。通过这次实操，我终于能把学到的知识点系统地串起来了，真正知道写一篇文案该如何开始、如何发力了。"

在师徒陪跑计划中，我会更注重培养学员的实操能力，要求也会更严格。每一节都有模拟实操作业，最后还有一个考试。只有通过考试才能进入下一个阶段的学习，这也是大多数学员都能在 2~6 个月获得成果的主要原因。

可能在第一次完成的时候，你会遇到很多问题，甚至觉得特别困难，这都是正常现象。你可以告诉自己：先写个草稿试试。如果抱着写一篇"好文案"的期待，你可能要先选一个完整的时间段，再找一个风和日丽的上午，冲一杯咖啡……只有一切都准备得当，才配得上这即将到来的"完美"文案。所以，你很难开始。但如果你跟自己说，我只是写一个草稿，你几乎可以在任何时间、任何地点开始。这样不设限的开始，反而有可能让你迸发更多的灵感，至少可以做到"完成"。

可能有人会觉得困惑，如果是自学者，没有商家提供实操的产品，怎么独立完成实操作品呢？其实很简单，你可以去电商平台任意找一款产品，把产品的特点记录下来，并针对这个产品去打磨一个完整的文案作品。然后再用前面提到的自检方法进行自检优化。这样你就能收获一个独立完成的实操作品了。

遵循完成思维就是不要只追求学的过程，而要学完就去做，花时间用心打磨一个实操作品。

另外，很多人之所以在第一次接单时不自信，最大的一个原因就是没有独立写过文案，不知道从拿到一款产品到完成一篇文案要经历哪些步骤和流程。但在你独立完成一个实操作品之后，你就不会觉得无从下手，不会紧张害怕，因为你知道该如何做。更重要的是，你还可以通过独立完成的实操作品向客户展示你的实力，让客户看到你在文案方面的专业度，你也更容易获得订单。

我有一个私教学员还在读大三，他跟我系统地学完文案，顺利通过考试、实操后，获得了两个实操作品。他就在求职网站上筛选有文案需求的商家，与他们取得联系后，主动把自己的实操作品发过去，还免费帮他们诊断现有产品文案中的问题，获得了商家的认可，也因此有了第一次接单的体验。在这个过程中，他不仅锻炼了自己的谈判、沟通能力，也把学到的文案知识付诸了实践。

千万不要给自己找借口，一直"沉迷"于学习阶段；更不要因为追求完美，就放弃了诸多可以实践体验的机会。创造一切机会，完成"学完就用"的闭环，先完成再完美，你才能更快迈出文案变现的第一步。

4.2 动态思维：
看清自己的位置，开启变现加速度

什么是动态思维？动态思维对应的是静态思维。拥有静态思维的人看到的是当下的现状和结果，是不变的，而拥有动态思维的人看到的是演变的过程，是变化的。

我们看见的都是静态的，但判断应该是动态的。

一年级下学期时，我女儿所在的学校开设了英语课程。在这之前，她从来没有接触过英语。为了让刚接触英语的孩子练习语感，老师开启了每天口语打卡的练习。起初，我看到她的好朋友只花几分钟时间打卡，却次次都能得到 99 分，有点焦虑，对女儿要求也更严格，导致她对英语有点抵触。有一次出去玩，我和这位同学的妈妈聊天，我了解到这位同学从 5 岁就开始学英语了，每天练习 20 分钟，已经坚持了两年多。那一刻，我意识到自己犯了个大错，只看到了"99 分"这个静态的结果，却没有看到"坚持学英语两年多"这个动态的过程。当我意识到这一点时，我就不再一味要求女儿发音标准，而是给她设置每天的口语练习计划，每天跟读 20 分钟。

文案变现也一样，我们要拥有动态思维。动态思维体现在哪里呢？有两个方面。

不要羡慕别人的结果，要围绕结果吸取经验、制订计划

在我培训的过程中，经常遇到这样的情况，同期学习的学员中如果有人拿到冠军，或者接到订单，就会有一部分学员说：什么时候能轮到我？我什么时候可以迈出这一步？我发现，喜欢说这类话的人，在学习中大多是需要教练追着才能完成作业的。但与他们不同的是，有一类人会问：你是怎么做到的？能不能分享下成功经验？这就是静态思维和动态思维的区别。

拥有静态思维的人，只看到当下的结果，羡慕嫉妒，却忽略了别人取得结果的过程和经验。羡慕结果只能增加焦虑，对提升技能没有半点用处，唯有研究过程、研究经验，才有意义。所以，当你看到别人做出成绩时，你要围绕这个结果吸取好的经验，并制订学习计划。

比如，当你看到别人拿到冠军，你就要去分析，同样学习一个月，她为什么掌握得更好？她每天学习花了多少时间？每天听完课程都做了哪些事？她怎么记笔记的？完成作业有什么窍门？参加社群活动都做了什

么？针对每节知识点是如何刻意练习的？参与实操时，她拿到产品是如何做准备工作的？等等。当你知道冠军这个结果背后的动态过程后，不仅不会焦虑，还会方向清晰、信心满满。在"爆款文案特种兵实操营"中，我们每周都会挑选 1~3 名优秀学员给大家分享自己快速进步的经验，目的就是让大家关注到这个动态过程，把好的经验推广开来，帮更多人更快做出成绩。

关心别人动态的努力过程，而非当下的光环和结果，这些才是真正有价值、有指导意义的事。

不要埋头写稿，要狠抓本质打磨内功、提升技能

曾经一位学员给我留言："写文案真能赚到钱吗？就算我写一篇文案收 1000 元，一个月写 10 篇才有 1 万元。这就要找 10 个客户，而且 3 天写一篇文案基本上不可能完成。"听上去她讲的逻辑非常清晰，但她的致命问题就是：用静态思维去判断问题。

就像火枪刚被发明出来时，拥有静态思维的人会认为火枪虽然方便，但杀伤力太弱了，还不如箭。所以，他会继续选择射箭。而拥有动态思维的人会想到就算目前火枪的杀伤力比较弱，但杀伤力也会逐渐增加。结果用静态思维想问题的人，也就是选择射箭的人，就被淘汰了。

文案变现也一样，你不能只看到客户一次只要一篇，也不能只看到一篇文案 1000 元，当下的情况不代表一年后还是如此。

就像兔妈，刚开始写一篇卖货文案赚 200 元。如果用静态思维去思考，每个月想靠文案赚到 2 万元，就要写 100 篇文案，一天写 3 篇，这是不可能完成的。但我用动态思维去思考，怎样让一篇文案赚 2000 元、8000 元、2 万元，怎样让一个客户裂变出多个客户。正因为用动态思维

去思考、去经营，现在的我才能做到写一篇文案 5 万元起，一年创造的价值 30 万元起。明白了这一点，我们能早点看清事物的本质，更容易突破瓶颈。

我见过很多人，在公司已经写了三四年的文案，但写一篇文案还是收一两百元。明明经验已经很丰富了，为什么只值这么点呢？就是因为他们每天埋头写稿，没有花时间思考让文案值钱的核心，更没有围绕这个核心去提升技能。与其说他有三四年的经验，不如说他的一个经验用了三四年。这也是为什么很多文案人干了几年之后，岗位和薪酬都会遇到瓶颈的原因。

而拥有动态思维的人，他的思考方式是这样的：同样写一篇文案，为什么我只能收 500 元，别人收 5 万元，差别在哪里？我怎么做才能达成这个目标？我应该提升哪些方面，才能让自己的文案值 1000 元、2000元，甚至 1 万元？当你拥有动态思维时，你关注的是解决问题、达成目标的方法。而当你开始聚焦提升和打磨自己的内功时，你也会越来越强，你写的文案会越来越值钱。

除了用动态思维看别人，看事物的本质，我们还要学会用动态思维看自己。就像很多人坚持学文案一星期、两星期，甚至一个月，还不能独立写出一篇优秀的文案，就会觉得自己再怎么努力也没有用，甚至觉得自己不适合做文案，最后选择放弃，这是非常可惜的。而拥有动态思维，就是看到自己在成长的过程中，每一天的小进步。尽管你现在写的文案一般，可是你已经比一个月前的自己进步了，而且还在持续不断地进步。

所有学习都应该加上时间维度，用动态的眼光去看待事物、看待自己，你才能加快文案变现的速度。

121

4.3 长期思维：
你越想找捷径，离成功就会越远

我们已经理解了动态思维。当你开始学文案时，不仅要看到自己与别人的差距，更要看到别人努力的过程。任何好结果的取得都不是一两天实现的，这需要日复一日的坚持和努力，你要明白这是一个长期的过程。

如果一个人发誓要学会文案，要靠文案变现，却没有长期思维，没有耐心，一看书、一练习就急躁，那基本可以断定他不可能学好文案，更不可能靠文案变现。因为凡事都要付出，没有耐心的人会害怕付出，没有付出必然没有结果。

凡事都要付出，学习文案基本功就是文案变现之前你要付出的。没有前面付出的 1，只盯着后面的结果 0，只会让你离文案变现越来越远。

接下来，我们来介绍文案变现过程中必备的长期思维，有两个关键词，分别是：坚定相信、培养耐性。

坚定相信

平时讲课时经常有学员问我："你这一路走来，是什么支撑着你？"我的回答往往就是两个字："坚定。"

首先，我坚定学好卖货文案一定能有收获。这不是盲目跟风，也不是看到某个人靠卖货文案赚到钱了，而是真正静下来思考过的。"全民卖货""内容为王"，这是当下互联网的两大现象。那么，在这样的情况下，卖货文案就是刚需。而且不管是运营公众号、小红书、朋友圈、社群、社交电商，还是短视频、直播，想要实现更好的销售转化，都离不开好文案。当我认识到卖货文案就是互联网商业的核心枢纽，我决定深耕。

正因为我坚信自己的判断，坚信卖货文案的价值，才能在面对各种诱惑时，依然能够静下心来踏踏实实修炼基本功。

其次，相信时间。我从 2018 年开始接触卖货文案，每天坚持深度拆解一篇卖货文案。而且那时候我还是兼职，白天要处理工作上的事，只能等下班再做这些内容。很多人听完我的故事都说我太拼了，其实我只是因为"看见"，所以敢拼。这个"看见"是说我相信时间。只要持续做正确的事，总有一天会有收获。事实证明，这一年，也是我成长最快的一年。我连续帮客户打造出多个爆款，也因此在业内有了一点影响力，被更多人知道。之后几乎每天都有客户主动来找我约稿。

而那些没有耐心、不敢付出的人之所以没有耐心、不敢付出是因为他们看不清未来。

你现在努力练习，不是为了现在就能写好文案，而是为了让你在几个月、半年、1 年后写得好。很多人没有长期思维，干什么都没有耐心，总希望快点看到结果，任何需要长期投入才能有收获的事都会让他急躁。没耐心的人更看重短期效果，等不了长期价值。殊不知，这反而会阻碍你成功。唯有坚信长期价值，耐心地做时间的朋友，才有可能收获好结果。

培养耐性

我曾经看过一篇文章，讲曾国藩教儿子写毛笔字的事，他对儿子说："你每天临摹一百个字就行。几个月之后，你进步越来越慢，兴趣越来越少。这个时候不要放弃，不要中断，熬过此关，便可以慢慢往前再走一步了。"

学文案也一样。很多人前期很努力，但最后还是写不好文案，赚不到钱，为什么？因为一开始有新鲜感，但到了后面，所有知识点都知道了，不新鲜了。如果你停下来了，那肯定学不好。"困时切莫间断，熬过此关，便可少进"，之后"再进再困，再熬再奋，自有亨通精进之日"。意思就是，熬过此关，就可以往前走一步了。你再进，可能又遇上困境，你再熬，再进。写文案也一样，有特别困难、特别难受的时候，尤其是早期。只要你熬过一关又一关，终究有一天你会觉得没有什么产品文案能难倒你。

所有技能的习得，都需下笨功夫。但在漫长的修炼中，我们怎么才能让自己更容易坚持下来呢？给你分享 4 点心得：

1. 激发内心的动力

如何激发内心的动力呢？有两个方面，一方面是靠憧憬刺激，想象你渴望的生活是什么样的，把它非常具体地描述出来；或者你渴望成为的人是什么样的，把他的名字写出来。

另一方面是用现状刺激，想想自己当下的状态，这辈子再也不想过的这种日子。就像我，之所以要拼了命地学卖货文案，最主要的一个原因就是想跳出当时的生活。刚过 30 岁就像提前进入了养老生活，每天两点一线，工作单调乏味，生活捉襟见肘，而出身平凡的我，没资源、没人脉、没资金，唯一能抓住的机会，就是拼尽全力学好卖货文案，提升自己的价值，赢回生活的主动权。所以，只要我一想到不努力就要继续过原来的日子，我就又有了动力。

2. 设置阶段性目标

如果你想一星期就把文案学好，写出爆款文案，可能每天花 8 小时也很难达到。当你觉得这个目标太遥远时，就很容易懈怠。正确的方法是设置阶段性目标。

首先，第一阶段，你要把整体技能拆分成不同的板块，比如顾客分析、痛点诊断、超级卖点、素材搜集、框架搭建、吸睛标题、勾魂开场、超强信任、成交下单等，然后定下完成每个版块的时间，比如每三天完成一个知识点的学习，系统学完之后进入第二阶段，第二阶段的目标可以是对这些知识进行实际运用和整合训练。把大目标拆分成小目标，你会觉得完成目标容易多了，也更容易坚持下来。

3. 设置奖惩的制度

文案技能的习得是个长期的过程，你的每一点努力，可能并不是立刻有成效，很容易丧失耐心。所以，当你努力了一段时间，完成了一个小目标时，你必须要给自己奖励，这样才会有源源不断的意志力。小到一顿期待已久的美食，大到一个心仪已久的笔记本电脑，或者是一次旅行。物质不是最重要的，但我们为目标付出的努力，还是需要一点即时反馈来犒赏，这样你的意志力也会得到恢复。哪怕是一句鼓励的话，也能帮你重拾意志力。

当然，如果哪天没有完成目标，也要给自己惩罚，比如惩罚自己跳绳等，小惩大戒，对自己严格要求，才能养成好习惯。

4. 巧用外因来刺激

你可以邀请好朋友监督，可以把偶像的语录写在笔记本的封面上，也可以靠近身边的榜样，这些外界的刺激都能帮你培养耐性。你还可以主动寻找专业人士来监督和反馈，就像我们的训练营中，有很多学员都反馈其他同学的鼓励和教练的辅导帮他克服了拖延的毛病。

做到以上这些事项，你的耐性就在不知不觉中被培养了起来。而耐

125

性不仅是文案变现的必备品质，也是成就任何事业的必备品质。

除了文案技能的学习和提升，长期思维还体现在客户的积累上。在与每位客户合作时，我都全力以赴提供帮助，因为我看到的不仅是一次合作，而是后续永久的合作。

长期思维是明白成长需要长期的付出，明白做一件事没有捷径，明白一个人完成大的飞跃都需要一定的时间。当下的结果是由过去决定的，当下的努力都会在未来见效。

4.4 对标思维：
新手如何参照对标榜样，快速进阶？

平时在教学过程中，我经常听到这样的抱怨："想学文案又不知道怎么下手，好迷茫啊""想发展文案副业，却不知道在哪儿能接单""有客户让我写文案，一报价格就没下文了"……其实，这些情况都可以通过对标思维来解决。

什么是对标思维？顾名思义，就是通过与别人比较，借鉴其有效的经验，找出解决问题的方法。对标思维之所以重要，是因为太多人看不清三件事。一是看不清文案变现这件事，总是给自己立一个美好的目标，却找不到实现目标的路径，反复在"觉得找到了目标——又陷入迷茫不知所措"这两个状态中跳转。二是看不清自己当下的位置，总是给自己设定与当下能力不匹配的目标，然后反复被现实打击，直到自我怀疑。三是看不清事情的演化规律，总是给自己设定一个不合理的推进计划，让自己在文案变现的过程中屡屡受挫。

每个人在文案变现的过程中，都要用对标思维来看清当下，看到未来。在运用对标思维时，一定要避开一个误区，就是盲目与人比较。最常见的是以下两种情况：

1. 忽略学习方法，盲目比结果

曾经有个学员，报名上文案课后，基本没有写过作业，课程也是随便听听，但当他听到一起报名学习的同学已经能独立写出一篇优秀的文案，并成功获得商家合作时，他就抱怨："我和他是一起学习的，为什么他这么优秀？"

他只看到了起点和结果，却忽视了在这几个月的学习过程中，别人是怎么做的。怎么安排学习时间？怎么做刻意练习？用了什么方法等。

2. 忽略专业经验，盲目比效率

从对文案完全不了解，到对文案有所了解，你最先看到的、听到的都是这个行业的传奇、优秀事例。比如，你知道兔妈写一篇文案赚 5 万元，兔妈的徒弟写一篇文案赚 7000 元、8000 元。如果让你写一篇文案收200 元、300 元，你就觉得吃亏了，觉得挣钱效率太低了，但你忽略了别人深厚的专业经验积累和客户信任积累。

我有个徒弟，她第一次接单就定了写一篇文案收费 800 元，结果客户拒绝了。她非常郁闷地说："×× 都收 2000 元的，我收 800 元算多吗？"我给她讲了对标思维，她恍然大悟。第二次遇到客户，她降低了标准，报价 500 元，但那个客户只愿给她 100 元。她想了想还是答应了。每个月给客户写 4~6 篇文案，每篇都非常用心。因为她写的文案创造的价值远大于 100 元，客户非常满意，每次都给她多发 8~50 元的红包，连续合作了 2 个月，客户决定把社群和朋友圈的文案全部交给她来写，以包月形式合作，一个月 5000 元。如果她没有对标思维，肯定不会有后面的合作。

处在群体中的我们总是喜欢比较，这种比较是人们自然做出的，没有人能避免。我们喜欢比较，却又不懂得如何正确比较，所以比较成了很多人焦虑和痛苦的来源。

那到底什么才是正确的对标思维呢？正确与否主要体现在以下三个方面：

同水平阶段相比较

我来给你举个例子，比如小王写文案的时间有 3 年了，写得很好，你才写了 1 年，写得不够好。你想跟小王比较，应该怎么比？第一，你应该拿现在的自己和 3 年前的小王比；第二，你应该拿 3 年后的自己和现在小王比。这种比较才有意义。除非你天赋异禀，否则你凭什么拿 1 年的努力成果和人家 3 年的努力成果比较？

很多人只看到兔妈现在写一篇文案收 5 万元，却不知道兔妈起步阶段写一篇文案也只收费 200 元。所以，如果你是第一次接单，就可以把 200 元作为参照标准。千万不要拿新手和老手相比。这种比较，只会让你痛苦，甚至错失接单的机会。

同影响维度相比较

在前面的案例中，那位同学看起来好像是从同维度相比的，同样都是零基础，同样学了一个月。但实际上，在这一个月的学习过程中，影响最终结果的因素还有很多。比如你每天投入的时间、你用的学习方法、你每次学习的效率和专注度等。这就像我们上学一样，同样的年龄、同样的入学时间、同样的书本、同样的课程、同样的老师，但每个学生却考不同的分数，进不同的大学。

正确比较的方法是什么呢？你要先罗列出影响最终学习结果的因素，常见的有：

1）投入时间。你每天学习文案投入半小时，但别人投入 3 小时，效果肯定不同。所以你要合理安排学习时间，增加学习时长。

2）学习方法。你每次学习就是听课，但别人是一边听课一边记笔记，按时完成作业，还增加刻意练习的时间，学习效果肯定不同，所以你要改变自己的学习方法。

3）学习效率。你的学习环境有很多干扰因素（比如，桌边放着零食、手机等），可能你刚投入学习，就有人发消息约你吃饭，你看似在学习，实则已经在思考去哪儿吃饭了，而别人则是主动避开了一切干扰因素。把手机调静音或者直接锁在抽屉里。所以，你要做的就是减少干扰因素，提升学习效率。

4）思考复盘。你每次做完练习就结束了，教练给你点评完，你也没有去思考、优化，但别人不仅会认真优化，还会思考、总结这一类的产品文案创作要点是什么、有哪些注意事项等，做一次练习就相当于完成了一类练习。所以，你要在每次学习结束后，增加思考复盘。

当然，你还可以分出其他的维度，越多越好、越细越好。我把这种对标又称为"像素级对标"。千万不要只盯着表层因素，要透过表层看到影响最终结果的里层因素是什么，这样你才能找到提升的方向。这也是对标思维的精髓所在，通过像素级的对比，挖掘别人快速成功的核心关键因素是什么，参考借鉴别人的成功经验，才能帮我们更快实现目标。

可能有同学会问，去哪里找可以对标的人呢？你可以先观察一下你身边有没有优秀的文案人，如果有，你就把她设置成星标好友。除此之外，你也可以加入高质量的文案学习社群，在这里你会结识一群优秀的同频人，也能轻松找到对标对象。

129

过去与现在相比

与人比较，要拿与你处于同阶段的人比较，并且要从同维度去比较。与己比较，是拿现在的自己和过去的自己比，看自己是否有进步。

比如，原来你写一篇文案，想破脑袋也写不出来，而现在掌握正确的方法后很快可以写完一篇文案；原来你拿到一款产品不知道怎么下手，而现在拿到一款产品，你懂得按照流程梳理出文案的框架；原来你写的文案收不到钱，而现在写一篇文案能收到 100 元、200 元。

与人比较，不如与自己比较。对标别人、借鉴别人成功经验的同时，更要看到自己的每一次小进步，这样你才更有动力，更有目标感。

4.5 系统思维：
文案变现四驱系统，让你持续有钱赚

刘润老师说："普通的人观察表象，优秀的人洞察系统。"

什么是系统？就是影响事物发展的关键因素以及连接关系。

很多人只看到一篇文案不过几千字而已，这几千字就是表象，但想要写的文案能卖货、能爆单，只盯着表象肯定不行。这也解释了为什么很多人能写出阅读量"10 万 +"的文章，却写不出能卖爆产品的好文案。因为驾驭文字的能力只是这个系统中的一部分而已。

文案变现也是有模型、有系统的。

我实操总结出来的"文案变现四驱系统"，它包含四个核心子系统，就像汽车的四个车轮，缺少任何一个，都很难顺利抵达终点。四个核心子系统分别是：

爆款克隆系统

做一个爆款不难，难得是持续做爆款。如果兔妈只做出过一个爆款，你不会觉得我很厉害，可能只是觉得我的运气还不错。但是我连续帮客户打造出 5 个千万元级爆款，一年打造 46 个小爆款，一年卖货一亿多元，你会觉得兔妈很厉害。所以，想要持续、稳定地靠文案变现，我们就要掌握爆款克隆系统。只有掌握持续做爆款的能力，才能走得更高、更远。从这个角度来说，爆款克隆系统是帮你筑高护城河。

爆款克隆系统都包含什么？我给出了 5 个模型的解决方案，分别是：爆款文案五力模型、用户画像分析模型、痛点挖掘诊断模型、卖点提炼编码模型、四维素材借势模型。这些内容，你可以在我的第一本书《爆款文案卖货指南》中找到详细的操作方法，这里就不再赘述。

细心的读者可能发现了，在这 5 个模型中，文字只是其中占比非常小的一部分。如果是一篇普通的产品文字说明稿，可能只能收费 200 元，但如果你的文案能帮客户更高效地把产品卖出去，就可以收费 10000 元、20000 元，甚至更多。所以，通过爆款克隆系统解决文案卖货的根本问题，才算掌握了文案高价值变现的能力。爆款克隆系统是每个想靠文案变现的人要花时间掌握的，也是持续、稳定靠文案变现的基石，是让商家愿意为你的文案付费的筹码。

爆文速成系统

什么是爆文速成系统？就是在保证文案质量的前提下，按照流程化的操作步骤，令你快速完成一篇文案的系统。

为什么这个系统很重要？就像制造汽车一样，你完成了零部件的制

131

造后，如果不能把它们严丝合缝地拼装在一起，即便这些零部件的价值再高，也没有任何意义。从这个角度来说，爆文速成系统就是把爆款克隆系统的内容执行落地的一个过程。对新手来说，如果没有掌握爆文速成系统的流程框架，你会觉得这些准备工作毫无意义，这会增加你的受挫感，让你迟迟无法突破。

对非新手文案人来说，这项能力也同样重要。我们可以想象一下，如果你按照爆款克隆系统的方法，研究每一项内容，要花一个月甚至两个月才能完成一篇文案，即便你的单篇文案收费比别人高，但时间成本也很高。即便你可以慢慢磨，但客户能等吗？在大多数情况下，客户都想快一点见到文案成稿。这也是我在文案变现过程中遇到的实际问题。

有一段时间，我几乎每天都会收到商家的合作邀约，但自己的时间和精力有限，我只能想办法提升自己的完稿效率，并且文案质量还不能打折。怎么办？我开始试着去归纳不同产品类型的文案规律，总结一些文案模板。比如，针对标题，我就试着总结美食类、母婴类、美妆类、时尚类、功效养生类、知识付费类等标题的常用模板。针对开场，我会总结那些爆款文案常用的开场套路是什么，是什么样的结构。关于过渡到产品，有哪些常用的技巧和方法。论证产品的有效性时，有哪些方法可以快速赢得用户的信任。关于文案的结尾，怎么写才能让用户觉得现在不买就亏了，常用的技巧和方法是什么等。

爆文速成系统的威力在于，把写文案变成了一个可复制的 SOP 流程清单，从标题到开场，从开场到过渡产品，从过渡产品到证明产品值得信任，最后到结尾，就算是零基础新手，照着步骤去做，也能写出一篇还不错的文案。有关爆文速成系统的具体内容，在我的第一本书《爆款文案卖货指南》中有非常详细的说明，你可以参考阅读。

高手精进系统

成为文案高手的修炼不是一朝一夕的事，要经过漫长的考验。

你知道了爆款克隆的方法、爆文速成的方法，但知道和做到中间还有十万八千里。方法能不能发挥效果，取决于你的消化和执行程度，而想要成为高手就要不断实践。这就需要用到高手精进系统，它能帮你提升成长速度。

普通学习者和学习高手所用方法不同，结果也大不相同。高手精进系统的核心思维是"一次顶十次"的高效练习方法，让你花同样的时间，却能实现 5 倍、10 倍的成长速度。这也是我提炼总结的高效学习方程式 = 时间 × 注意力 × 目标 × 策略。

我曾经遇到一位学员，她说："我学了 2 年文案，为啥还是写不出文案呢？"我问她："你每天花在文案学习上的时间有多少？"她说："工作忙的时候没空学，有空会学半个小时。"这不是学习方法是否正确的问题，而是她压根还没开始学。想达到好的学习效果，首先要投入足够多的时间。其次是注意力，在提高注意力方面，千万不要高估自己。当你决心坐下来学习时，不妨把手机调成静音，或者把手机锁在抽屉里。

关于目标有 4 个要点，分别是：① 可量化。不要说"我一定要学好文案"而要说"我要用 1 个月时间，掌握 20 个文案知识点"。② 设定好执行时间和地点。不能说"我每天晚上学文案 2 小时"，而要说"每天晚上 8:00~10:00，要在书房学文案"。③ 预估可能遇到的障碍和问题。比如，学习时，有人和你聊天，就先把消息置顶，学习结束再回复。④ 设置截止日期。以 7 天为一个周期，先把你的总目标拆分到每周要达成多少，比如这周要完成 2 节课程的学习和练习。这样你会觉得再坚持几天就可以放松了，更容易坚持下来。最后是三点策略：多拆解、多实操、多复盘。

除此之外，还有一项很重要的能力，就是时时精进的能力。为什么精进如此重要？因为用户会审美疲劳，你原来用 A 套路效果非常好，但过一段时间可能就不行了，你要换新的套路。这样才能保证文案有好的转化效果。

怎么做到时时精进？我常用的方法有：① 关注最新案例。时时关注最新案例，并借鉴学习案例中的新方法。② 多看经典书籍。创新结合经典，往往会有意想不到的效果。我常看的经典书籍有《影响力》《先发影响力》《人性的弱点》《洞察力》《销售圣经》《销售就是讲故事》《吸金广告》等，还有"华与华"营销系列丛书。③ 学会跨界。当你看到一个很棒的美妆案例，就可以想一下能否把它用到其他领域。

IP 吸客系统

"去哪里找客户？""去哪里接单？"这是困惑很多人的问题。在这些人的认知里，客户是找来的，但真相是客户找不来，只能靠吸引。靠什么吸引？靠个人IP。这便是我提出来的 IP 吸客系统。

在平时的培训中，我经常发现，有些人具备不错的文案能力，却变现很少或者变现极不稳定。他们最大的问题就是没有搭建自己的 IP 吸客系统。很多人总指望别人给自己分配客户，报名参加爆款文案训练营会先问一句："负责对接客户嘛？"就算给你对接一次又能怎样，下一个客户去哪里找？你依然还是不能持续、稳定变现。掌握正确的变现路径，比给你对接几个客户值钱多了。这才是打通文案变现闭环的关键。

什么是IP？就是你的个人品牌，准确来说，是你在文案领域建立起来的品牌背书和品牌曝光度。

给大家分享一件令我感触颇深的事。在筹备这本书之前，有个老客户让我操盘一款新产品，考虑到时间比较紧张，我拒绝了。但他们老板亲自与我沟通，并说明可以根据我的时间顺延。我对这个项目进行综合评估后，与他们的老板进行了详细的电话沟通，最后接了下来。我写一篇文案要收 5 万元，还要等我有时间。还没开工，他们就把全款打了过来。我就思考：为什么他们愿意这样做？我总结了三点：

1）我长期在卖货文案领域建立起来的专家形象。提到卖货文案，很多人都会说"兔妈很厉害"。

2）持续的曝光。我们第一次合作，是因为他看到身边很多人，甚至公司内部的人都在看我的书。去搜索兔妈，也看到很多我的传奇故事。

3）在我们前期的合作过程中，积累起来的信用度。

你把个人品牌建立起来之后，就可以获得源源不断的自来水式订单，构建文案变现的闭环体系，让你持续、稳定有订单。这就是所谓的"IP 吸客系统"。那到底该怎么建立自己的个人 IP 呢？我会在第 6 章详细为你解读。

135

以上就是文案变现的系统思维。爆款克隆系统是文案高效变现的基石，爆文速成系统是让你快速上手的武器，高手精进系统是持续累加势能的密钥，IP 吸客系统是帮你打通文案变现的闭环。四大子系统协同运转，才能让你的文案变现稳定、可持续。

4.6 多维思维：
帮你提升变现效率的秘密

在担任培训师一职的这几年里，我遇到了很多的学员。感受最深的就是，不同学员在学习力、执行力以及最终的文案变现效率上，有天壤之别。我时常在思考，为什么有的学员看书、听课就能掌握知识点，而有的学员看完书，再听完三遍课程的讲解，只要问题稍一变通，就不能理解了？为什么能力差不多的两个人，一个人变现效率极高，而另一个人变现却少得可怜呢？

研究了很久，我发现人与人在思考问题的方式上是有很大区别的！那些做得好的人，都懂得从多维角度看问题；相反，那些做得一般的人都习惯用单一思维看问题。多维思维不仅是我们快速提升文案技能的工具，更是高效变现的利器。

用多维思维学文案，轻松愉快，事半功倍

我给服务的企业做新团队的内训，讲解痛点这个知识点时，我指出痛点很有效，但也有使用限制。一般常用于省事型产品，比如万能清洁膏、扫地机器人等；预防型产品，比如除螨仪、电动牙刷等；功效型产品，比如祛痘、减肥产品等；提升型产品，比如时间管理课程、学习力课程等。其他领域则不太适合。然后就有位同学站起来问我："美食产品可以用吗？"我说："美食算不上省事型产品，如果不是主打养生的美食也算不上预防型产品，更不是功效型和提升型产品。"他愣在了那里，说："啊？那到底适不适合啊？"过了好一会儿，他才反应过来："我知道了，不适合。"

还有一次，一位学员拆解一篇护肤品的文案时，发现有很大的篇幅都在讲这款护肤品中不同成分的作用原理和功效，他就来问我："这段内容起到的作用是什么？"我说："产品效果好是果，这部分就是因。有因有果才会更容易让人信服。就像一个销售员，要卖给你一个减肥仪器，给你承诺这个减肥仪器能让你一个月瘦20斤，但当你问她减肥仪的工作原理时，她却支支吾吾答不上来，你会相信减肥仪的效果吗？"他说："不会。"我说："道理都是一样的。这段内容就是为了让你相信关于产品效

果的承诺。"然后，他继续问："那应该把这部分归到文案的哪个板块呢？是激发欲望，还是赢得信任呢？"当时我有点哭笑不得。我说："让你相信效果好是真的，这不是赢得信任吗？"她明白了。

很多人的思维方式和这两位同学的思维方式相同，只理解字面上的意思，不去思考信息的其他面。这就是典型的单一思维，用这种思维学习文案就会特别慢。

学文案的多维思维还体现在举一反三上。比如，在讲到"畅销"这个知识点时，我说摆出产品的销量、用户量和好评量等数据，可以让用户觉得产品很受欢迎，也更容易信任你的产品是靠谱的。有人就问：产品销量不高、用户量和好评量也不多怎么办？如果你告诉他，可以描述单位时间的销量，比如"6·18"你做了一次促销，一小时卖了 3000 支，就可以说"上架 1 小时卖了 3000 支"。他会继续问："'6·18'过去了，我们也没有做活动啊。"拥有单一思维的人永远是，你告诉他一个具体的方法，告诉他应该这么用，他就只知道这么用，不懂得延伸拓展。而拥有多维思维的人会去思考，接下来可以策划一场什么样的活动，可以表现出单位时间的销量高。他甚至会思考，还可以从哪些维度去营造产品很受欢迎、人气很高的感觉，比如，突出被同行争相模仿、复购率高（90% 的人都会复购）、转介绍多（10 个顾客 9 个都是转介绍）。

再如，很多人知道了写卖货文案的逻辑框架，要先挖掘用户需求、激发欲望、赢得信任、引导下单，但如果换到和客户谈判成交的场景中，他又不知道怎么做了。可以预想，两类人的学习效果肯定大不相同。

如何培养自己的多维思维呢？有 5 个小技巧：

1）试着换个领域。比如，你看到这个方法用在知识付费领域很有效，可以试着把它用到快消品领域，看看是否行得通。

137

2）试着换个场景。以学习卖货文案为例，除了用学到的这些知识写产品文案，还可以试着把卖货文案的思维用到工作生活的其他场景中。比如，和客户谈判、求职面试、辩论大赛、劝服他人等。

3）试着换个维度。比如，当你看到"SK-Ⅱ、资生堂等千元大牌关键美白成分就是烟酰胺"这句文案，通过傍大牌（SK-Ⅱ、资生堂）的成分来赢得用户信任，但你的产品没有可以借势的大牌成分，怎么办呢？试着换个维度。有没有和业内大牌相同的产地？有没有和业内大牌相同的工艺和配方？有没有和业内大牌相同的专家团队或者测评标准等。

4）试着换个用户。有个客户卖国画启蒙课程，他把目标人群定位为孩子，但效果不理想。最后，他把人群聚焦于退休在家的老人，卖课效果很好。

5）试着归类延展。比如上面案例中提到的"6·18"活动。"6·18"活动是什么？商家大促活动。归类之后，你就可以继续延展，还有哪些商家大促活动。实在不行，你还可以策划一个品牌促销活动。

运用举一反三的方法，从多个维度复习一个知识点，才能理解透、记得牢、用得顺。刚开始，你可能会觉得很不习惯，但你坚持练习后，你会发现自己理解某种概念更透彻、更全面、更灵活，你学习文案也会更轻松愉快。

用多维思维去变现，效率翻倍甩开一片

提到文案变现，80% 的人只想到"接单"这一个维度，甚至曾经有位粉丝说："兔妈，我学会了写文案，除了接公众号文案，短视频和朋友圈文案的单子可以接吗？"用单一思维看问题，这是很多人变现效率低的最大原因。

文案变现的多维思维体现在哪里呢？

在文案变现过程中，很多人只追求接单的多少，但愿意像我一样从中提炼方法论的人少。在那些提炼方法论的人当中，又有相当一部分人不敢挑战上台讲课。在那些会讲课的人当中，又有一部分人没有自己做"流量"的能力，而我积累了几万人的精准流量，加上这几个维度，我赢了一大批会写卖货文案的人。这就是用多维思维赢得竞争。

多维思维是让我成为文案界头部的阶梯，更是帮我提升变现效率的工具。每增加一个维度，就能战胜一批竞争者。你的能力、收入也都会开启增长加速度。

可能有同学会问："兔妈，我很普通，经验也不丰富，也能用多维思维去变现吗？"完全没问题。多维竞争不要求你在每个维度上都很厉害，但你得敢去尝试、拓展。比如了解我的人都知道，我是个很内向的人，和陌生人一说话就会紧张、脸红，更别说上台讲课了，但我愿意拓展这个维度。

我在 2018 年 2 月接触卖货文案，3 月开启第一次接单，5 月就做了一个文案拆解的知识星球。在这之前，我也没有任何社群运营的经验，但我愿意去尝试。刚开始担心自己的经验不丰富，我的知识星球定价为 58 元一年，前 100 名，我还会发 8.8 元红包，相当于 49 元一年。尽管钱不多，但这件事给我带来了两点好处。一是让我做事更坚定。原来拆解文案是看心情，但现在哪怕有一个人买了我的星球，我就得坚持更新。虽然赚得不多，但让我的文案技能得到大大增强。二是帮我提升影响力。因为输出的内容足够干，开始有人主动分销我的星球，这样不仅多了一份收入，更重要的是有机会被更多人看到。

有了这次尝试，体验到了多维思维的威力，我就持续增加维度。现

139

在，我的文案变现的渠道有 10 种以上。

不过要注意一点，多维思维有个前提，就是一定要先精通一维。你要在核心技能上，做到比百分之七八十的人强，然后再去拓展其他维度，让其他维度服务于最强的维度，使其更强，这样的多维竞争才行得通。就像我，社群运营能力可能不是最好的，讲课也不是最好的，但在写文案的核心技能足够强，做社群、去讲课也都能拿到不错的成绩。

如果你一味追求做得多，最后只会是什么都做不好。我遇到过很多人，在文案基本功还不扎实的时候，看到别人做课、做社群，自己也忙着做课、做社群，最后不仅没有实现变现效率提升，还损失了名声。如果你的核心技能一般，其他技能只能作为一个赚外快的能力形式存在，它们并不会形成组合优势。你的当务之急是打磨基本功，先精通一维。只有你的核心技能很强时，其他技能和核心技能才会形成很强的组合优势，这时候再去尝试拓展维度。

怎么拓展呢？我提供三个思路：第一，横向拓展。罗列出文案的所有渠道场景，比如，朋友圈、短视频、海报、详情页、小红书、知乎、公众号、社群等，这些都是你可以接单的类目。第二，纵向拓展。罗列出文案变现的所有形式。比如，文案接单、文案卖货、文案社群、文案课程、文案圈子、文案书籍、文案咨询顾问、短视频带货等。这些都是你可以尝试的变现方向。第三，横纵结合。所谓横纵结合，就是融合两种拓展方式。举个例子，如果你想做文案课程，又担心自己做不好，就可以降低难度，先开设一个专门讲标题文案的课程或者是专门讲朋友圈文案的课程。

不管是文案学习，还是文案变现，都希望你能用多维思维去看待，能用多维的视角和能力培养并提升自己的竞争力。

4.7 阶梯思维：
4 个变现阶梯，找到适合你的变现模式

我们已经了解了文案变现的多维思维。从多个维度去思考文案变现的途径和方式，这样会大大提升你的变现效率。不过，这么多的变现形式，我们到底该如何有序地开展，才能达到更好的效果呢？接下来，我会介绍文案变现的阶梯思维，告诉你如何迈出文案变现的第一步，如何从第一步到第二步，再到第 N 步。

所谓阶梯思维，就像我们上台阶一样，一个阶段一个阶段去完成。它最大的好处是，可以一边变现一边实现文案技能的提升，让你更容易坚持下来。而且不管你处于哪个文案水平阶段，都能找到适合你的变现形式。我把它分为 4 个阶段。

初级阶段（学完文案 1~6 个月）

初级阶段的关键词是：试试身手、赚点小钱。你刚学完文案，千万不要想着接大单、赚大钱，而要把重心放在试试身手上，这样你才不容易失望，也会有更多耐心去打磨自己的基本功。而且在小试身手的同时，你发现竟然能赚到点小钱，对你来说是惊喜，也是努力的奖赏，这也会促使你更容易坚持下去。

怎么小试身手呢？有三种方法：

第一种，把文案方法用到现有工作上。比如，你是做销售的，就可以把学到的文案方法用到日常的销售话术中。一期训练营的同学美娜，就

把学到的文案方法用到书法课的私聊成交中，一开始犹豫的顾客，最后爽快付款。同样，如果你是做人事的，也可以用学到的文案方法邀约面试，会大大提升邀约成功率。

第二种，用文案销售产品。比如，你的家乡有很多特产，就可以用学到的文案方法去销售，从而实现变现。我有个做会计的学员，她们家种了很多红枣树，以前红枣成熟后父母就一次性卖给二道商人，一年到头也只能赚个辛苦费。学完文案之后，她开始在朋友圈卖自家的红枣，每个月有 1000 多元的收入。

第三种，分销别人的产品。如果你没有现成的产品，还可以分销别人的产品。现在很多电商平台和知识付费平台都可以分销，你先选择一款产品（注意，最好选择当下流行的产品），然后写一篇产品文案或者拍一段产品种草视频，加上产品的分销链接，只要别人购买，你就可以获得佣金。

中级阶段（学完文案 3~10 个月）

中级阶段的关键词是：强基本功、小步快走。这个阶段你要对自己有更高的要求，不仅要把文案写出来，还要把文案写好，发出去就能卖货，商家看完就满意。这是文案变现过程中非常重要的阶段，所以，在这个阶段你的步子可以迈得小一点，但不能停，这叫小步快走。

在这个阶段，主要有两种变现方法：

第一种，赚打赏或诊断费。你可以开通自己的公众号、头条号、知乎号等，输出自己学习文案的心得和经验，也可以是爆款文案的拆解，这样不仅可以用输出倒逼自己进步，更好地打牢基本功。更重要的是，如果你的内容写得好，别人还会给你打赏，甚至还会有人主动联系你，问你一些文案方面的问题。就算你没有收费，很多人觉得你给的建议很有用，也会主动给你发红包表达谢意。我的第一笔钱就是这样赚到的。别人对你有了初步认可，后面可能还会主动找你写文案，成为你的客户。

第二种，接单赚文案稿费，就是帮别人写文案，关键问题是怎么接到文案单子呢？我推荐的形式是自己开发，这也是文案持久、稳定变现的关键。具体怎么做呢？在第 5 章我会详细讲解。

高级阶段（学完文案 5~12 个月）

这个阶段的思考重心是怎样提升变现效率。这里要给大家科普一个概念：单位时间变现效率，这是你在单位时间内变现的多少。举个例子，如果你花一周写了一篇文案，收费 1000 元。以周为单位，你的变现就是 1000 元。但是如果你把自己的文案经验输出在知识星球，客单价为 199 元，一周卖出 15 个，这时候你的变现就是 2985 元。你的单位时间变现效率就提高了近 3 倍。和原来简单的兼职接单相比，这时候你上线了自己的产品，相当于开始用文案创业了。而且为了让你的知识星球卖得更快、卖得更多，你要去打造个人 IP。这也是高级阶段的两个关键词：文案创业、打造 IP。

在这个阶段，变现方法有两种：

第一种，独立研发产品。比如上面提到的知识星球案例，就属于你独立研发的产品。你只需用文案把产品卖出去，就能有很好的收入增长。

注意，独立研发产品并不是一定要做文案相关的产品，你可以根据自己的现有资源和专长开发产品。在研发过程中，产品选题、产品包装、产品推广等都会用到文案技能。

我有个学员，她之前非常胖，有 170 多斤。因为受不了自己太胖，就通过调整饮食成功减到了 108 斤。她把自己减肥的经验整理成一套课程，然后在头条号销售，客单价为 199 元，一上线就卖出 100 多份。还有个学员，她特别喜欢育儿，就通过文案去推广儿童绘本，也有不错的收入。现在已经在计划开发自己的亲子教育课程了。所以，一定要记住，独立开发产品不能只局限在文案类的产品，你的思路应该是"文案+"。比如文案+营养师、文案+销售员、文案+摄影师等。

第二种，加入优秀团队。可能有些同学没有专长，也做不到持续输出专业内容，还不具备独立开发产品的能力，怎么提高单位时间的变现效率呢？你可以考虑加入优秀的团队。在选择团队时，你需要注意3点：① 成本可控。成本一定是自己可以负担的。② 真心认可。团队的产品一定要是你自己亲自验证过的，打心眼里喜欢和认可，这样推广时你更有底气，也更容易打动人。③ 势能向上。团队的势能一定要是持续往上走的，不能选择势能下降的团队。

加速阶段（学完文案10~18个月）

掌握了扎实的文案基本功，也确定了自己的变现产品，接下来的重点是提升变现效率。这也是**加速阶段的两个关键词：多管齐下、收益翻倍**。通过各种形式的叠加组合，把产品卖出去，真正实现文案的多渠道变现，实现收入的加速提升。

在这个阶段的叠加组合变现方法主要有五种：

第一种，与微信号组合应用。形式为朋友圈运营和私聊成交。你可以引导粉丝到自己的微信号，并通过朋友圈运营实现成交。这种方式尤其适合客单价比较高的产品。兔妈有个客户，她是卖化妆品的，产品客单价比较高，她就在社交媒体上发布引流文案，然后，引导精准顾客加客服的微信号，最后通过微信私聊实现成交，月销售额在百万元以上。

第二种，与社群组合应用。社群销售的流程设计、产品价值塑造都要用到文案。兔妈有个内蒙古的学员，通过社群销售家乡的特产牛肉干和奶酪，1 个晚上就完成以前 1 个月的销量。

第三种，与视频组合应用。现在兔妈每天都会拍 1 条短视频，上传到抖音、视频号、小红书等短视频平台，借势传播，推广自己的矩阵产品。如果你卖的是电商产品，也可以直接拍带货视频。兔妈服务的一个客户，用文案方法优化带货脚本，单条短视频销售 20000 多单。产品客单价为 19.9 元，一条短视频产生的销售额达 40 万元。

第四种，与直播组合应用。直播是一种非常好的成交方式。你可以把卖货文案的方法用在直播中，把产品介绍得更动人，把产品价值展示地更到位，进而提升产品的订单率，实现收入的增长。

第五种，与会销组合应用。你可以写一篇文案，或者做一张海报，吸引精准用户来参加你的会议。然后，在会议现场，把设计好的产品成交文案用演讲的方式呈现出来，实现现场的直接成交。这种方式特别适合销售高客单价的产品。

以上就是文案变现的阶梯思维。这四个阶段的变现难度是逐渐递增的，但变现效率也是递增的。如果你是新手，就从初级阶段开始，踏踏实实走好每一步，只要不灰心、不偷懒，人人都能迈出文案变现的第一步。

第 5 章

文案副业接单，必须搞定的 6 大关键难题

5.1 自我营销：
怎样介绍自己，才能吸引客户主动来合作？

想接单，做的第一件事就是准备一份能够吸引客户主动来联系你、来找你合作的自我介绍。但遗憾的是，很多人并不知道怎么做自我介绍。

最常见的自我介绍，就是说自己叫什么名字，现在从事什么工作，有什么爱好，并在最后加上一句"希望有机会多多交流合作"。

我们报上了姓名、职业、头衔，也表明了自己内心的渴望，这样的自我介绍，看似没有问题，实际缺乏亮点和记忆点，很难让别人对你印象深刻。即便你强调了"希望有机会多多交流合作"，也很难让别人产生主动找你合作的想法。

那怎么做自我介绍才能让别人记住，并愿意主动联系你呢？一个合格的自我介绍，要包含三大项内容：我是谁，我做出过什么成绩，我能给你带来怎样的价值。

"我是谁"，可以通过你的身份标签、你的权威头衔来体现，目的是让别人快速认识你。"我做出过什么成绩"是你的信任背书，让别人相信你的专业实力。每个人都有慕强心理，当你摆出自己在某个领域的具体成绩时，他会觉得这个人是专业的，也更容易信任你。不过，如果只强调成绩，很容易被人当成是在炫耀，所以在介绍完自己的成绩之后，还要说明你能给他带来怎样的价值。"我能给你带来怎样的价值"，是让对方快速知道你对他有什么帮助，与你合作对他有什么好处。把这些内容合起来，一个完整的自我介绍就有了，公式就是：身份 + 权威 + 成绩 + 我能带来的价值 + 与我合作的好处。

先来看下兔妈常用的自我介绍：

嗨，很高兴认识你！我是兔妈，畅销书《爆款文案卖货指南》《短文案卖货》作者，千万级爆款操盘手（身份），上市企业高级讲师，小鹅通商家学堂特约讲师（权威）。

最近的成绩：

（1）平均帮商家提高卖货转化率 300% ~ 2250%，1 年卖货 1 亿多元。

（2）单篇推文使产品一夜卖超 3 万单，销售额 200 多万元。

（3）一个单品 5 个月突破 27 万单，创造 4000 多万元业绩。

（4）帮助 1 万多学员实现收入 2 ~ 18 倍增长。

我可以帮你（我能提供的价值）：

（1）打造产品超级卖点，订制爆款卖货文案。

（2）诊断推文和短视频，帮你提升订单率。

（3）教你打造爆款文案、爆款视频，以及每个月多赚 2000 ~ 10000元的方法。

朋友圈每天更新 2 ~ 5 条爆款打造心得和案例，相信对你学习卖货文案有一些启发。备注暗号 ××，可免费领取独家的"可复制的文案变现电子手册"（与我合作的好处）。

可能有同学会说：我是新手，没有权威头衔，也没有这么多亮眼的成绩。没关系，接下来，针对这个自我介绍模板中的 5 个要素，我给你提供一些思路。

要素 1：身份

可以是你的岗位名称，也可以是你的定位标签。比如产品文案人员、朋友圈文案导师、资深卖货文案人员、知识付费等。

要素 2：权威

很多人觉得自己没有高大上的权威头衔，其实，找到权威背书并不难，下面给你 8 个找到权威背书的角度：

1）从就职企业中找，比如曾就职于某上市公司、100 强公司资深内容创作者、某平台头部商家首席文案等。

2）从从业时间中找，比如 13 年营销人、5 年资深文案人、8 年商业策划人等。从业时间长，可以体现你在某个领域的专业度。

3）从工作职位中找，比如酒品企业销售总监、电商公司首席文案等。

4）从服务客户中找，比如母婴头部大号长期合作文案人、20 万粉丝公众号签约作者、今日头条签约作者、××知名品牌推文作者等。

5）从名人推荐中找，比如被《爆款文案》作者关健明多次推荐的好文案等。

6）从获取奖项中找，比如，获取××文案大赛冠军、某社群营销之星、××训练营冠军学员等。

7）从新闻报道中找，比如央视财经受邀采访嘉宾、某平台受邀采访嘉宾、知识星球发头条推荐等。

8）从客户评价中找，比如，被学员评为最走心的文案教练，被客户评为最靠谱的卖货文案写手等。

要素 3：成绩

千万不要觉得自己很普通，没有拿得出手的成绩，普通人也可以有光环。

有一次小型线下课，开课前主办方为了活跃气氛，让现场学员做自我介绍。全场 50 多人，我只记住了一个人。为什么我偏偏记住了他呢？因为他的自我介绍，有一句话说到了点子上。他是这样说的："我曾经在线上发起过一个给小米创始人雷军画形象照的活动，有 500 多人参与。"这给我们什么启发呢？如果你是新手，也可以像这位同学一样，让大家记住一个非常具体的点，哪怕这个点很小也没有关系。可以是帮客户写朋友圈文案，转化率提升 50%；帮客户写标题，打开率提升了 1.4 倍；一个月服务过 ×× 位商家；一篇文案销售 5 万产品；通过文案月入 2 万元；成为某平台签约讲师；坚持拆解文案 200 天；第一次分享文案经验，听众超过 500 人；10 天时间朋友圈点赞、评论增加 3 倍；一条朋友圈卖货 6000 元；一条视频卖货 3000 元等。

要素 4：我能给你提供的价值

比如 "如果你有提升文案转化的计划，可以跟我联系，我一定会尽我所能，帮助你提高产品文案的转化率。"当然，你也可以直接说出你的业务范围。比如，我可以帮你诊断卖货文案、订制朋友圈文案、包装产品卖点等。

要注意的是，有些人身上有很多价值点。比如，你是一名文案讲师，又是一名专业写手，同时还是某社群的主理人。在自我介绍时，最好不要

151

一股脑地把所有的价值点都讲出来，否则别人不仅看得累，还不容易抓到重点。正确的方法是，挑选一个目标用户最感兴趣的价值点进行介绍。挑选价值点时，要先看对方是谁，思考我们能给对方带来什么价值。不同的用户，有不同的需求，讲对方感兴趣、有需求的话题，才能创造出更多可能性。

要素 5：联系我的理由

前半部分的内容展示了你很厉害，不过此时此刻对方可能并没有文案方面的需求，但这并不代表他以后没有需求。所以，我们要抛出一个理由，让对方主动联系你。当你添加了足够多的潜在客户好友，你就不用担心没有客户。

联系理由可以是某项服务，比如我现在常用的，如果你有文案营销方面的困惑，我可以免费帮你理清思路。也可以是某项福利，比如我早期用的，如果你想学习更详细的爆款打造流程，我可以免费送你一份价值999 元的企业内训课件。如果你想开启文案副业变现，我可以免费送你一份价值299 元的"可复制的文案变现电子手册"。类似的福利还可以是爆款模板、爆款案例、爆款标题、课程笔记等。

不管你送服务，还是送福利，一定要记得把它的价值展示出来，这样才能让对方觉得不能错过，要马上联系你。比如，送你价值399 元的咨询；送你价值999 元的课程笔记；送你一套价值 × × 元的爆款模板等。

好的自我介绍不是写出来的，是一步一步做出来的。每取得一个小成绩，就迭代一次自我介绍，你也会变得越来越厉害。这里给大家看一下兔妈最早的自我介绍：

嗨，我是兔妈。8 年文案营销人（权威＋身份），连续两届"老关营销圈"营销之星（权威），自由撰稿人（身份）。擅长：爆文拆解、产品卖货文案、卖货文案诊断升级、朋友圈打造（能提供的价值）。

朋友圈每天更新 2～5 条文案写作心得和好的案例，相信对你学习文案有一些启发。如果你在文案／营销方面有任何困惑，我也愿意抽出时间帮你（联系你的理由）。

大家不要有心理负担，勇敢、大胆地迈出第一步。做了才会有成绩，才能让你的自我介绍越来越出彩。

5.2 快速获客：
怎么找到有文案需求的客户？方法都在这里了

"怎么找到有文案需求的客户？"这是想要文案变现的人最感兴趣的话题，也是我被问到最多的问题。很多人觉得找客户就像大海捞针一样难。其实，这都是有方法和步骤可循的。

快速获客的第一步：明确你的目标人群是谁

很多人找不到客户的一个主要原因是，自己不清楚客户是谁。如果你都不清楚谁是你的客户，即便客户和你相遇，你也会错过。

分享两位学员的真实经历。在爆款文案训练营第三期，学员霸王花发来报喜消息，说她终于接到了第一位文案客户。其他人让她分享经验，她说："也没啥经验，这位客户就是训练营的同学，可能她觉得我挺努力所以来找我"。她说完过一会儿，另一位学员就私信我："我以为训练营里都是学文案的人，不知道还有客户。谁是客户啊，能不能给我说说。"当时我有点哭笑不得，便回复他："每期都有客户，不过我也不知道是谁，需要你自己去发现"。他没有再回我，我猜他一定觉得，我是故意不告诉他。

这两位同学最大的差别是什么？不是文案能力不同，而是前者知道目标客户是谁，清楚他们的特征、需求，他们可能会出现在哪里，后者却不知道。

写文案时，我们第一步要做的就是分析产品的目标用户是谁，找客户也是一样的。那么，有文案需求的客户都有哪些特征呢？最显著的就是以下3点：

第一，职业特征。主要集中在互联网、传统电商、社交电商、新媒体等领域。举个例子，如果对方提到自己是做公众号、短视频的，你就要打起精神，因为他们在推广产品时，肯定需要卖货文案，甚至正在寻找好的卖货文案写手。

第二，职位特征。文案的作用是提升产品销量、转化，所以你要思考哪些人对公司产品的销量转化更关注，或者是对产品销量转化直接负责的，这样更容易找到项目负责人。比如创始人、产品经理、市场负责人、新媒体负责人、运营负责人、内容总监等，这些人对提升产品销量和转化很关注，也有权确定与谁合作。

第三，行为特征。互联网电商行业有一个最大的特点，就是变化快。为了跟上变化，其从业人员有一个共同的行为特征：非常注重自身的学习和提升。

你可以根据这些特征，对他们进行具体的角色设定：大林，29岁，企业新媒体负责人，非常关注产品转化，每天盯着数据报表，计算广告投放产出比，为了及时掌握行业最新玩法，下班喜欢泡在各种行业学习社群。

这样你就很清楚，谁需要文案，谁是你的目标客户。接下来，我们就要找到他们。去哪找他们呢？其实，大多时候，你要的客户，都已经在别人的"鱼塘"里了，你不需要一个个辛苦去寻找，只要筛选出这些现成的"鱼塘"，就能找到一大批潜在客户。

快速获客的第二步：筛选出他所在的"鱼塘"

在分析客户特征时，我们提到一点"他们非常注重自身的学习和提升"。所以，他们可能会出现在各种各样的学习社群中。具体是什么样的学习社群呢？根据他们的职位特征，可能有以下几种：文案学习社群、新媒体营销社群、电商交流社群、产品营销社群、新媒体运营社群、内容营销社群、创始人交流社群等。你还可以根据时下的热门渠道对新媒体进行细分，比如，小红书营销社群、知乎营销社群、抖音营销社群等。

确定了潜在客户所在的"鱼塘"，我们怎么才能快速找到这些社群呢？有以下几种方法：

1. 通过微信直接搜索

在微信搜索"主题 + 微信群"。比如文案微信群、新媒体营销群、小红书营销微信群等。这样就能精准搜索到很多近期发布的文章，再通过文章中的提示，找到入群方法。

2. 通过学习平台搜索

你可以通过当下比较火的知识学习平台，比如喜马拉雅、千聊、荔枝微课、腾讯课堂、网易云课堂等直接搜索相关领域的课程。需要注意，要选择那些有交流群的课程加入，否则，即便有潜在客户，你也接触不到。

3. 买当下比较畅销的书

你可以去当当搜索当下比较畅销的书，比如，关于文案的、新媒体营销的、社群的、短视频的书籍等。把这些书买回来，这样你就可以通过这本书联系到作者本人及其公众号大多数作者都会开设读者交流群，或者专门的课程学习群。

比如，2018 年我买了关健明老师的《爆款文案》，通过这本书找到他本人，之后又付费进入他的营销社群，在这里找到了很多精准客户。2019年我买了施有朋老师的《轻创业》，通过这本书找到他的公众号和个人微信，之后又付费进入他的课程学习群，在这里也找到了很多精准客户。

4. 找身边的达人推荐

先找到你身边的学习达人，主动去问他：你最近还学了什么课程？加了哪些学习社群？哪些社群气氛比较好？这时候，他会给你推荐几个，你再根据目标客户的特征来判断哪些是有效的，并选择加入。

另外，他给你推荐了 A 群，你加入 A 群后，还要观察在 A 群里，哪些同学比较活跃、热爱分享，你再加那些同学，问他们参加了什么课程和社群，他们又会给你推荐一些群。如此反复，你可以找到很多有价值的群。然后，再根据目标客户的 3 个特征来验证判断，哪个社群更符合、更优质，选择加入即可。

在这个过程中，要注意两点：第一，千万不要一上来就加很多群，这样你会精力不足，不会收获太好的效果。你要筛选出与客户特征最符合，社群成员最优质、最活跃，而且成本又是自己可以承受的 2~3 个社群。第二，你要评估这些社群。如果在 A 群找到了一个客户，在 B 群找到了10 个客户，显然 B 群更好。接下来，你要做的就是在 B 群投入更多的精力和时间，筛选更多与 B 群相似的同类社群。

找到了潜在客户所在的社群，就一定能成功联系到客户吗？答案是不一定。就像你来到了鱼塘边，鱼塘里有很多鱼，但你只站在旁边看，却不抛鱼钩或者不懂钓鱼的方法。那么，你依然会一无所获。所以，接下来的重点就是思考怎么把鱼钓上来。

快速获客的第三步：思考如何与他达成合作

和潜在客户达成合作，是我们的终极目标。具体应该如何做呢？有 3 个方法：

1. 初来乍到抛钩子

就像你刚来到池塘，你并不知道哪里有鱼，这时候你只要抛出鱼饵，鱼就会主动浮出水面咬鱼钩了。找客户也是一样的道理，你刚进入一个新社群，不知道谁是需要文案的商家，这时候你就可以先抛出"鱼饵"。

怎么抛呢？还记得我们上一节提到的自我介绍吗？最后一个元素是"与我合作的理由"，这个理由就是你的"鱼饵"。你可以思考一下，商家会对什么感兴趣？我常用的就是爆款文案企业内训的课件。做完自我介绍后，我会说："如果你想了解打造爆款的详细操作步骤，我可以给你分享一份我给企业培训的内部课件。这份课件汇总了我一年帮商家卖货一亿多元的经验，相信一定能帮到你。"

除此之外，你也可以总结一份行业爆款案例集、爆款标题模板等。需要注意的是，你送的这项福利，不仅是潜在客户感兴趣的，最好还是和你的个人成绩有关的。这样就像是和其他学员交流成功经验，不会显得太刻意。另外，不管你抛的是什么钩子，都要把价值塑造到位。

2. 学习期间勤发声

这里分享一下社群罗公子的故事。2018 年刚开始做知识星球时，我会在当天的干货帖子下留一些思考作业，但有时候比较忙，对于学员的作业和问题不能在第一时间给予点评和解答，罗公子就会结合自己的经验给小伙伴提一些建议。

这样做有什么好处呢？可以让大家见识到你的实力。所以，千万不要做一个默默学习者，而要做一个多助人、勤发声的人。遇到有人提出一些和文案营销有关的问题，你要主动帮其答疑解惑。当潜在客户看到你的专业性，就会主动来联系你。

3. 做出成绩多报喜

当你学习完课程或者做出一点小成绩时（比如，新写的文案打开率提升了 1.5 倍、帮客户写的视频脚本上了小热门、帮客户优化的产品话术提升了 1 倍的转化率等），都要第一时间在社群里报喜。报喜是为了突出你做得还不错。看到你做得不错，那些对文案有需求的客户才会更愿意找你合作。

就像开头提到的训练营学员 @ 霸王花，她是文案新手，在学习期间非常努力，写的作业多次被评为优秀作业，并作为优秀学员给大家分享了自己的学习心得，所以客户才会把单子给她。

与客户建立合作是一个由浅入深的过程，可能第一次你展示了自己没有人主动联系你，但第二次你帮他答疑解惑，第三次你分享了看到的爆款案例，第四次你分享了自己的成绩，客户或许就认可你了，会主动找你合作。

只要你掌握正确的方法，有耐心、能坚持，就能收获源源不断的客户资源。

5.3 建立信任：
没经验、没案例，客户不信任怎么办？

通过上一节的方法，找到有文案需求的客户并不难。但对文案新手来说，可能你上一秒还在为找到第一位客户感到兴奋不已，下一秒就被客户提出的问题"你写过哪些成功的案例，发给我先看看"搞得不知所措。这是很多文案新手接单时都会遇到的问题。

那怎么才能解决这个"没经验、没案例客户不愿意合作，客户不愿意合作就没经验、没案例"的难题呢？想找到解决方案并不难，我们还是要从客户出发，这也是我们前面反复强调的用户思维。你要思考一下，客户真正关注、真正在乎的是什么？其实，对客户来说，找谁写文案都可以，他关注的问题只有一个：文案能不能提升产品转化。

对于一个完全陌生的人，他不了解你的情况，怎么判断你能不能把文案写好呢？最简单的标准就是看你有没有写过同类型的文案，也就是所谓的成功案例。如果没有成功案例，他就要承担更高的风险，而人们是不愿意承担风险的。风险主要有哪些呢？第一，你的专业水平不行，写的文案不合格；第二，写的文案不能用，白白浪费钱；第三，写的文案问题太多，耽误推广时间。

明白了这一点，解决这个问题就容易多了。我们要做的就是"先认同，再化解"，就是先对他的担忧表示理解，再主动给出解决方案，打消他的顾虑。具体可以从以下两个方面来打动客户：

专业上，拿出事实突显实力

在突显专业实力时，你要给他一系列事实证据，让他相信尽管还没有成功案例，但你的专业实力还是很靠谱的。

我的私教徒弟 @ 谦奈儿，她大学毕业就做了行政专员，一干就是六年，随着年纪越来越大，她意识到这个岗位没有任何职场竞争力，危机感越来越强。于是，在好朋友的推荐下来找我学文案。系统学习了半年，她就辞掉了行政专员的工作，计划找一份产品文案的工作，但因为大学毕业一直做行政，没有任何文案工作的经验，迟迟不敢迈出第一步。了解到她的顾虑后，我辅导她打磨了一份简历，让她在简历中附上不同产品文案的要点总结，还让她挑选出几段文案，附上自己优化前后的文案对比。一个星期后，我收到了她的报喜，她找到一份产品文案的工作，工资比原来做行政专员时翻了一倍。

没有成功案例并不可怕，但是你要摆出一系列事实证据，向客户证明你是专业的。兔妈教给你三个方法：

1. 抖干货，塑造专业形象

就像上面提到的私教徒弟 @ 谦奈儿，她在简历中附上不同产品文案的要点总结，这些干货就能体现出她在文案上很专业。

同样，你可以针对客户的这款产品，罗列出文案的创作要点和注意事项；还可以通过简单调研，了解市面上同类竞品有哪些？分别是怎样的？产品的目标人群有什么样的需求和痛点？选择投放渠道时要注意哪些问题等。这些内容都可以帮你塑造专业形象，让客户觉得你对卖货文案是有研究的，对产品的分析也很透彻。

2. 准备好一份实验作品

所谓实验作品，就是你自己模拟练习的作品，也是我们前面提到的实操作品。可以是你独立完成的一篇完整的产品文案，比如你在淘宝上买了一款洗面奶，就针对这款洗面奶写一篇文案；也可以是一篇优化文案，选一篇你觉得有改进空间的推文，然后重新优化一遍，把原文案和优化后的文案一起发给客户，好坏一目了然；还可以是一篇深度拆解文，找一篇当下比较火的爆款案例，对其进行深度拆解；还可以是针对某类产品总结的干货文章。

我刚开始接稿时，有个做美妆产品的客户找我，开始也要看护肤品的相关案例，但当时我没有美妆文案的案例，客户犹豫要不要和我合作时，我就对当时非常火的洗面奶爆文做了深度拆解，并把拆解的文章发给他，他看过后就直接决定要合作。

其实，客户问你有没有案例，只是因为不信任，他需要你让他确信选择你不会错。所以，就算你没有案例，没有成绩，只要用心打磨一份实验作品，让客户知道你是专业的，同样可以打动客户。

3. 态度上，给出承诺突显诚意

除了对专业的怀疑，客户还会担心你写的文案让人不满意怎么办，会不会耽误推广时间。对此，我们也要主动给出解决方案，并突显自己的诚意。

你可以说："是的，我的确还没有商业案例，但正因为我是新手，我更注重第一次合作，我会把全部精力放在这个产品上。现在市面上一篇产品文案的价格普遍在 1000 元左右，我愿意花 2 倍以上的精力，收费也只有市面价格的 1/5。刚刚给您发的作品，也能展示出我的专业度。而且我愿意用接下来的几天时间去打磨、优化这篇文案，完成提升产品转化率的目标。另外，我会提前 3 天提交初稿，这样可以留出充足的改稿时间，也不会耽误您的推广计划。"

161

客户看到你的专业性和提前预留出的改稿时间，收费又低，还这么有诚意，基本上都会愿意与你合作。

需要注意，第一次文案接单的时候，你可以报个比较低的价格，但千万不要免费。免费的结果就是：你写完的文案，客户压根不重视。这就导致你得不到有效反馈，不知道自己的问题在哪里，不知道如何提升，甚至还会降低你的自我效能感。就算客户下次有文案需求，大概率也不会找你。一定要收费，只有收费才能让你真正迈出文案变现的第一步。

5.4 谈判成交：和客户怎么聊，他才会爽快付定金？

第一次接单时，只要做到上一节讲到的几个要点，让客户付定金并不难。但在平时接单的过程中，很多人经常会遇到这样的尴尬情况：客户上来直接问，你是专门写产品文案的人吗？写一篇文案多少钱？如果你不报价格，你不知道说什么。一旦报了价格，又往往没了下文。这也是让很多文案人苦恼的事情，明明客户就在眼前，却只能眼睁睁地看着让他溜走。

怎么和客户聊，才能在谈判中占据主动性，让客户愿意与你合作，并让他爽快付定金呢？下面教你"四步成交法"。在正式讲"四步成交法"之前，先送你两句话：关系不到，价格不报；时机未到，价格不报。

"关系不到，价格不报"，是指在你与客户还没有建立信任关系的时候，还没有真正地挖掘到客户的真实需求的时候，客户问你一篇文案要多少钱，不见得是想和你合作，这时候不要轻易报价。

"时机未到，价格不报"，是指你应在了解客户真实需求，有了一定的互信基础，并且能大致确定客户会与你合作的情况下报价。

那怎么挖掘用户的真实需求，快速建立信任，并促成合作呢？下面我们来详细介绍"四步成交法"。

第一步：提问题，挖需求。

问题是需求的前身，客户本身是没有需求的，需求都是因问题而起的。在跟客户沟通的过程中，需要找到他的问题，问题即痛点。我们要了解的主要问题有以下几类：

1）文案类型。不同类型的文案，难易程度、创作要点、所需时间都不同，你首先要清楚对方需要的是什么类型的文案，是公众号推文、短视频脚本、详情页文案、信息流推广页，还是项目招商引流文案或者其他类型。

2）产品信息。比如，产品是什么？产品的最大亮点是什么？和其他同类产品相比有哪些优势？产品主要能解决什么问题等。

提问题是为了服务我们，而非客户。所以，连续问太多问题会让客户有压力，甚至把客户吓跑，怎么办？在提问的时候要遵循 3 个原则：① 不要一次抛出太多问题，一次只问一个问题；② 提问不要太生硬，要学会引导性提问；③ 等客户回答完之后，一定要先认同，再问下一个问题。

第二步：放大痛点，激发欲望。

很多时候，客户问你写一篇文案多少钱，可能只是先了解一下，并没有真正下决心付费找人写文案。我们要引导谈话，进一步激发客户的欲望。

怎么做呢？有两个方法：

1）放大不重视文案的严重后果。一般来说，客户不重视文案有两种

163

情况：第一种，产品的主要销售渠道是传统渠道。客户处于想转型，却又不着急的状态。遇到这种情况，你就要放大不转型的严重后果。

客户不重视文案的第二种情况是，自己有现成的文案可用，但是想寻找新的合作者，提升文案转化。不过有文案可用，所以也不是太着急。遇到这种情况下，你就要放大不及时优化文案的严重后果，让他重视这个问题。

2）描述文案助力突破销量瓶颈的场景。与戳痛点对应的策略是描述一篇好文案为产品销量带来的提升，对理想情景的渴望也能刺激客户快速做出合作的决定。比如，一篇好文案可以通过详细的文字介绍、gif 动图，更全面地展示产品优势，也更容易让用户心动下单，更重要的是，它的效率非常高。如果前期测试转化不错，也可以尝试投放广告。原来有个客户，做传统生意失败开始转型线上，我们花了半个月打磨了一篇文案，投了某大号的头条广告，一晚上助力产品销售额达几十万元。

描述的时候要结合客户的实际情况和你的个人实力进行合理承诺，尤其注意不要用绝对性的描述。

第三步：开新药方。

就像我们去医院看病，医生会问你是不是这里不舒服、不舒服多久了，其他部位有没有不舒服等问题。当医生问你这些问题时，实际上你已经相信医生能帮你把这些问题解决，并给你有效的药方，也就是新的解决方案。

与客户谈判也是一样，当你知道客户需求后，就需要给客户新的解决方案，并让他相信，你的解决方案能帮他解决问题。具体怎么做呢？

你可以告诉用户写产品文案需要做哪些工作，具体的工作流程和步骤，以及可能需要客户配合的内容，让客户了解你的操作思路，他会觉得你很专业。

除此之外，你还要尽可能给客户提供更丰富的事例。比如你原来合作过的客户，合作多长时间，客户对你的评价和反馈，客户主动介绍来的新客户的情况，你给客户做的成功案例等。这些合作成功的事实，会让客户坚信与你合作是非常靠谱的选择。

第四步：化解顾虑 + 引导下单。

做完以上几个步骤，如果客户还没有给出明确的合作承诺，这时候不要急着报价，要去试探客户可能有的顾虑。

引导客户说出自己的顾虑，然后根据他的顾虑，给出专业的解决方案，这样他才可能做出合作的决定。

在客户明确合作后，很多人容易犯错：先干活，再收钱。但我的建议是一定要先收钱，再干活。至于单篇文案的收费标准因人而异。不过你在报价的时候，要注意以下 3 点：

1）巧用价格锚定。比如，你可以说：现在市面上一篇差不多的文案普遍是 2000 元以上。因为你是我的第一个客户或者是某某推荐的客户，特别给你一个福利价 800 元或者 1000 元。

2）量化服务价值。你的文案能帮客户提升多少业绩，这个结果受很多因素影响，客户也是能理解的。但你可以量化服务价值。我会做详细的用户画像分析，会梳理市面上竞品的情况，提炼产品超级卖点，做好产品定位，还会根据投放渠道定制不同的标题等。别人只是写一篇文案，我做的相当于产品全案。这样客户不仅觉得你很专业，而且还会感觉物超所值。

3）主动收取定金。客户确定合作之后，你就可以收定金了。你可以说：付完定金，我会在 1 天内，提供文案的框架初稿。

165

总之，想在谈判中占据主动权，不被客户牵着鼻子走，就要好好使用"四步成交法"。

5.5 合作对接：
写稿前沟通好这 4 个问题，一稿过不难

经过几个回合的谈判，终于拿下客户，但这才是开始。后面还有写稿、改稿等障碍等着你去跨越。尤其是改稿这事，就像一柄悬在文案工作者头顶的利剑。

改稿消耗精力和信心，更消耗文案人对文案的热情。

其实，想要文案"一稿过"并没有想象中那么难。很多时候，你写的文案之所以会出现反复修改，并不是因为你的文案写得不好，而是在开始写文案前，忽略了和客户的沟通，导致你写出来的文案"不是客户想要的"。

很多人确定合作之后，收到客户发来的产品资料，就开始动手写了。在培训教学过程中，我发现很多人并不是不重视写稿前的沟通，只是不知道怎么沟通。接下来，分享一下我的经验，写稿前必须与客户沟通的 4 个主要问题。

产品原有的文案

与客户沟通原有文案的问题，会强化你在客户心中的专业形象。更重要的是，它能给你提供一把辨别好坏的"标尺"。

首先，你可以通过原有文案了解关于这个产品的大致情况。判断原有文案中哪些内容是对的，是要继续保留的；哪些内容是不对的，是要调

整优化的，避免在同一个地方犯错误。

其次，你要就原有文案中的问题点，和客户进行沟通、交换意见，了解客户的真实想法和需求。这样不仅可以很好地塑造你在文案方面的专家形象，让客户更信任你，还可以根据客户反馈判断客户期待的文案是什么样的，更准确地把握行文方向。

当然，如果针对新产品，且之前没有写过任何文案，这项沟通内容就可以省略。

详细的产品资料

只有你对产品信息了解得足够详细，你才更容易写出好文案。但很多人对产品资料的认识是非常局限的，甚至客户自己。

确定合作之后，你让客户发一份产品资料，他可能就会给你发一个产品说明书的文档，上面只有产品成分、产品功效、产品适用人群等基础信息。如果你只知道有限的产品信息，你写的文案内容会非常空洞。怎么办？我们要主动引导客户提供产品资料。

常见的产品基础信息，包括：产品配方、产品成分、原料筛选、作用机理、生产工艺、生产成本、研发故事、研发实验、研发过程等。在了解这些基础信息时，你要学会多追问一句"为什么？"我曾经给一款花果茶写文案，和研发人聊天知道了他们的花果茶最大的特色就是工艺，他们采用了一种成本很高的技术，先把花中的精油萃取出来，烘干后再回喷到花茶上。当时我问他："为什么要这样做？"他说正常的花果茶晒干基本是没啥味道的，市面上传统的品牌为了香味浓郁就会喷香精。这个细节他们原本并没有重视，原来的文案也只是突出这个工艺的成本高。如果我不了解这些细节，肯定也会突出工艺成本很高。这样写文案就没有灵魂，也很难打动人。和客户聊天，让我挖到了很棒的素材，我就在新文案中把这

167

个细节凸显出来，获得了很好的效果。

很多时候，我们不能怪客户提供的产品资料不够丰富，只是因为他对营销不敏感，对卖货文案不了解，忽略了很多有用的细节，所以我们就要从专业角度，帮客户筛选出来有用的信息。但筛选的前提是，你收集了足够多关于产品的信息。

除了产品基础信息，我们还要了解第三方反馈的产品信息。比如，第三方机构的测评报告、专家组的测评实验、内测阶段的用户证言、用户案例等，这些都是很有说服力的证据。

产品样品

写文案前，你一定要先去体验一下产品。花一些时间体验、研究产品，可以让你更容易发现一些非常棒的场景和灵感。除此之外，还能让你对产品实际效果有个清晰的认知，准确分析产品和竞品的优缺点，找出差异化卖点，帮助你把卖货文案写得更加真实，更容易打动人。如果是实物产品，一定要让客户给你寄个样品，你自己先体验测评一下；如果是知识付费产品，则要让客户给你开通一个账号，你要把课程从第一节到最后一节都听一遍。和客户沟通寄样品不难，但问题是怎么正确做产品测评呢？

第一步，了解产品的品类。

我曾接了一个黄酒的文案推广，对从不喝酒的我来说，面对客户寄过来的一箱黄酒，我喝了两杯却没有任何感觉。客户说的手工酿造、糯米的甜香，我是感知不到的。怎么办？我只能先去了解黄酒这个品类，了解它的工艺、原料以及流传的故事等。

当我了解了这些内容，再倒一杯酒去品尝体验，就找到那种感觉了。所以，了解产品的品类，把自己培养成半个产品专家是第一步。

第二步，确定评测指标。

产品测评的核心是什么？并不仅仅是使用产品，而是找到产品区别于其他竞品的差异化卖点。想要找到产品区别于竞品的优势卖点，你就要确定评测指标。

还是说黄酒的案例，当时我就确定了两个评测指标：① 摇杯的时候，是否挂壁；② 将黄酒涂抹在手上，看干了之后是否粘手。

第三步，记录测评内容。

记录下测评的每一种感官体验，你看到的、听到的、闻到的、尝到的、触摸到的、感受到的……另外，还要记录下对其他竞品的测评体验。对比思考一下，用户更喜欢哪个点，它的优势在哪，并描述出获得的具体体验和好处。想要了解产品测评的详细操作步骤和完整测评表，可以参考阅读我的第一本书《爆款文案卖货指南》。

另外，如果产品比较特殊，没有办法体验，你也要根据产品测评的方法和步骤列出一张详细清单，让用户亲自体验后，帮你填写完整，以便你能更好地了解产品的真实情况。

文案的逻辑框架

如果客户有明确要求，我们要根据客户的要求，在相应时间内给他一份文字版的文案框架。如果客户没有明确的要求，我们也要根据上面获取的信息，结合自己的经验判断，理出文案的逻辑框架，并针对这个框架与客户进行沟通确认，这样就可以避免写完文案又被客户推翻重写的情况发生。

怎么梳理文案的逻辑框架呢？首先，你要明白文案的逻辑框架包含两方面：一是文案的逻辑方向，比如目标人群的痛点分析、产品的竞品分析等；二是文案的框架大纲。大纲主要包括：① 标题，初步应拟定 3~5 个文案标题；② 开场思路，是痛点开场还是故事开场，以及要用到什么素材等；③ 从开场如何过渡到产品的思路是什么，过渡到产品后如何罗列产品卖点、承诺利益，才能更好地激发用户购买欲望；④ 赢得信任部分，会用到哪些证据、素材；⑤ 文案收尾部分，会用到哪些方法和策略等。

写完这些内容只是完成了一半，还有重要的一半是与客户确认沟通。你不仅自己要想明白文案的逻辑框架，还要给客户讲明白。最好的沟通方式就是打电话。这样就能确保大方向不会出错。即便交稿后文案内容有调整，也只是细节上的调整。

最后兔妈再强调一点，很多"一稿过"并不是真正的一稿过，而是在交稿前已经反复打磨了很多遍。所以写完稿子后，你一定要养成自检的好习惯，提前做到查漏补缺，才能在客户那里"一稿过"。

170

5.6 持续获客：
2 个小心机，4 个方法，接单接到手软

用前面讲的方法，你成功接到了第一个订单、第二个订单……并顺利交稿。但还没开心太久，你可能又会陷入新的焦虑：怎样才能保证客户源源不断？

想要客户源源不断，有两种方法最靠谱也最持久：第一种是持续进行获客、谈判、成交的动作，日日不断。第二种是维护和服务好现有的客户，让他持续给你新订单，甚至主动给你转介绍新客户。

事实上，不管是对于传统销售，还是文案接单，老客户的维护都是非常重要的工作。一个满意的老客户可以带来 5 个潜在客户，但这却是90% 的文案工作者会忽略的工作。

提到老客户维护，很多人都有一个误区，以为只有送礼、请吃饭才算维护，这也是传统销售常用的方法，但显然并不适合我们。那怎么维护老客户，才能起到事半功倍的效果呢？下面分享我的经验，按照这套方法去做，你也能不缺客户。

在正式告诉你方法之前，我们一定要先明确两个前提。

1）你的专业实力足够强。如果你写的卖货文案很糟糕，客户对你写的文案不满意，对你的服务态度也不满意，那你花 100 分的心思去维护客户也没有意义。这也是我反复强调的，一定要先修炼好自己的文案基本功。

2）你提供的服务一定要比客户预期好一点。服务好一点、用心一点、积极一点，多站在客户角度替他考虑。和拥有同样水平的文案写手相比，让客户觉得和你合作更省心，更超值。

做到了这两个前提，在平时怎么维护客户呢？有两个小心机，这也是维护客户的总原则：

第一，让客户多看到你、想到你。只有客户多看到你，你在他大脑中的印象标签才会越来越深刻，出了新产品要写文案的时候，他才能第一时间想起你。如何让客户多看到你呢？你可以通过持续打造朋友圈的方式，这样就有更多机会让客户看到你。

第二，让客户对你的专业价值了解更多一点。当你一遍又一遍告诉客户"我是专业的"，就相当于在客户大脑中植入一个"心锚"，客户觉得你很专业，找你合作很放心。

那要如何去做呢？围绕这两个总原则，给你分享 4 个具体的操作方法。

1.方法一：星标 + 点赞

很多人只有在没单子的时候才会想到维护客户，给客户发个红包、送个礼物，再和客户聊聊天。但客户都是身经百战的人，这样做只会给他留下"爱耍小聪明"的印象，效果不好。

正确关心客户 = 日常关心客户。你要把合作过的客户设置为星标好友，时不时关注客户的动态，翻翻他的朋友圈，点赞、留言，互动一下。这样一方面能体现出你对客户的关心，让他觉得你很重视他，另一方面可以让客户能经常看到你。有文案单子的时候，客户才会第一时间想到你。

2.方法二：多提供价值利益

写卖货文案，我们要根据用户的情况"投其所好"。维护客户也是一样。很多人会绞尽脑汁想给客户送什么礼物，但对客户真正有价值的内容并不是礼物，而是"商业机密"。

什么是"商业机密"呢？其包含两个方面：

1）在拆解文案时，你发现一篇对客户有帮助的爆文，拆解之后可以发给他。这样做不仅可以让他看到你的专业实力，还能让他感受到你的贴心和诚意。

2）当你做出新案例时，可以主动把这个好消息告诉客户。这样做不仅让他有更多机会看到你，还能让他对你的专业价值有全新的了解。

3.方法三：邀请客户做嘉宾

每个人都渴望被重视，所以你要多凸显客户的尊贵和优越感，让客户觉得他是非常受重视的。怎么做呢？最简单的方法就是：邀请客户做嘉宾。比如，你做了一个卖货文案社群，就可以邀请他当嘉宾。目的就是制造更多机会让他看到你，让他对你的专业价值有更多的了解。

我在做知识星球时，给所有合作客户都送了一张知识星球嘉宾的门票。有客户提出想让他们公司新来的文案人员一起进星球学习，我也会免费送一张星球的门票。这样他可以免费学习我的干货知识，更重要的是，了解我的最新动态，了解我的专业价值。

可能很多人会担心，客户公司的文案人员免费来学习，学会了自己的方法，还会找自己写文案吗？完全不用担心。因为他是来学习的，你就是老师，遇到棘手的难题他还是会想到你。而且他天天学习你的干货文章，时间长了他就知道你在写卖货文案方面是专业的、靠谱的，找你合作是放心的。如果你已经搭建了自己的社群或者微信学习群，一定要免费送给客户一张门票。如果你暂时还没有搭建自己的卖货文案社群，你可以从发布在公众号、简书的干货文章中挑选出对客户有价值的，对客户的业务有帮助的，专门发给他。站在对方的角度，讲清楚这篇文章能帮他解决的问题，给他带来的价值利益。

4. 方法四：敢于主动求助

有一个著名的实验是，在上门推销产品的时候，让主人先给你倒一杯水，成交率反而会更高。维护客户，也是一样的道理。

你给他写的文案，他很满意。平时你又很关注他，又时刻给他提供价值利益，你们的关系就会越来越好。这些细节为你塑造了一种"实力和人品都很靠谱"的形象，这时候你就要在合适的时机，敢于求助客户，让他帮你转介绍。

那么，在什么时候求助客户比较好呢？求助的时候又有哪些注意事项呢？有两个关键点：

1. 第一个关键点：你必须克服 3 个障碍

要克服的第一个障碍是：不好意思麻烦客户。我们一定要转变观念，让客户帮忙转介绍。这不是在乞求，而是在帮客户解决问题。你可以想象一下，如果客户的朋友正需要文案写手，那么他推荐一个靠谱的写手，就是在帮朋友解决问题。你要正确认识自己的价值，以及给客户的朋友带来的价值。

要克服的第二个障碍是：不敢开口要求转介绍。只要前面的维护工作做到位，让客户认可你的人品和专业，你若敢开口，就会有 50% 的机会。

要克服的第三个障碍是：单篇文案涨价了，担心客户嫌贵不合作。随着接单越来越多，你的单篇稿酬可能也会涨价。所以，你可能会觉得原来的客户没必要维护了，因为稿酬涨价后与客户很难再合作。首先可以明确一点，价格不是影响合作的关键因素，因为客户关注更多的还是文案效果。这也是为什么一定要让客户对你的专业价值有更多了解的原因。当他了解你的实力在一点点变强，现在的你更专业，提供的价值更高，涨价也是理所当然的。只要价值塑造到位了，话语权就在你手里。

174

2. 第二个关键点：牢记让客户转介绍的 3 个最佳时机

让客户转介绍是要看准时机的，在恰当的时机提出请求，成功率会更高。有 3 个最佳时机：

（1）当客户与你达成合作，而且你给了他一些特殊优惠的时候。

（2）你额外给客户提供了一些帮助，客户对此表示感谢或赞赏的时候。

（3）你的文案和服务得到了客户认可的时候。

遇到以上三种情况，你就可以向客户提出"转介绍"的请求。老客户的维护和转介绍是成本最低，却能产生最好效果的方法。我有 70% 的客户都是合作 3 次以上的老客户。他们不仅会在需要写文案的时候主动找我合作，还会主动帮我转介绍新客户。这也是我的订单源源不断的秘密武器。

第 6 章

用文案打造个人 IP，内容创业的 10 个实操步骤

6.1 打破卡点：
打造个人IP，90%人都会遇到这一障碍

先问你一个问题：什么东西最值钱？

相信每个人都有不同的答案。对于职场妈妈来说，时间很值钱；对于缺少客户资源的人来说，客户资源最值钱。或许还有人认为人脉最值钱、技能最值钱……

而我认为，品牌最值钱。同样是护肤品，贴上"雅诗兰黛"的标志，价格立马上涨10倍不止。同样是牛皮做的包，贴上路易威登、爱马仕的标志，价格立马上涨了100倍不止。而对于个人来说，打造个人品牌，就能让你把技能的价值无限放大，让你获得更多的客户和人脉资源，让你拥有更多机会。

拿文案变现来说，如果你是新手，没有个人品牌，可能写一篇文案收费500元或者1000元，客户都会嫌贵，要和你讨价还价。我最初写一篇文案只收200元，只能赚个辛苦钱。一个月只能写8~10篇，收入1000~2000元。但随着"兔妈"这两个字在卖货文案圈子里有了影响力之后，我写的单篇文案价格从200元涨到1000元、2000元、10000元、20000元，现在单篇文案收费5万元起，属于头部水平。个人品牌让我在

文案变现这条路上甩开了大多数的竞争对手。

只要你有自己的个人品牌，都能比大多数同行获得更多的机会、挣得更高的收入。

你可以把自己掌握的知识进行价值输出，通过打造个人 IP，吸引用户通过付费来获得知识，这也是所谓的"内容创业"。近几年，内容创业的主体越来越"平民化"，门槛也越来越低。只要你拥有一门手艺，或者在某个领域有深入、独到的见解和经验，都可以借助互联网平台输出自己的知识，打造个人 IP。

在抖音上，我看到一对普通的农村夫妇，他们原来是炸油条的，但现在教别人炸油条，通过传授炸油条的经验和方法，年收入百万元以上，是原来炸油条收入的 10 多倍。所以，打造个人 IP 并没有你想象中那么难，人人都可以做到。

说到打造个人 IP，我发现 90% 的人会进行自我心理设限。曾经有学员说："我太普通了，就是一个上班族，拥有的知识不够多，实力也不够强，而且身边有很多厉害的同行，在这样的情况下，我也能打造个人品牌吗？"

首先，你要明白一点，我们是要把自己的内容产品卖给客户，不是把内容产品卖给竞争对手。所以，竞争对手比你厉害，根本不是问题。其次，你要明白个人品牌的真正含义。很多人觉得个人品牌离自己很遥远。但我们把"个人品牌"解释得更通俗一点就是：有多少人知道你，有多少人愿意跟随你，为你付费。如果你写的文案，客户很满意，并且主动把你推荐给他的朋友。那么，你就有了个人品牌，这个客户就是在帮你传播你的品牌，而且有了他的传播，你的个人品牌也增值了。

我有一个学员是非常普通的上班族，在三线城市工作，月薪 4000 元。她通过科学饮食，从原来 170 斤瘦到了 108 斤。她不是专业的减肥教练，也不是营养学专家。当时她说想做一门减肥课程，但是她发现那些做得好的减肥教练都有权威的背书和头衔，甚至很多人还受电视台邀请录制过节目，她担心自己开设课程会被其他老师嘲笑，更担心没有人买课。

她就是给自己定了一个心理限制。我告诉她："你做的这个减肥课程，并不是要卖给那些更厉害的减肥教练和更厉害的营养学专家，而是要卖给那些一点科学饮食常识都不了解，又不想运动，还想瘦的人。你只需教给他们怎么吃，给他们分享你每餐吃什么，并给他们一些鼓励和监督，他们就能瘦下来。只要他们从中受益，你就帮到了他们。既然能帮助到别人，就一定会有人买单，你还有什么可担心的呢？如果有个人告诉你有不用运动，又不用饿肚子，通过科学饮食就能瘦下来的方法，而且还会在你身边监督你、鼓励你，让你减肥路上不孤单，你会不会心动？既然你会心动，就一定有像你一样的人，也会心动。"

打破了这个心理限制之后，她打磨了一套科学饮食瘦身的课程，通过图文的形式分享出来，一共有 40 节，定价 199 元。课程上线后，第一个月就卖出了 100 多份，收入 2 万多元，相当于她工作 5 个月的工资。

不管你做什么内容，你都可以把自己的经验分享给那些暂时还不如你的人。

不用担心自己太普通，担心自己的知识不够、实力不强，因为永远有比你水平高的人，也有比你水平低的人。当然，你不能永远停留在低水准，你要不断地精进。个人品牌不是从 0 到 1000，再到 10000 的，而是从 0 到 1、从 1 再到 N 的过程。它就像是滚雪球，越往后，雪球越大，动力越强，增长速度也会越来越快，使你越走越远，一路遇到的机会也越来越多。

人人都可以打造个人品牌，但并不是人人都能成功把个人品牌打造起来的。想要成功打造个人品牌，你需要具备以下 3 个条件：

（1）克服心理障碍。

（2）做好坚定执行的心理准备，毕竟个人品牌的建立需要日积月累。

（3）掌握打造个人品牌的操作方法。

如果你打破了心理设限，也做好了坚持到底的准备，接下来怎么做才能成功打造个人品牌呢？从下一节开始，我将分享成功打造头部 IP 的实操经验和方法。不管你在什么领域，这套方法都能帮你更快实现目标。

6.2 锁定赛道：
漏斗定位模型，从第一个粉丝开始变现

打造个人 IP、开展内容创业，面临的第一个关键问题就是确定你专攻的领域，即定位。

在此，我分享三个具体可操作的方法：

1. 看工作：延续自己的工作技能，打造独家优势

当你不知道做什么时，最简单的方法就是延续使用自己的工作技能。尤其是你已经在工作上拥有了一定从业经验的积累和解决问题的能力。

这种方式的好处是，你在工作中积累的实践经验就是你的竞争优势，别人无法轻易追赶上。即便你觉得原来的工作非常单调乏味，也没有让你获得太大的成长和进步，但你的经验是存在的。就像我，原来的工作就是文案策划，想要打造个人 IP，我的首选还是文案方向。

同样，如果你是一位新媒体从业人员，你可以延续使用这份工作技能，打造自己在新媒体领域的个人品牌。

2. 做拆分：拆出工作所需的细分技能，找到最强项

拆解自己的工作，看看自己都需要用到哪些技能，你可以找到多项技能中最强的那一项，然后把这一项作为自己的最大优势。

如果你是一名普通的行政人员，不满足于现有的收入水平，也不愿意一辈子做行政，想要打造个人品牌，又不知道专攻哪个点。这时候，你就先拆解自己的工作。先罗列一下，行政人员平时做得最多的事是什么？组织公司团建活动、采购日常办公用品等。在做这些事的过程中，需要用到哪些技能呢？沟通协调能力、撰写行政公文能力，还有统计数据常用的做 Excel 表格能力。你把这些技能一一拆解，发现自己的沟通协调能力很强，每次活动时人员配合度很高，那么沟通能力就是你的独特优势。

再如，你是一名新媒体小编，想打造自己的个人品牌，这时候你就可以对工作技能进行拆分，找出发力点。对于新媒体小编，平时需要做的工作包括找选题、写稿子、平台运营、做海报等。当你一一拆解这些技能后，发现自己写海报文案的能力很强，那么你前期就可以专攻海报文案。

3. 找反馈：看别人经常夸你什么，找出闪光点

可能有人会说，我不想做原来的工作，又没有觉得自己的某项细分技能很厉害，怎么办呢？其实，你可以换个角度，既然自己不清楚，那就从别人给你的反馈中找答案。

不管是谁，肯定都有过人之处，只是你自己还没有发现罢了。所以，你可以留意在工作中、学习中有哪些方面经常被领导夸奖、得到客户好评、被朋友欣赏。这个技能点就是你的优势所在。

我的私教学员 @孙雷，他每次听完课有个习惯，就是会把这一节课的知识要点做成一张思维导图，他用这个方法来复习和查找知识点，特别高效。而且他做出来的思维导图特别好看，逻辑也很清晰。有一次，他把

做好的思维导图分享到学员交流群，很多人夸他做的思维导图好看，还有人问他用什么软件做的、怎么做的。甚至有好几位同学想要跟着他学习做思维导图。刚开始都被他婉拒了，理由有两个：一是自己太忙，抽不出时间教；二是他觉得也没有可教的，自己做思维导图的方法其实很简单。有一位同学很想学，也很有诚意，而且愿意支付可观的学费。当时我建议他答应下来，把自己做思维导图的方法录成课，并提供一对一辅导教学。他说："真没想到，做思维导图还能变现。以前，这些知识都在自己的脑袋里面，但没有总结成系统的方法论。这次总结出来，对自己而言也是一种能力的提升。"

通过以上 3 个方法，你可以轻松找到一个或者多个优势，这时候又会面临两个问题：第一，怎么能突出自己的与众不同，让自己更有竞争力呢？第二，这些优势都是从自我角度出发挖掘出来的，并没有考虑市场的需求，那做出的内容产品会不会有人买单呢？

先来解决第一个问题，怎么能突出自己的与众不同，让自己更有竞争力？解决这个问题要用到一个模型，我把它叫作定位漏斗模型，即通过层层缩小的过程，聚焦到一个更细分的领域。

举个例子，通过找反馈的方法，你留意到平时身边的亲朋好友都夸你很会穿搭，那你就可以把穿搭作为自己专攻的方向。但穿搭方面的专家有很多，如果你模仿这些专家，讲各种场合的穿搭，就很难突围。这时候，你就可以用定位漏斗模型，来锁定一个更细分的领域。首先，最顶层是穿搭，接下来我们根据性别把它的范围缩小，比如女性穿搭。然后再根据场合继续缩小范围，比如通勤穿搭、约会穿搭。再根据不同的身材特征缩小范围，比如胖妹妹通勤穿搭、小个子女生通勤穿搭。甚至你还可以再继续缩小范围，根据用到的装饰品，聚焦到饰品穿搭等。

越是细分的赛道，你就越容易做到头部。当你成为一个细分领域的知名人士，别人就无法和你竞争。我有一个朋友，非常擅长社群运营，但他只做教育培训行业的社群运营，收入要比做大众行业社群运营的人高出很多。

接下来，我们来解决第二个问题，当你通过以上方法找出两个以上优势时，怎么筛选出更有发展潜力、更容易变现的定位呢？如果你仔细观察过，你会发现有的人技能很强，也很努力，但收入却很少；但有的人看起来并不是特别努力，收入却更多。这是为什么呢？根本原因就在于筛选定位的能力。有的定位容易变现，有的定位变现则非常困难。那么，怎么找出那个更容易变现的定位呢？想解决这个问题也要用到一个模型，我把它叫作价值筛选模型。价值筛选是一个多维度评判的过程，由于篇幅有限，我们来重点说说其中最重要的两个维度：

1. 市场大

毫无疑问，市场大的领域更容易变现。那么，你怎么知道该市场是大还是小呢？这要看你对市场的认知了。就像上面提到的穿搭案例，通勤穿搭就比约会穿搭市场更大。判断标准是什么？首先，人群多少。上班族占比非常大。其次，频率高低。一周要工作5~6天，只有周末休息一两天，而且休息这天，也不是人人都会去约会的。

除此之外，你还可以根据身边朋友的反馈来判断，比如当你锁定穿搭这个领域时，你就可以去问身边的10个朋友，他们对穿搭会不会感兴趣。注意，你问的这10个朋友一定要是不同类型的人，如果你问的都是全职宝妈，她们平时基本都是在家带孩子，很少出门，可能对穿搭不太感兴趣，会影响你的判断。另外，你也可以多关注行业的调研报告。

2. 需求强

"现代营销学之父"菲利普·科特勒对营销的定义是：有盈利地满足

用户需求。你锁定的这个方向，研发的内容产品，就是要满足用户的需求。但用户需求有强弱之分，越是强需求的市场，越容易变现。

怎么判断用户需求的强弱呢？有一个最简单的方法，看你能否击中目标用户的痛点，以及这个痛点对他的生活影响是大还是小。对生活影响大，他就不得不解决。

举个例子，如果你通过以上三个方法，挖掘出自己的优势是学习力特别强。然后通过定位漏斗模型，细分出两个方向，分别是：帮孩子提升学习力和帮成人提升学习力。这两个方向哪个更容易变现呢？我们来分析一下，对成年人来说，他们已经有了工作，有了稳定的收入，尽管他们不满足于现状，但大部分人改变的动力并不是太强。不改变，对他们的生活也不会有太大的影响。但孩子则不同，每个家长都渴望自己的孩子学习好，能考出好成绩。如果孩子学习不好，家长就会焦虑、痛苦，批评孩子又担心孩子叛逆。总之，不解决这个问题对他们的生活影响很大。所以，你选择帮孩子提升学习力，会更容易变现。

定位的选择不是你想做什么就做什么，而是要挖掘自己的最大潜力，再通过定位漏斗模型和价值筛选模型，找出让你与众不同且最容易变现的那个点，然后专攻这一个点，持续学习，不断精进，把它做强、放大，成为你的个人品牌的发力点。

6.3 开发产品：
简单 4 步，普通人也能开发自己的产品

不管你最终选择了什么定位，想通过打造个人品牌实现变现，你至少要有一款自己的知识付费产品。

提到知识付费产品的开发，很多人张口就说：我可以讲某方面的知识，我就做一门 × × 课吧。结果花了几个月辛辛苦苦创作内容，课程上线后销量惨淡。开发知识付费产品是有方法和步骤可循的。在知识付费这个领域，我做过几个销量不错的课程、社群和训练营，这一节就分享一下我的一些心得和具体可落地的方法。

其实，开发一个知识付费产品不难，难的是如何打造出内容质量好、受用户欢迎的爆款产品。我总结了四个步骤。

1. 第一步：确定产品选题

在开发产品时，我们很容易陷入自我视角，习惯去想"我能讲什么"。这样开发出来的产品，往往不是用户需要的，这是典型的缺乏用户思维的表现。

正确方法是什么呢？转换视角，即站在用户立场去思考问题。这里有两个关键问题：第一，你要做谁的生意？你的知识、经验和技能，要服务哪些人？第二，你要帮他解决什么问题？这些人有什么样的痛点和需求？你要解决的问题是他们急需解决的吗？

文案领域有新媒体文案、品牌创意文案、活动策划文案、卖货文案等很多文案类型，而我只聚焦在卖货文案这一个细分领域。为什么？因为其他文案很难直接创造效益，这就是定选题。如果选题定错了，无论怎么卖力宣传推广，结果都不会太好。

有个学员是一家上市企业的财务总监，想通过打造个人 IP，把自己的财务经验打包成知识产品销售出去。花了 2 个多月时间，辛苦开发了一门"创业者如何科学做财务管理？"课程。她把自己 10 多年的经验都毫无保留地分享出去了，每一节课都是干货满满。但上线一个月，只卖出了 10 多份。她因此特别受打击，郁闷地说："我好歹也是有 10 多年工作经验的财务总监，卖课只收 100 多元，竟然没人买。"

事实上，并不是大家不识货，而是她定错了选题。首先，她选的目标人群是谁？创业者。创业者是一个小众群体，这就意味着需要这个课程的人本身就很少。而且即便是创业者，并不是人人都会看到她的课程。其次，她选择的问题是创业者急需解决的问题吗？显然不是。创业者想更好地生存下来，他们急需解决的问题是产品如何销售的问题，而不是财务管理。除此之外，很多创业者为了节省创业成本，大多都不会招聘专职的财务人员，更不会自己管理财务，而是托管给专门的财务公司。这就不难理解，为什么她精心设计的课程销量不好了。

在帮她指出问题之后，我建议她重新定选题。怎么定呢？还是从两个关键问题着手。首先，目标人群。你的选题要尽量覆盖更多的人群，这样才符合我们上一节讲的市场大这个原则。作为财务总监，能管理一家公司的账目，更能轻松管理一个小家庭，甚至是一个人的账目。所以，可以把目标用户定位成个人或者是家庭。这样就能覆盖更多的受众群体。其次，对于大多数个人和家庭而言，财务管理的最大痛点是不懂财务配比。这个问题会导致什么结果呢？辛辛苦苦工作一年，存不下来钱，买房、买车遥遥无期。所以，我提出两个选题方向：一是定位个人，"个人如何科学记账，轻松实现 3 倍财富增长"；二是定位家庭，"教你管好家庭账单，每年多省 10 万元"。事实证明，新课程的销量提升了近百倍。所以，毫不夸张地说，选题定生死。

2. 第二步：确定产品形式

知识付费产品的形式有很多种，除了上面提及的课程，还有一对一咨询产品、付费社群、训练营，甚至是多种产品的组合。所以，确定选题之后，你还要确定产品的形式。

185

不同产品形式，有不同的特点，交付难易程度也不同。

第一种形式，课程。它需要你有一套比较系统的知识体系，这对新手来说会有一定的门槛。它的好处是交付简单，只要把课程打磨好即可。

第二种形式，一对一咨询产品。它的逻辑比较简单，即用户付费向你咨询某个专业问题，你通过帮他解答问题来获得收益。这种形式的好处是交付简单，比较适合新手。我最早还不能输出系统的卖货文案课程时，就设计了一对一朋友圈咨询的产品，单次收费88元，帮用户诊断和梳理朋友圈的内容框架和方向。

第三种形式，付费社群。这种形式也比较适合新手，比如我刚开始做的知识星球就属于这种。不过，它的交付相对复杂，需要你懂得一些用户运营的方法。除此之外，还需要你有耐心和恒心。因为社群一般是按时间来收费的（比如一年收费多少，一季度收费多少），而且不同时期付费的用户，结束服务的时间不同，这就意味着你要永远提供服务，哪怕只有一个人付费，也要坚持下去。

第四种形式，训练营。训练营的好处是学员的学习效果比较好，容易产生更深层次的连接和好口碑，但它是比较重交付的，需要你在做课程的基础上，提供多项超值服务。比如，作业点评、实操练习、专题分享等。这很难由一个人完成，需要有团队来支撑。

以上是知识付费最常见的四种产品形式。那我们在开发产品时，应该怎么选择呢？你可以从以下两个维度来分析。

第一个维度是交付执行性。根据你所处的阶段、擅长的事情以及拥有的资源来考量。如果你想做课程，但你掌握的专业知识还不够系统，那你就很难做出好课程；如果你想做社群，但不擅长运营，也不知道如何调动别人来帮你运营，你可能就不太适合做社群产品；如果你很想做训练营，却没有团队帮你一起来完成，那么训练营就不太适合你。

第二个维度是内容差异性。与其他文案训练营不同，我的课程不会分享太多概念性的知识与工具，更多的分享是可落地的方法，并结合身边的小事帮学员真正理解某个知识点，还会有大量的实操练习，真正让学员掌握、会用。不管你选择什么形式，你的产品都要与市面上大多同类产品有差异。这也要求我们，在设计产品前，要调研市面上的同类产品。借鉴他们做得好的地方，并在此基础上进行创新。

3. 第三步：做好产品包装

根据产品的选题和形式打磨好内容，接下来要做的就是产品包装，主要包括产品主题命名、大纲包装、产品详情页、产品海报、产品文案等。其中，产品详情页、海报、产品文案可以参考第二章讲的方法。在这里，我们重点说一下产品主题的命名和大纲的包装。

比如，前文提到的财务总监的案例，她做的针对个人的课程主题是"个人如何科学记账，轻松实现 3 倍财富增长"。相比于最初针对创业者的主题，已经好很多了，但课程名称还可以再优化一下。比如，我们可以把课程名称优化为"上市企业财务总监教你：每天 10 分钟科学记账，一年省出 1 辆车"，是不是更吸引人呢？

我们来分析一下优化后的课程名称有何亮点。首先，"上市企业财务总监"，很好地体现了课程主讲人的专业度。财务管理是一件非常专业的事，而"上市企业财务总监"，通过上市企业的权威背书，强调了主讲人专业知识深厚、经验丰富，打消了用户的顾虑和担忧。其次，"每天 10 分钟"，告诉用户课程内容中的方法非常简单。对新手来说，只有简单、易学的东西，才能引起他的兴趣。最后，一年省出 1 辆车，既是学习课程后的收获，又能很好地激发用户的欲望，让用户联想到自己学完课程，一年就能买下一辆属于自己的车。尤其是想到每天上下班挤地铁、挤公交的痛苦，这个愿望就会更强烈，也更容易引导他购买课程。

除此之外，还有课程大纲。很多人在写大纲的时候，只是简单地把每节的知识点提炼出来。比如，手机摄影课的大纲是：手机创意合成修图、手机隐藏功能、手机修图基础、手机人像摄影技巧、手机构图方法等。这种方式确实把每节要讲的内容概括清楚了，但很难勾起人们学习的欲望。如果优化成"掌握 3 大元素，摄影小白变大神""学会构图，小区花园秒变马尔代夫""解锁隐藏功能，手机秒变万元单反"，就会更容易激发用户学习的兴趣。

怎么把主题和大纲包装得更吸引人呢？教你 2 个小技巧：① 直击用户痛点。比如，5 天懒人吃瘦训练营，就戳中了减肥人群不想运动又贪吃的痛点。② 突出卖点利益。比如，3 分钟徒手瘦脸术。突出操作简单，而且没风险。再如，有趣易懂的 Excel 课，突出课程不枯燥、易学的卖点。

4. 第四步：MVP 可行性测试

产品筹备完毕之后，终于可以上线销售了。在这一步，很多人会故意拖延打磨产品的时间，他们总担心"万一产品不行怎么办""是不是准备得不够充分""用户对产品不满意怎么办"……为了避免这种担心的发生，他们就会以"打磨产品"为借口，拖延产品上线时间，可能拖着拖着产品就夭折了。所以，我们要做的就是 MVP 可行性测试。

MVP 是指最简化可实行产品，它是《精益创业》里提到的一种低成本试错的方法，意思是先做出最简单的产品，然后进行销售测试。你可以先在一个小范围内测试产品。比如，先拉一个有几十人的微信群，在微信群里进行发售，看数据和用户反馈。然后根据测试结果，进行调整。

需要注意，MVP 测试不同于市场调研。MVP 测试是实打实的销售，只是小范围、小规模的，而市场调研只是意向询问。举个例子，如果你开发一门英语口语课程，计划定价 99 元，你问了 20 个人，估计有 18 个人都会说"挺好啊""可以啊"之类的话，让你备受鼓舞。可是，等你把产品做出来，可能只有两个人会买。为什么？因为大家的回答要么是客套话，要么纯粹是为了鼓励你，要么是出于面子不好意思打击你。所以，最合理的办法是 MVP 测试，让大家看到正式的产品资料、了解到正式的产品价格，这时候你收到的测试反馈，才是真实、有效的。而事实证明，只要你前面 3 个步骤都做到位了，MVP 测试的结果就不会太差。

以上就是开发知识产品的全部内容，可能有些同学觉得自己目前还无法独立开发产品。如果你未来确实想通过打造个人品牌，来销售自己的知识付费产品，除了以上方法，还有一个非常重要的点是，你需要花大量时间去参与、体验别人的产品。你若想做一个社群产品，就要多观察、体验别人的社群是如何运营的，为自己未来建立社群做好充分的准备。

189

6.4 产出内容：
5 种类型，新手也能产出受欢迎的内容

打磨好产品，怎么销售呢？想获得更好的销量，你首先要了解知识产品的特点。知识产品是虚拟的，不像实物产品那么具象，能直接感官体验，购买产品更多是基于用户对于主讲人本身的信任。而信任的积累要靠日积月累的内容输出，这就决定了打造个人 IP、实现内容创业一定要有长线思维，前期多付出、多利他、多分享，与用户形成良性互动，最后卖产品只是你长期免费输出内容的过程中收了一次门票而已。

为什么输出内容那么重要？

你不妨打开微信，看看公众号、小红书、抖音的关注列表，是不是

有几个号，你已经关注很久了，你对这几个账号有一种依赖，甚至你会期待它的每一次更新。而这些账号推荐的产品，你也更愿意购买。这一切都是因为你已经对这些账号非常信任，与之形成了情感连接。

这种信任与情感连接，就是内容生产者对目标受众产生的影响力。账号内容影响了目标受众的观念和思维，观念和思维上的改变就会反映到行动上。所以，一个拥有 10 万粉丝的穿搭博主，能轻轻松松把一件服装卖断货；一个拥有 5 万粉丝的美妆博主，也能轻松销售一款面膜或口红。这种影响力，都是因为内容而产生的，这就是为什么要持续输出内容的原因。

然而，对于不是写作高手的各领域专业人士来说，想要输出一篇有看点，且能达到预期效果的好内容，需要解决两个问题：第一，如何获得源源不断的题材？这些题材是如何使用户感兴趣的？第二，以什么样的形式呈现出来，可以更好地吸引用户看下去？

接下来，我结合自己的实践和教学经验分享在输出内容时，你可以参考借鉴的五种内容类型及结构特点。不管你在什么领域，这些方法都是通用的。

第一类：工具教程型

什么是工具教程型？就是把大家不知道的事情，用一个一个步骤讲解清楚，就像是一份美食教程，告诉你不同食材分别取量多少，先放什么，再放什么，火候控制在多少，烹饪多长时间，想做这道菜的人只需照着食谱做，就能做出差不多的美食。这种类型的内容可以直接拿来用，并能解决具体的问题，让人感觉收获很大，所以非常受欢迎。

那么，你就可以把自己所在领域的某个专业知识，用这种操作流程的方式写出来，甚至加上图文教学。告诉用户只要照着我的方法一步一步去执行，就能达到什么样的效果，你也可以在操作步骤中趁机补充一些知识原理，让用户觉得你很专业。

需要注意，每个步骤之间是递进关系，操作顺序不能变，如果变了就达不到这种效果了。就像在我的爆款卖货文案课中，我就把怎么打造爆款标题提炼总结为五个步骤：第一步：明确产品属性，提炼核心卖点；第二步：思考目标用户的需求和心理，以及与核心卖点关联的生活场景；第三步：直白化表达；第四步：选 2~3 个合适的模板套路；第五步：对模板排列组合，写出 3~5 个标题，并检查优化，投票测试。

再举个例子，如果想打造减肥领域的个人品牌，就可以针对"如何制作减脂食谱"总结一套具体的操作步骤。比如，第一步先算自己一天能吃多少，第二步算自己一天需要多少营养，第三步挑选合适的食材。这样就可以快速积累对减脂感兴趣的粉丝。如果具体操作了有效果，更能快速积累信任你个人品牌的铁粉。

除此之外，当用户看到你能把非常专业的知识变成简单易上手的工具教程，他就会认为你不是一个理论派的专家，而是一个有非常多实践操作经验的专家，跟着你能学到真正有用的东西。那么，当你销售知识产品时，他也会更愿意购买。

第二类：颠覆认知型

什么是颠覆认知型呢？简单概括这种类型内容的特点是：颠覆大家原有的认知，告诉大家完全不一样的真相，大家就会觉得学到了新东西，也会认可带来正确答案的你。

这种类型的内容不仅可以吸引用户看下去，而且当他被一种彻底颠覆的知识"点醒"后，他更容易做出改变，也更想要跟着你学习更系统的专业知识。

另外，这类内容还非常利于传播。因为每个人都不希望自己是"不知道事实真相"的人。如果我知道了真相，我也会想分享给身边的亲朋好友，一来让别人也知道，二来证明自己比别人先知道了。你可以盘点一下，在你的专业知识领域中，有没有普遍的认知误区？普遍的操作误区？你就可以把这些误区、误传，或是谣言当作你的素材，用你的专业知识证明这些是错误的，并讲出正确的知识。

比如，你想打造家庭教育领域的个人品牌，在与很多家长接触的过程中，你发现大多数人都认为孩子放学先完成作业，再尽情玩耍是非常好的学习方式。而事实上这种方式并不是最科学的。你就可以针对这一点来输出颠覆认知型的内容，证明孩子先玩再学，效果更好。需要注意，这种形式是要颠覆用户原有的认知的，所以在输出内容时，你要多借势权威、多引用数据、多阐述事实，目的是让内容更加严谨，而不是个人主观地讲道理。否则，就很难说服用户认同你。

第三类：热点借势型

什么是热点借势型？就是借势某个热点，来输出专业领域的知识。这种方式不仅可以让你的内容获得由热点带来的自然流量，还能让你找到源源不断的素材。因为热点是不断重复的，所以每隔一段时间你都可以用类似的主题再输出一篇新内容。而且社会上每天都会有许多不同的热点，这样你就可以找到很多新素材。若你掌握的专业知识是那种比较深奥难懂的知识时，比如理财、金融、营销等，这些知识很难引起用户的注意。如果用户连读都不愿意，你又怎么能通过你的专业内容去影响他们呢？而热点借势型就是一个很好的解决方式，用用户感兴趣的内容吸引他们的注意力，再结合热点使专业知识得到传播，进而对目标受众产生影响力。

我们可以用来借势的热点有 4 类：① 流行文化热点，比如热播剧、电影、综艺节目、流行歌曲等；② 社会新闻，比如新闻报道；③ 节庆热点，比如端午节、中秋节、春节、情人节等；④ 名人热点，比如明星、网红等。

举个例子，你要打造穿搭领域的个人品牌，就可以从 4 类热点中找到素材。比如，讲解热播剧、热播电影、综艺节目中主角和嘉宾的穿搭，来分析不同穿搭对形象的影响；讲解不同节日适合的旅游、聚会穿搭，还可以针对当下某个名人的穿搭进行解读。这些内容都可以很好地体现出你在穿搭领域的专业性。

不过，在借势热点时，一定要注意以下两点：① 选择的热点要与目标受众的需求吻合。比如，你要打造美妆领域的个人品牌，目标受众是年轻女性，那么如果你选择的热点是男性感兴趣的，就不太适合。所以，你要去了解目标受众，了解他们所关注的流行文化、新闻、节庆和名人可能是哪一类。② 要找到热点中与自己的专业知识关联的点，我称之为"连接点"。千万不要为了蹭热点而蹭热点。

第四类：信息清单型

什么是信息清单型？就是把你所在领域的知识，分门别类汇编整理成一份清单。这种内容形式的优点是，你不用把每个知识点都解释得非常清楚，也不用花很多力气去想怎么操作，怎么颠覆用户的原有认知，你只需花时间把这些方法整理出来。这种方式比较容易上手，非常适合初学者，更重要的是很受用户欢迎，它能让人一次学到大量的知识，有一种快速学习的满足感。

很多人会把这类内容与工具教程型混淆在一起。它们最大的区别是，工具教程型每个步骤之间是有先后顺序的，但信息清单型则是信息的简单汇总，是并列呈现的。

我们还以减肥的话题来举例，你可以输出"一周快速瘦 10 斤的 5 大方法"，详细罗列 5 种简单有效的瘦身方法，可以是运动方法，也可以是饮食方法等。当然不一定要 5 种方法，关键就是要把各种小方法汇集在一起，让用户一次学会。平时，你可以留意并搜集一些专业知识点。

第五类：案例解读型

什么是案例解读型？就是针对你所在专业领域的成功案例进行拆解总结，告诉用户案例中有哪些可以学习和借鉴的点，在实际操作时要注意什么，这些方法该如何应用。解读的案例可以是业内的知名案例，也可以是你自己的成功案例。

这种内容形式之所以能产生很好的效果，是因为案例本身就是信任背书。当用户看到案例展示，就会觉得这个方法是靠谱的、有效的。如果你解读的是业内的知名案例，不仅会让用户觉得你很专业，还可以获得案例带来的话题热度和自然流量。如果你解读的是自己的成功案例，可以让用户更信任你的实力。而且相比于干巴巴地讲专业知识，解读案例会更有趣、更容易吸引用户的注意力。

我在打造个人品牌时，输出最多的内容就是案例拆解。我不仅会拆解业内的爆款案例，还会复盘拆解自己帮客户操盘的爆款案例。在教学上，我也会拆解复盘学员跟我学习文案后的成功案例，他们在学习中做对了什么，有哪些经验是值得新人借鉴的。而且我把这个思路用于短视频上也依然有效。在我的抖音和小红书"兔妈教卖货文案"上，我会复盘拆解爆款带货视频的文案脚本，有什么亮点、脚本结构是什么，也会复盘粉丝不多、变现很多的爆款账号的起号思路和打法是什么、有哪些方面是值得借鉴的，还会复盘学员的成功案例。

以上就是打造个人品牌常用的五种内容类型和结构特点。你可以综合运用这些思路和方法，输出各种类型的内容，持续打造自己在粉丝中的影响力，建立与粉丝间的情感连接。只要粉丝喜欢你、认可你、信任你，你还担心产品卖不出去吗？

6.5 推广内容：
用好 3 个角色，让你的内容被更多人看到

在上一节，我们总结了打造个人 IP 常见的五种内容类型，从创作思路、选题反向，到案例分析，就算原本不熟悉写作的新手，也可以把自己的专业知识，写成一篇受用户欢迎的内容。然而，一篇好内容，并不一定就会广为流传。所以，完成内容创作后，我们还要思考另一个问题：怎么做才能让更多人看到这篇内容？

很多人往往是开通了公众号、头条号、抖音、小红书、视频号等自媒体账号，以为创作好内容点击发送就大功告成了，后来发现浏览量少得可怜。这不仅会阻碍个人品牌的打造，还会击溃我们的自信心。有些人坚持一段时间，看不到明显的起色，就停更了个人品牌打造之路就这样中断了，这是非常可惜的。

正确的方法是，我们要变被动为主动，利用正确的运营技巧，把已经创作出来的专业内容，尽可能让更多目标受众看到。当然，这并不是让你花钱去做推广，也不是让你把大把时间花在运营上。但是对于想打造个人 IP 的人来说，学会一些简单、有效的内容冷启动方法还是非常有必要的。

想让内容得到更广泛的传播，你首先要理解互联网新媒体内容的传播特点。区别于报纸、杂志等传统媒体，新媒体不是从稀缺的中心媒体一

层一层向下传播推广的，而是点状传播的。每一个可以上网的人，都具有强大的传播能力。那么，对于如此多的潜在用户，我们该怎么利用起来？又该从哪着手呢？其实很简单，我们只需找到内容传播过程中，那些重要的推广人。这些重要推广人，具有更强的传播力，可以帮我们快速完成内容的冷启动。如果你的内容足够优质，有了这些助推者的帮助，就可能成为爆款。

谁是重要的推广人呢？主要有以下三种：

连接者

我们要找的第一种人是连接者。什么样的人是连接者呢？他可能是某个社群的主理人，可能是某个社群的运营官，也可能是某个社群的明星人物，还可能是某个社团的团长等。他会建立一个社群，召集对某个话题感兴趣的人进群学习讨论；也会自主开展某项打卡活动，比如读书打卡，呼吁爱读书的人参与进来；甚至会告诉身边的人"周末，某老师要做一场专题分享，感兴趣的人可以去加入。"

这类人的特点就是人脉丰富，人缘很好，认识很多特定领域的相关人士。他可能不是某个领域最专业的人，但他有热情，更有行动力。不管是线上，还是线下，愿意主动把对某件事感兴趣的人或者同一个领域的人聚集在一起。所以，如果你能与连接者搞好关系，就可以通过连接者，轻松触及目标领域内的一群人。

那么，如果你已经完成一篇觉得还不错的内容，怎么利用连接者，让这篇内容获得更大的曝光呢？首先，你要找到相关领域的连接者们。去哪找到他们呢？有个最简单高效的方法，就是"混圈子"。具体有两个步骤：第一步，搜索你所在领域有哪些社群，筛选出高质量的社群加入。第二步，建立一份人脉清单。所谓人脉清单，就是你要添加的那些连接者。

你要先默默观察一阵子，看哪些人符合连接者的特征，然后把他添加进你的人脉清单里，并找一个最合适的机会与他搭上话，给他一个帮助你的理由。任何人都没有义务帮助你，所以你要思考他们可能有什么需求，先主动提供价值，满足他们的需求，表现出你的诚意，他们才会愿意帮助你。

赋能者

我们要找的第二种人是赋能者。什么样的人是赋能者呢？有两个典型特征：第一，他是你所在领域的专家、达人、关键意见领袖。第二，有着权威的身份、职位、头衔和口碑。区别于第一种连接者，专家可能不会有太广泛的人脉资源。那么，找这类人的意义是什么呢？帮你赋能。如果这个领域非常厉害的专家、达人能推荐你，就会有更多人知道你。而且有了他的权威背书，目标人群会觉得你的人品和专业实力是靠谱的，也会对你更加信任。

不过，并不是每一个专家都是我们要找的赋能者。可能有很多专家在专业领域有很深的造诣，也做出了很厉害的成绩，但在互联网上并没有影响力，也不太活跃，甚至还不太喜欢跟外界接触，这种人就不是我们要找的人。所以，赋能者还要具备第二个特征，就是在新媒体上要有足够大的影响力。同时具备这两个特征的人，才是我们要找的赋能者。

举个例子，如果你擅长社群运营，你想通过自己的运营经验来打造个人品牌，那么你就可以找已经在运营领域建立起个人品牌的运营专家。如果他能来帮你背书、帮你宣传，就能让更多目标人群认识你、了解你，并对你的内容产生信任感。

其实，赋能者就是已经通过持续不断地输出专业内容、分享自己独到的见解，成功打造出个人品牌的人。他们只是领先我们一步，建立起了自己的个人品牌，拥有了强大的影响力。需要注意，千万不要把他们当成你的竞争对手，而是要把他们当成老师，当成伯乐，当成学习的对象。

那么，怎么找到这些赋能者呢？你可以通过公众号、抖音、小红书、视频号、微博等联络上他。但这些专家、达人都很忙，他为什么要帮助你呢？

分享三个让专家愿意为你赋能的秘密招数：第一，付费。付费是最便捷的方法。你可以付费向他咨询问题，也可以付费加入他的学习社群。第二，传其美名。你要主动帮专家说好话，向新入群的人介绍专家做得好的一些细节。毕竟每个人都喜欢拥护自己、喜欢自己的人。就像很多优秀学员会主动帮我的视频点赞，并转发到朋友圈推荐给自己的朋友。当他们开始打造个人 IP 输出视频内容 @ 我时，我也会为其点赞，这样就能把他的内容推荐给我的粉丝。第三，成为案例。多向专家汇报自己取得的成绩，成为专家的明星案例。

激活者

大家都知道，在研发产品时，产品出来有第一批内测者，然后才会逐步推广给更多的人。内容推广也一样，你输出的内容就像是研发出来的一款新产品，想获得更多人的喜欢和传播，首先要获得第一批内测者的喜爱。第一批内测者就是我们要找的激活者。

他们没有连接者那么丰富的人脉资源，也没有赋能者那么强的影响力，甚至本身和你并不在同一个领域，但他们有一个非常重要的特色，就是特别认可你、喜欢你，而且有强烈的上进心，热衷学习新知识，并喜欢把学习感悟分享给其他人。他们就是你持续输出内容过程中积累起来的铁粉。他们是你的内容被更多人认识并被快速传播的重要节点。

我有一个学员，是某滋补品牌创始人。她的核心业务是给线下的滋补店供货，并教他们提升产品转化的方法和策略。因为她特别认可我，经常向合作的线下店老板推荐我的干货文章。我的新书出来时，她还团购了 200 本书，赠送给她的合作伙伴。还有一个学员，是某大学的广告学副教授，因为特别认可我，经常向她的学生推荐我的干货文章和书籍。她们所在领域是与我完全不同的，但在内容传播和个人品牌传播的过程中，也起到了非常重要的助推作用。这就是所谓的激活者。

那么，我们如何找到并调动激活者呢？首先，你要观察，看你发布的每期内容，第一时间浏览学习的人是谁，评论的人是谁，第一时间帮你纠错、给你提优化建议的人是谁。毫无疑问，他们都是真正爱你的铁粉，也是你要找的激活者。其次，你要把他们集结到一起，并给他们提供一些额外的价值，调动他们更积极地帮你推广内容。比如，你可以建立一个铁粉群，当你输出一篇内容后，先发在铁粉群里，让他们给你提建议。谁的建议被采用，就给予其相应的奖励。除此之外，你还可以发个小红包，让他们帮你点赞、转发或者评论。另外，你还可以不定期分享一些有价值的干货知识和总结的新经验，或者帮其解答疑问。

在营销中，有个著名的互惠原理，当你给别人一些小恩惠，别人就会更愿意回报你。所以，当你给到他们足够的价值、荣誉感、参与感，他们也会更愿意帮你推广内容。

以上就是在推广专业内容时起着关键作用的三个角色。这三种人脉资源需要你长期、逐步积累。

6.6 借力平台：
1+N 法则借力平台，百倍放大你的影响力

上一节讲到的三个角色，只能帮你实现第一波种子用户的积累。你想要使自己的内容获得更广泛的传播，影响力得到百倍的放大，一定要懂

得借力互联网平台。

正确方法是：先深耕一个核心平台，再遍地开花。这就是我提倡也是一直在实践的"1+N法则"。其中，1是深耕的核心平台，先集中全部精力和资源，把其中一个核心平台做好，并做出亮眼的成绩。N是遍地开花的矩阵平台，把核心平台的成功模式和经验，复制到其他平台，实现个人品牌的全面开花。

之所以这么做，有三个原因。

首先，每个人的时间和精力是有限的，而先做一个平台，就有利于将精力和资源集中一点，也更容易做起来，较快地打造出个人品牌影响力。

其次，先做透一个平台，打磨出一套"从知识输出到产品销售"的成熟变现闭环，也便于把成功经验快速复制到其他平台。如果一开始就全面开花，很可能出现所有平台都做错，都拿不到结果的情况。

最后，先在一个平台做出成绩，有了实力证明，更容易获得其他平台的资源，甚至还会得到平台的主动邀约。以我自己为例，我的视频号刚通过黄V认证，就收到了微博官方人员的邀请，让我入驻微博，并帮我直接开通微博原创博主认证，前几条视频还给了流量扶持。我的抖音号积累到一万粉丝的时候，也获得了快手春蕾计划作者的认证，并得到流量扶持。所以，你想打造个人IP，要做的第一件事就是深耕一个平台，先在这个平台做出成绩。具体怎么做呢？有两个核心步骤。

1. 第一步：4个维度，慎选深耕平台

既然深耕一个平台非常重要，那对于这个平台，应该怎么选呢？你可以从以下4个维度进行综合评估：

第一，根据你所属领域的目标人群特点和喜好。简单理解就是，你的目标人群在哪里，你就去哪里。如果你的目标人群主要集中在三四线城市的下沉市场，那么快手就比较适合你；如果你是做动漫的，那么 B 站就是你的首选；如果你讲的知识比较专业、有深度，那可能知乎、公众号更适合你。

第二，根据平台上涌现出同领域成功案例的多少。看哪个平台，出现更多与你同赛道的成功案例。如果某个平台有你所属领域的成功案例，而且不止一个，大多还是近一两年出现的，那你选这个平台也更容易成功。反之，如果你选的平台，没有相关的成功案例，或者成功案例特别少，那么你去做大概率也做不出成绩。除此之外，还要看看同赛道的天花板在哪里。举个例子，如果 A 平台与你相同赛道的头部账号一个月变现 100 万元，B 平台与你相同赛道的头部账号一个月变现 1000 万元，那就要选择 B 平台。因为你成为头部账号的概率是很小的，天花板只有 100 万元的话，那么你变现的收入就会更低。

第三，根据你自身的特点和优势。如果你天生就喜欢表现，镜头感很好，而且也擅长制作视频，那就选择短视频平台；如果你是一个知识很渊博的人，但又因为其他原因没有办法做到有持续高频的内容产出，那么知乎、公众号就是很不错的选择。

第四，根据平台的势能与风口趋势。如果你要做短视频，那你就选择短视频平台中势能最强的。怎么判断哪个平台势能更强呢？很简单，看数据报告，主要是两个方面：①市场存量；②增量空间。做短视频选抖音更合适，因为抖音的日活用户高达 8 亿，是微博的 10 多倍。当然，你还可以选择小红书，小红书的市场存量虽然不如抖音，但增量空间很大。

其次是平台的风口趋势。2021 年年底，农村博主 @ 张同学在抖音用不到 2 个月时间迅速吸粉 1600 多万，就是因为他赶上了抖音流量扶持的风口趋势——三农赛道。在他之后，抖音还涌现出很多做三农题材的账号。如果你专注的内容方向，正好与某平台扶持方向一致，就能做到事半功倍。

2. 第二步：先复制别人，再复制自己

确定了深耕的平台，怎么才能快速出圈，积累第一波粉丝呢？

在这里，我要先纠正大多数人的一个认知误区，如果你不及时纠正，即便选对了平台，也很难成功打造出有影响力的个人品牌。很多人往往是确定平台之后，就凭自己的经验和感觉，非常努力地输出专业内容。尤其是那些经验丰富的专家，觉得自己在这个领域很专业、很厉害，自己输出的内容就是好的。但却发现，他们自以为很好的内容，数据非常惨淡。

事实上，数据不好并不代表你不优秀、不适合这个平台，只是你不了解这个平台的规则。而快速了解平台规则的方法就是拆解同行的优秀案例。这就是所谓的"先复制别人"。

当然，复制别人并不是让你去抄袭、搬运别人的内容，而是研究他们的选题方向、表达技巧、呈现方式、内容时长、发布时间等，借鉴其优势和亮点，来打磨、改进我们的内容。这就像踩着成功者的肩膀过河，可以让你少踩一些坑，更容易做出数据好的内容。

当你做出数据好的内容后，接下来要做的就是复制自己。复制自己有两层含义：第一，复制自己的选题方向、表现形式等。比如，你可以通过输出内容，打造家庭教育领域的个人品牌。如果"如何让孩子养成自律的好习惯"的内容很受欢迎，那你就要持续输出"培养自律、负责的孩子"相关话题的内容。再如，原来你的视频都是在书房的场景中拍的，效果不温不火，偶尔一次在户外拍，视频却火了，那么你就可以继续在户外

拍摄。第二，饱和打击。很多品牌会集中在一个电视台、一个时间段进行密集的广告投放，这就是典型的饱和打击。做内容也一样，当你做出数据好的内容后，就要采用饱和打击的方式。具体怎么做呢？就是要高频地输出优质内容。

刘畊宏是 2022 年抖音上涌现出来的一个现象级人物。作为艺人，他原来有 135 万粉丝，跟风做夫妻直播带货，不温不火。2022 年他们夫妻一起跳自编的"本草纲目"毽子操爆红，被无数达人模仿。紧接着，他持续发布更多自编的健身操视频，而且更新频率也从原来 2 个月 20 条，增加到每天一条，最多的时候一天发布 4 条，最终实现 12 天涨粉 5000 万，一个月涨粉 6000 多万。

相反，如果你在"话题爆红"期间没有积极采取措施，而是相隔很长时间才出一个优质视频，就无法形成饱和打击的效果，你自然也很难抓住机会扩大影响力。把握住每个爆款话题、爆款时机，趁热打铁，连续推出爆款内容，会更容易出圈。

若你在一个平台做出了一些效果，这时你就要开始构建平台矩阵，助推个人品牌全面开花了。这就是"1+N"原则中的"N"。多个矩阵平台的经营，通常有两种模式。

（1）同步搬运式

所谓同步搬运式，就是把自己在核心深耕平台上发布的内容，同步搬运到其他平台，进行相同内容的多平台发布。

这种运营模式的优势是简单、高效，适合大多数想打造个人品牌的个人。我目前采用的就是这种模式。它不需要你额外花费更多的精力，却能让你创作的内容得到更大程度的曝光，还能吸引一些粉丝，扩大自己的影响力。而且你还可以节省出时间，持续把精力投入到深耕平台上，做出

203

更好的成绩。

（2）差异化定制

差异化定制也有两种形式。第一种，在同平台打造有差异化的矩阵账号。根据不同账号的策划定位，创作出有差异的内容。如果你是护肤领域的 IP，你可以在主账号分享自己的护肤经验和干货，在其他账号分享自己发现的平价护肤好物和踩雷经历。第二种，根据不同平台的特点来定制不同的内容并进行发布。需要注意，定制不同的内容，并不是让你变换专业领域，而是发布同专业领域但有差异的内容。比如，内容选题、内容时长、呈现方式、表达细节等有所不同。

这种运营模式适合那些已经在深耕平台做到了头部，或者在所属的细分垂直领域已经成为头部的人。此时的你已经有了足够大的影响力，有能力雇用专业的内容团队来批量化生产更多优质内容，让运营人员帮你精细化运营不同的平台。

具体选择哪种运营模式，要综合考虑自己所处的发展阶段、精力、财力等情况。我们的原则就是实现个人品牌的最大化传播，放大你的影响力。

6.7 快速传播：
1个万能好故事公式，讲好你的 IP 故事

我第一本书《爆款文案卖货指南》的序言，就是采用"故事+干货"的结构来写的，收到了很多读者和学员的留言：看完序言就爱上你了，我要跟你好好学文案。

如今，讲故事是每个人都需要掌握的一种能力。尤其是想打造个人

品牌的人，一定要学会讲好个人 IP 故事。一个好的 IP 故事会拥有更强的传播力、感染力，也更容易让粉丝记住你、喜欢你。

好故事的两个标准

什么样的故事才算是一个好的 IP 故事呢？要符合以下两个标准：

1. 第一个标准：要有身份认同感

你要在故事中讲明自己的身份、自己的经历，让大家知道你是谁。可能很多人都有一个心理障碍：觉得自己出身很普通，经历很平凡，没有人会关注自己。

相信你一定听过这样的故事：有一个人，他从小学就是学霸，一路过关斩将，考上全国前十的大学。毕业后找到了一份年薪百万元的工作，后来辞职创业，年入千万元，听上去是不是很厉害？

如果他出身普通，甚至来自贫穷的山区，那确实很厉害。但如果他是一个富二代，爸妈都是成功的企业家，有过亿元的家产，从 5 岁起就配备专业的家庭教师一对一辅导，你还会觉得他很厉害吗？你会觉得起点这么高，有这样的成绩是理所应当的。所以，讲个人 IP 故事时，你不用担心自己出身普通，低起点才能带来身份的普遍认同感。根据"二八法则"，80% 的人都是普通人，金字塔顶端的人只占 20%。

以我自己为例，我来自农村，就会吸引到同样是来自农村的人，我是宝妈，就更容易获得宝妈的认同；我是河南人，也有很多人给我留言说是我的老乡。这就是所谓的"身份认同感"。用户看你的故事的时候，因为具有与你相同的身份，而联想到他自己。

2. 第二个标准：要有关键记忆点

如果只是让别人知道你是谁、你的身份、你的经历，并没有太大作

205

用。即便他当时产生了认同感，很快就会忘记了。而且我们讲个人 IP 故事不仅是让别人知道你是谁、你有什么样的经历，也不是炫耀你的成绩，而是通过故事影响你的目标受众，让他记住你、支持你、喜欢你、信任你，甚至从你身上看到希望，想要追随你、成为你。

想要达到这个目的，你就要在故事中设置尽可能多的关键记忆点。这些关键记忆点，不仅能让目标受众成功记住你，更是打动他的关键。应该设置什么样的关键记忆点呢？

可以是一些反差。比如，从小就遗传了父母的肥胖基因，身高 162cm，体重 170 斤，现在常年维持在 90 斤。这也是打造个人 IP 常用的反差手法。如果你的经历中有这样的反差，就可以把它提炼出来，放在标题或者故事的开头，吸引用户的注意力。

可以是一些具体的细节。笼统的故事很难让人产生深刻的印象，所以，你要讲出一些具体的细节。比如，在我的故事中有一个细节，女儿不小心摔坏了别人的汽车玩具，价值 300 多元，我翻遍全身只凑了 42 元。那是我家一个月 1/3 的生活费，为此我哭了一个晚上。很多人看了我的故事后留言说看到这部分内容都哭了。

可以是一个道理或价值观。把你希望传递的道理或价值观融入你的故事里，人们就会更轻松地接受它。比如，我来自农村，没有亮眼的学历，做第一份工作写的文案被领导要求改了 20 多遍，我还差点被辞退。但我并没有自暴自弃，而是努力提升自己，终于有了今天的成绩。我是宝妈，我并没有放缓自己的脚步，而是哄睡孩子后，看书学习提升自己，为梦想努力。在这样的故事中，我想让用户记住"出身低不可怕，天资不够也不重要，只要你肯努力，好好磨炼属于自己的优势，就有逆袭的可能。"而且这样的故事会让人看到希望，让他更有改变的动力。

可以是"你为什么而来"。人们天生具有警惕心，会怀疑别人做事的动机。所以，当你讲完你的故事后，讲清楚"你讲这个故事的目的"，会起到更好的结果。比如，为了给有相同经历的人以鼓励；为了帮助某些人达成什么样的目的。你也可以趁机把自己的服务和产品介绍给大家。

可以是一个有共鸣、有力量的金句。如果你在个人故事中，有某一句话让人产生了强烈的共鸣，或者产生一种力量感，就会被人记忆很久，甚至会直接影响他的行为。就像小米创始人雷军的金句"站在风口上，猪都会飞"被广为传诵，而且很多人受这句话的影响，更愿意去尝试新事物。

好故事的万能公式

我们知道了一个好的个人 IP 故事的两大标准。那么，具体该如何讲好自己的故事呢？我给大家提供一个好故事公式：

好的个人 IP 故事 = 低起点 + 经历困难 + 努力过程 + 高光时刻 + 总结升华。

其中，低起点和经历困难是讲述你的身份以及遭遇的经历，目的是让目标受众产生身份认同感。努力过程和总结升华，是为了打造关键记忆点。高光时刻是信任背书，让目标受众信任你的实力。而且与前面的低起点形成强烈反差，让目标受众看到希望，进而做出改变。

下面来看看兔妈的故事：

我是兔妈，

1987 年出生在河南的一个小村庄，

爸妈靠种 5 亩地供我们姐妹三人上学。

每次交学费时，都是我家气氛最压抑的时刻。

我发誓一定要通过学习改变命运，

成为爸妈的骄傲。

但，高考没考上本科，

填了一所省会的专科学校。

第一次离开小县城，坐了 5 小时大巴。

之前从来没坐过这么大的汽车，内心很忐忑。

学校很普通，当时感觉自己很迷茫，不知道未来会是什么样的。

宿舍是 8 人间，我是全宿舍家里条件最差的，月生活费只有 200 元。

大一第一次尝试兼职，做的第一份工作是在附近餐馆洗碗，干一天只有 10 元。

做暑假工一天干 14 小时，一个月挣 1500 元，

胳膊疼得都抬不起来。

我不甘心一辈子这样，

便每天待在图书馆，每学期都拿奖学金。

但，毕业找工作屡屡被泼冷水，

被拒绝 50 多次后，我终于找到一份月薪 800 元的编辑工作。

天天加班加到眼冒金星，

工作 3 年每月工资才涨到 3000 元。

2013 年，我结婚了，

嫁给了一个和我家一样穷的农村小伙。

2014 年，我有了孩子，

既幸福又焦虑。

我有什么可以给她？

我选择靠自己奋斗。

重回职场，5 个月大的女儿成了"留守儿童"，

我只有假期才能回去陪她，

等她睡着后才敢偷偷离开，

回去上班的路上都在偷抹眼泪。

我的妈妈不小心摔骨折，

手术费 5 万元，我却连 1 万元都凑不出，

悲痛欲绝之后，我决定努力找出路。

2018 年，全民卖货时代开启，

我看到了机会，

开始死磕卖货文案，

但没经验，经常被客户骂得狗血喷头。

迷茫、绝望、焦虑，甚至轻微抑郁……

但我不能放弃，

向成功的人学习。

工作之余拆解爆款案例，

我终于发现，

打造爆款不是靠运气，而是有科学的方法。

用这套方法，

我帮客户 1 夜卖出 3 万单美颜饮，

3 个月将某鼻炎喷雾卖出 1000 多万元，

5 个月将某润喉糖卖出 4000 多万元。

我找到了自己的使命和方向，

服务 46 个品牌，提升文案转化率，

1 年靠文案，帮商家卖货 1 亿多元。

2019 年 11 月我受邀参加有赞周年庆活动，

把自己的成功经验做成"线上＋线下"的公益课程，

场场爆满，好评不断。

2019 年，我与干货帮合作开发爆款文案专栏课，

课程上线 3 个月单平台播放 28.6 万人次。

2020 年，我的第一本书《爆款文案卖货指南》出版，

荣获京东市场营销和销售经管两个类目的第一名，

还被评为最具价值新书榜第一名。

2021 年，我的第二本书《短文案卖货》出版，

荣获当当新书热销榜第一名。

《爆款文案卖货指南》也成功在我国台湾地区出版发行。

我的第三本书正在筹备中。

只因没放弃，

我从一个原来和陌生人说话就脸红的人，

成长为上市企业高级文案讲师，

新榜学院百人活动标杆案例，

自媒体头部电商平台内训讲师，

有赞北京商盟理事成员，

小鹅通运营学堂文案讲师，

微擎商学院特约讲师，

小鹅通创始人对话访谈嘉宾，

百人大型活动分享嘉宾。

我还影响了 10 多万人，

通过文案找到职业方向，实现人生增值，

收获了无数的好评和赞美。

2022 年，35 岁的我重新出发，

紧跟短视频和直播带货的浪潮，

致力于服务更多中小企业与个人，

用文案实现业绩翻倍。

说到这里，可以给我一个鼓励吗？

万分感谢。

最后，这个视频送给每一位坚持不放弃的追梦人。

死磕到底，就会所向披靡！

感谢你为我的不放弃点赞。

在这个故事中，我先讲了自己的低起点——来自农村、大专学历，又讲了自己遇到的困难，求学困难、求职困难、发展副业困难。然后讲述自己的努力过程，终于获得一个又一个的高光时刻。最后是总结升华，告诉用户"我为何而来"——服务更多中小企业与个人，用卖货文案达成业绩翻倍，也告诉用户"坚持不放弃就能实现梦想"的价值观。还有一句很有力量的金句"死磕到底，就会所向披靡"。这个故事发布后，很多人留言说看了很感动，甚至有人说看哭了，还有很多人直接私信我说想要跟我学习。

个人故事的呈现形式

写好了自己的故事，接下来还要考虑最后一个问题，用什么样的形式呈现出来呢？

内容的形式多种多样，我们在确定好自己的 IP 故事后，可以选择通过图文形式或者视频形式来呈现。

图文形式：你需要把自己的故事用文字表述出来，并配上关键节点的图片，这样一篇图文并茂的文章就可以把你的故事讲得明明白白。图文形式的优势是可以介绍得更详细，制作成本较低。不过，一定要有一个有冲击力的标题。

211

视频形式：你可以把你的故事拍摄出来，这样会更有感染力。不过，制作视频的成本较高，需要你找一个专门拍个人纪录片的导演。而且拍摄、剪辑也比较花时间。

如果你觉得制作个人纪录片比较麻烦，也可以采用真人口述的形式。这种形式你可以独自完成。不过一定要多拍几遍，供你选出表现最好的。

当然，还有一种更简单的方式，用照片生成视频。不需要真人出镜，也不需要真人拍摄，只需用一张张照片，再配上相应的文案解说来呈现你的故事。细心的同学可能发现了，兔妈故事的文案非常精炼，不像是一篇完整的文章。因为我就是采用了照片的形式，文案只是照片的解说，所以看起来比较精炼，不过逻辑结构都是一样的。

采用这种形式需要你在平时有意识地搜集、积累相关的照片素材。举个例子，你回老家时，可以拍几张老家房屋的照片；你加班时，可以拍几张加班的照片；你的高光时刻更要拍照记录下来。

故事创作完成之后，发布在你的自媒体账号上，并用我们前面讲到的推广方法，帮你在各大平台扩散影响力。另外，不管故事发布后数据如何，一定要把它置顶。如果是发布在公众号上，要设置自动弹窗。这样有新用户进入你的自媒体账号主页，就能快速通过你的个人 IP 故事全面地认识你、了解你，可能还会因为这个故事对你"路转粉"。

6.8 引流成交：
解决两大核心问题，精准引流和高效成交

打造个人 IP 的终极目的是销售产品或服务，实现内容变现。所以，输出内容的同时，你还要考虑一个非常重要的问题——流量如何转化。转

化流量的一种简单有效的方式，就是把流量导入自己的私域——微信，然后完成成交。这种方式的优势是可以更好地打造个人品牌，增强粉丝黏性。而且不管后期上线什么新产品，你都可以及时地触达精准的粉丝。那么，用什么方法可以实现精准引流和高效成交呢？这一节就来分享我的经验和方法。

在了解具体的引流方法之前，你一定要明白"引流"的目的是什么。否则，即便你加了很多人，依然无法成功变现。

引流的目的不是拥有更多的好友，而是成交。我见过很多人一味追求加人的数量，成交却很少，甚至没有成交，那么引流来的这些人对你来说就是无效的。所以，从这个角度来说，引流和成交是一回事。你要围绕"成交"这个目的，提前想清楚引流的两个核心问题：

1. 用什么精准引流，才能更好地实现成交？

关于这个问题，很多人只考虑了前半句，却忽略了后半句。绞尽脑汁用各种福利吸引用户，结果却发现用户领完福利就走了。所以，想更好地实现成交，你要设计能为成交做铺垫的引流福利。

2. 如何承接转化这些流量？如何设计成交路径？

用户加你之后，你怎么处理这些流量？怎么与潜在用户进行有效连接？比如，通过用户的好友申请后，你要给他发些什么？平时的朋友圈发什么，能让潜在用户主动咨询你，甚至主动找你购买产品？如果你没有提前策划好这些内容，只是在产品上新时给这些人群发广告，那么就算给你导入一两万的流量，也是没有任何意义的。

我就见过不少人，要么加好友之后就没下文了，要么就是发一段生硬的产品介绍。这样做不会有太好的效果，甚至还会让潜在用户非常反感。还有一部分人觉得自己微信里的人很少，要先多加一点人，人多了再经营朋友圈，再规划这些内容。

其实，成交转化的能力需要在实践中不断培养。而且我们只有在开始小规模引流时，打磨好"引流－成交"的闭环，才能知道哪里需要提升？下一步的工作重点是什么？如果只是不停加人，没有做好承接转化的基础工作，那么可能最后加了几千人，也很难实现转化。明白了这两个核心问题，具体该如何做呢？

首先，我们来解决第一个核心问题：用什么精准引流，才能更好地实现成交？

我尝试过很多引流方法，其中最有效的还是"送福利"。

可能你会觉得送福利没有技术含量，但事实上是很多人都送错了，导致引流来的粉丝不精准。常见的错误做法有两种：第一种，送的福利与目标用户的需求不匹配。比如很多人是做运营的，却送与时间管理内容相关的福利，甚至还有人购买一些成长类书籍、口红等实物产品作为福利。第二种，送的福利是目标用户需要的，却没有为成交做铺垫。比如，有人是做文案的，就送一些文案领域的电子书，或者打造爆款文案的干货合集，这样吸引来的粉丝也都是对文案感兴趣的。若用户看完就结束了，不会产生进一步了解的想法，就更别说购买你的产品了。

另外还要注意，送的福利最好是知识产品。为什么？因为我们做的就是知识产品，这样可以更好地培养和引导用户形成"知识很有价值"的意识。那么，如何设计一份既能精准引流，又能辅助成交的知识型引流福利呢？精准引流的前提是：你清楚地知道，自己产品的目标用户是谁，即所谓的用户画像，主要包含：年龄、性别、用户属性。

以我为例，我的课程的目标用户画像是 23~40 岁的，想通过学习卖货文案与短视频实现副业变现的人群。其中，男女占比约为 3:7。明确了目标用户画像之后，我们就要围绕目标用户的需求和渴望来设计引流福利，主要包含五个方面，我称之为引流福利的"五有原则"。

（1）第一个有：有人设故事

上一节我们讲过，一个好的人设故事不仅有更强的感染力，也更容易让粉丝喜欢你、信任你。不过，很多人会觉得在自己的自媒体账号中，已经讲过个人 IP 故事，没必要再讲了。

实际上，用户可能早就记不清你的故事了，更丧失了改变的动力。所以，我们有必要再强调一遍，让用户重新对你产生"心动"的感觉，重新找到改变的动力，而不是随便领个福利。如何写出打动人的好故事呢？可以复习上一节的内容。

（2）第二个有：有用户痛点

先来看个脑筋急转弯。请问哪个地方是人们最不愿意去，但人又多的地方呢？答案是：医院。医院是大家最不愿意去的地方，但为什么医院每天都有那么多人呢？因为大家要去看病，而医生手里有治病的药方。

不管你的目标人群是谁，他们在达成某个目标的过程中，都会遇到一些普遍性的难题，即痛点。你要做的就是罗列出他们的普遍痛点，就像你去看病一样，当医生准确说出你的症状，你会默认他能治好你的病。所以，在引流福利中，你一定要罗列出目标用户普遍遇到的一些误区和错误方法，这样他才会产生进一步了解你的想法，因为你手里有他的"解药"。

（3）第三个有：有专业干货

专业干货就是你所在领域的一些专业知识和方法。你要向潜在用户抛出一些知识干货，让他觉得你很专业。若你是运营方面的专家，就可以

215

讲一些提升用户活跃度的知识；若你是减肥方面的专家，就可以讲一些科学减肥且不反弹的知识；若你是文案方面的专家，就可以讲一些打造爆款文案的方法。

（4）第四个有：有成功案例

用户看完前面三部分的内容，会觉得"你确实挺厉害的，你的方法也挺有用的，那么这些方法有没有其他人用过呢？结果如何呢？"所以，我们要摆出成功案例作为信任背书。利用已有用户的收获来佐证新用户的收获预期，还能让用户产生强烈的积极暗示：对别人有效，对我肯定也有效。

以我自己为例，在引流福利中，我不仅罗列了自己帮客户打造爆款产品的案例，还罗列出很多学员跟我学习卖货文案后，成功接单变现的案例。如果你是减肥方面的专家，就可以罗列帮别人成功瘦身的案例；如果你是运营方面的专家，就可以罗列靠运营帮客户实现业绩倍增的成功案例；如果你是理财方面的专家，就可以罗列靠理财帮人获取超额收益的成功案例。

（5）第五个有：有链接口令

什么是链接口令？我举个例子你就明白了。很多商家为了鼓励用户购买产品，会开展"赢大奖"活动。当你打开产品包装，看到"一等奖"时，就知道自己中奖了，并且你会按照提示的步骤流程去兑奖。

链接口令就类似中奖口令。为了让用户进一步了解你，你要在这份"知识福利"中设置一个口令，提醒用户看完之后主动给你发送口令。比如，我的链接口令是"如果你想改变以前的文案学习方法，持续靠文案稳赚10年，可以私信我：我要改变！"当他发"我要改变"四个字时，我就知道他看完文章了，而且他是精准的用户。

打磨好了引流福利，我们就可以在输出内容时，把这个福利植入进去。注意，在实际操作的过程中，你还要熟知各平台的规则，不要触碰平台的"红线"。

那么用户加你后要做什么呢？首先，你要发一份自我介绍。自我介绍可以是一段文字，也可以是有图文的个人故事，还可以是短视频。目的是让对方在短时间内了解你。具体怎么写，可以参考前面的方法。除此之外，你还要询问对方是从哪里了解到你的。最后，送上准备好的福利。

接下来，要解决的第二个核心问题是：如何承接转化这些流量？如何设计成交路线？

事实上，当你解决了第一个核心问题，成交路径就已经初步设计好了。据我的实践经验，只要把以上几点做到位，70% 的用户都会按照你设计的"链接口令"进一步联系你。你要抓住机会，向用户介绍你的产品或服务，引导成交。怎么引导呢？你可以参考我们上一章谈判成交的四个步骤。

那么，第一次没有成交的用户，是不是就没价值呢？当然不是！很多人属于慢热型，他会默默关注你，再决定要不要付费。我经常遇到这样的人，默默关注很久才决定跟我学习。曾经有个学员说："兔妈，我默默关注你两年了，今天终于迈出这一步，决定跟你学习。"所以，为了更好地实现流量转化，一定要经营好朋友圈。只要你好好打造朋友圈，2000个粉丝就抵得上很多自媒体账号 10 万粉丝，甚至 100 万粉丝的效果。所以，我身边很多打造个人品牌的朋友们，都会花很多心思去经营自己的朋友圈。你可以从生活圈、工作圈、产品圈、干货圈和价值观圈五个维度去规划朋友圈的内容。更详细的操作方法可以参考阅读我的第二本书《短文案卖货》。

除此之外，你也可以引导用户入群，在群里办一场公开课，通过公开课影响用户的行为，引导他主动与你连接。还可以不定期做一些有影响力的事件，比如，每个月做一次小活动，三个月做一次中型活动，半年做一次大型活动，通过活动加深这种连接，有连接才有机会成交。

总之，不管你专注于哪个领域，只要解决这两大问题，你就掌握了引流成交的核心。我靠这两个核心招数，成功引流了几万精准粉丝，并完成了 90% 的产品销售。

6.9 打造案例：
打造你的代表作，让你的 IP 更值钱

说起某位知名演员，我们知道他有哪些影视代表作。说起某位知名歌手，我们也知道他有哪些经典歌曲。这些作品是明星们的"爆红武器"，也成就了他们的专业地位。同样，打造个人品牌时，你真正需要做的是聚焦精力，打造自己的代表作。

经常有人问我："从一个普通的职场小透明到头部专家，你从 0 到 1 打造个人品牌的秘诀是什么？"回顾自己这一路的成长历程和关键节点，真正让我拥有影响力的是那些代表作。

为什么打造代表作如此重要？因为如果没有案例作品，你所有的定位标签都没有价值。

打造个人品牌的过程中，"虚"没有力量，更没有意义。你的个人昵称、自我介绍、人设故事、定位标签、职位头衔、权威机构背书，或是励志标签，都不如你的代表作有信服力。从这个角度来说，个人品牌只是你努力耕耘后，自然而然收获的硕果。

那么，问题来了，怎么打造自己的代表作呢？很简单，我总结了三个步骤。

1. 第一步：根据自己所处的阶段，打造代表作

首先，你要对"代表作"有一个正确认识。它指的是我们在打造个人 IP 时，做出的每个东西都可以证明自己的专业实力。

它可以是你写的一篇干货文章、一篇文案拆解、一篇爆款文案、一本书，也可以是你制作的一条爆款视频、研发的一套知识体系、打磨的一个爆款产品、孵化的一个成功案例。

如果你想打造减脂领域的个人品牌，可以创作什么样的代表作呢？通过举一反三，我们可以得出这些内容：一篇科学减脂的干货文章、一条科学减脂的爆款视频、一套原创的减脂方法或知识体系、一本关于科学减脂的专业书籍，也可以是你主导研发的减脂产品和帮人成功瘦身的真实案例。当然，还可以是你制造的一次爆红事件、爆红话题或者成功演讲。

就像 2022 年 4 月爆红的健身教练刘畊宏，他之所以能从那么多健身博主中脱颖而出，并不只是因为他的明星身份，而是因为他在健身减脂领域积累了足够多的代表作。包含且不限于：50 岁的自己依然保持健硕的身材、帮助三胎老婆恢复魔鬼身材、帮助好友周杰伦和彭于晏练成肌肉型男，这些都是他孵化的成功案例。他写了一本《健身就能改变人生》的专业书籍，书中分享的秘籍是他原创的知识体系。他曾多次参加超级减肥王、减出我人生、加油好身材、人生加减法等健身类综艺节目，更是在 100 天内帮嘉宾减重 109 斤，这既是成功案例，又是爆红事件。自编的健身操"本草纲目""龙拳""周大侠"，是他研发的爆款健身操。除此之外，穿羽绒服跳操，也是一次爆红事件。而他带老婆一起跳操，还被网友

戏称为"新型家暴",属于爆红话题。

如果没有这些代表作的积累,即便他有明星的光环,也很难全网爆火。所以,从这个角度说,刘畊宏并不算一夜爆红,只是在健身领域厚积薄发罢了。

那么,对刚起步打造个人品牌的人来说,应该从哪里着手呢?一个原则:根据你所处的阶段,打造不同的代表作。如果把打造个人品牌比喻成一场马拉松,可以分为4个阶段,分别是:

1)起步阶段:此时你还没有丰富的经验、系统的知识体系,很难独立写一本书,很难独立研发一款产品,也不能独立孵化出成功的案例。这时候,你要做的就是持续"输入-输出",即不断输入专业知识,并输出干货文章。与此同时,你还要多实践。如果你要打造成减脂领域的专家,就要先练出魔鬼身材;如果你要打造成美妆领域的专家,就要自己先拥有好皮肤;如果你要打造成理财方面的专家,就要自己先通过理财拥有持续稳定的收益。

2)进步阶段:通过持续"输入-输出"的积累,你已经掌握了丰富的专业知识。这时候,你就可以试着开展一场小型的公益演讲,或者去打磨一个小的爆款产品、孵化几个成功案例。如果你要打造成摄影方面的专家,就可以给某个群体进行一场公益培训,录制一门摄影课程,并投入全部精力和时间,辅导几个摄影新人从零开始拍出大片般的照片。

3)稳步阶段:经过不断实践,你对专业知识有了更系统的理解,也有了一些经验和想法。此时你就可以建立一套知识体系。除此之外,还可以把自己的实践经验撰写成册,出版一本专业书籍。当然,与此同时还要持续"输入-输出"。

4)冲刺阶段:有了前面的积累,你在专业领域已经小有影响力。此时,你可以打造一次爆红事件,策划一次爆红话题,或者开展几场成功演讲，实现个人品牌影响力的裂变式传播。

以上 4 个阶段及其要完成的核心内容，也是兔妈打造个人品牌遵循的节奏流程。

2. 第二步：作品复盘，让更多人知道你的实力

作品复盘有两层含义，要实现两个目的：第一，自我复盘。通过复盘，知道自己做得好的地方，并找出做得不好的地方，然后改进优化，提升自己的专业基本功。

第二，公开复盘。告诉大家你的成绩是怎样的，你是怎么做到的？这样别人才知道你在这个领域是专业的。所以，我们在展现自己的代表作时，要联系本书前面讲到的如何讲故事、如何做内容、如何做推广等相关方法，包装好自己的代表作。

不过，很多人有一个特点，就算做出了代表作，也不好意思告诉别人，担心别人会嘲笑自己。事实上，不必如此。如果别人说得有道理，我们正好可以提升。如果别人说得没道理，就不必理会。而且随着你的影响力越来越强，一定会遇到很多负面的声音，这不仅不能说明你不好，恰恰说明你的个人品牌越来越成功。

3. 第三步：循环前两步，持续为个人品牌加持

什么意思？当你取得一点小成绩时，不要停下来，而要持续打造代表作，持续复盘代表作，不断循环。通过正向循环，你的专业实力会越来越强，你在专业领域的地位会越来越稳固，知道你的人会越来越多，你的个人品牌也会像滚雪球一样，越滚越大，越滚越值钱。

总之，个人品牌不是包装出来的，而是做出来的。你的个人品牌，需要通过一个又一个的代表作展现出来。

6.10 持续精进：
5大心法持续自我迭代，成为专业高手

打造个人品牌就像经营一家企业，可能你付出了很多努力，也不会立竿见影见到效果。即便你取得了不错的成绩，只要一停下来，就会被淘汰出局。所以，从你决定打造个人品牌的那一刻起，就要做好打持久战的准备，持续进行自我迭代，这样你才能成为专业高手，成功打造个人品牌。

然而，坚持自我迭代并不是一件容易的事，它需要你大量输入、反复实践、持续输出，这个过程难免让人疲惫，尤其是当你努力一段时间却没有取得明显效果的时候，可能你会失望，甚至想要放弃。这也是很多人打造个人品牌，却没有成功的重要原因。而那些成功打造出个人品牌的人，他们并不是比别人更优秀、更有天赋，只是他们坚持到了最后。需要注意，坚持并不是靠毅力就行了，而是有科学的方法。这一节分享一下我坚持自我迭代的心法。

1. 第一个心法：专注你的领域

我见过很多人，今天想做文案，明天想做社群，后天又想做朋友圈美学。要么是几样一起做，但好像什么都没做好。甚至有些人已经在某个领域取得了一点成绩，也小有影响力，听说其他领域更有前景，就丢掉现有的积累重新开始了。如果你是这样的人，那你很难成功打造个人品牌。

三流高手靠努力，二流高手靠技艺，一流高手靠专注。我一路走来，

也面临着各种诱惑：有人劝我做微商，说赚钱更快；也有人让我技术入股，给我 30% 的股份；还有人告诉我社交电商是红利，更有人让我投资某风口项目等。但我都没有去做，始终专注于卖货文案，专注于用内容提升产品业绩，专注于打造"兔妈"的个人品牌。正因为专注，我才能在卖货领域研究得比别人更深，也才有了"兔妈"现在的影响力。所以，按照前面的方法，你确定自己的定位后，要专注于这个赛道。对想要成功打造个人品牌的新手来说，专注是最好的进攻策略；对小有影响力的人来说，专注是最好的防守策略。

2. 第二个心法：狠抓关键动作

专注一个领域，就一定能成为专业高手，成功打造个人品牌吗？不一定，你还要懂战略。

管理学中有一句话是"不要用战术上的勤奋掩饰战略上的懒惰"。这句话的意思是，有些人整天忙忙碌碌，24 小时不够用，但没有明确的工作重点，最后依然没做出成绩。所以，当你确定了打造个人品牌的定位方向，一定要想一想，抓哪几个关键动作，一定要落在动作上。动作对了才会有正向反馈。有了正向反馈，你才知道怎么做是对的，下一步要干什么，才能实现持续迭代、不断向前。打造个人品牌的关键动作就三个：

1）打磨产品：很多人分享育儿知识、穿搭知识、商业知识，这算是打造个人品牌吗？也算，但这样打造个人品牌没有任何价值。经营个人品牌就像经营企业，你很难靠做公益存活下来。所以，你要针对个人品牌开发相关的产品，这个产品要满足某个用户群体的某个需求。

2）创作内容：找准了定位，开发了某个产品，你的产品能不能卖出去，这要看你能不能基于用户的需求，产出一套独特的内容体系，表达一些明确的专业观点。如果你只是简单地复述一些行业信息，用户很难对你

223

产生认同。所以，内容是个人品牌的内涵。

3）打造作品：说到底，打造个人品牌就是建立用户信任的过程，信任你的人越多，对你的信任度越高，你的个人品牌就会越值钱。而建立信任的核心是打造代表作，它是个人品牌的信任背书。

把这三个关键动作做好，再谈所谓的借势、传播、引流才有意义。其中，创作内容是关键中的关键。需要注意，创作内容并不是简单地坚持就可以了。你要培养持续、稳定创作内容的系统能力。

如何培养稳定创作内容的系统能力呢？很简单，抓好每一个子系统就可以了。就像一棵苹果树，只有获得持续的土壤养分供给、持续的光照和水分供给，产出苹果的质量才是稳定的。持续创作专业内容不是靠运气，而是靠整个系统的支撑，主要包含 3 个子系统：输入系统、输出系统和反馈系统。注意，输入千万不要盲目、贪多，把要学的技能拆分成不同要点，找出自己的薄弱项，然后找到靠谱信息源，系统输入学习。

3. 第三个心法：学会制定目标

确定了方向和战略，怎么实现呢？需要制定目标。好产品、好内容、好作品不是一下子做出来的，你要在不同阶段，制定不同的目标，一步步实现。定目标这个话题并不新鲜，但很多人都不会定目标。常见的误区有两个：目标不明确、不切实际，或者没有衡量标准。

怎么正确制定目标呢？在前文我们提到过怎么有效制定文案学习和变现的目标。同样，打造个人品牌依然要制定目标。在制定目标时，除了前面提到的几个要点之外，我们再来强调补充一下，一个有效的目标要包含的三个标准：可量化、有一定难度、有评估反馈。可量化，就是要包含具体的任务和时间数字。不要说"我要努力输出干货文章"，而要说"我要用多长时间，输出多少篇干货文章"。目标需要有一定难度的原因是，完成目标会带来更大的成就感。有评估反馈，就是说任务完成后，要评估完成效果以及如何调整。

如果你要打造文案领域的个人品牌，要成为文案讲师。可以先设置：1 个月时间，输出 15 篇干货文章，进行 1 次微课分享。实现精准涨粉 300 人，听课人数达到 200 人。

第一个标准是可量化，体现在：1 个月时间，15 篇干货文章，1 次微课分享，涨粉 300 人，听课人数达到 200 人。

第二个标准是有一定难度，体现在：实现精准涨粉 300 人，听课人数达到 200 人。

第三个标准是有评估反馈，主要是评估：涨粉和听课人数达到了吗？如果没有达到，问题出在哪里？你可以给粉丝和业内大咖发红包，让他提建议。如果达到了，与标准相比，哪里还可以提升，哪里还不到位，该如何调整等。

225

设定的目标越精确、越严密，最后的效果越好。在正向激励和反馈中，慢慢完成自我迭代和影响力的提升。

4. 第四个心法：寻找动力源泉

持续做一件事，必定要有持续的动力推进，你希望通过打造个人品牌得到什么，可以有一个"赤裸裸"的答案，比如实现升职加薪、赚更多钱、获得成就感等。动力可以是多样的、私人的，只要它能持续给你力量就行。

我有一个寻找动力源泉的方法：看同赛道其他前辈通过打造个人品牌成功改变命运的励志故事。比如，你想打造文案领域的个人品牌，就可以看看兔妈的故事；你想打造理财领域的个人品牌，就可以看看其他理财专家的故事。故事会给你力量，让你看到坚持下去的希望。

5. 第五个心法：加入专业社群

一个人走得快，但一群人走得远。持续精进的过程是孤独的，所以你要加入一个专业领域的社群，大家一起做这件事更容易让你坚持下来。当然，最好的方法是你起头创建一个这样的社群，会更有利于帮你打造个人品牌。

2018 年，我创建了一个超过 2500 人的文案拆解社群。在我的影响下，社群里的很多人开始拆解文案，也收获了很好的效果。如果你觉得自己的水平不高，不好意思收钱，也可以创建一个免费的交流社群。因为你是发起人，为了起到带头作用，你会逼着自己坚持下去。

除此之外，还有个更简单的方法是多结交一些同领域的朋友。当你的朋友圈里做同样事的人多了，他们也会带动你、影响你持续精进，让你的个人品牌打造之路不再孤单。

最后，你要用一种投资的心态来看待个人品牌。我们常常会有一个错误概念，我们用掉的时间、耗费的精力、花费的金钱，就只是用掉了，并没有回报。但其实我们的时间、精力、金钱等，从某种意义上来说都是一种投资，并不是简单地用掉了。就像你输出一篇、两篇，甚至二十篇内容，可能不会一下看到效果，但它并不是没有任何意义的。你输出的内容越来越好，你的专业实力越来越强，你收获了知识和能力上的回报。当你坚持下去，有越来越多的人喜欢你的内容，你收获了粉丝的认可，你的个人品牌也一点点被建立起来。从这个角度来说，打造个人品牌就是对你的人生的投资，值得花时间去做，做得更好。

正在阅读本节内容的人，想要打造个人品牌的人，都是希望成为某领域高手的人。真正的高手都深知持续迭代的重要性，懂得用一种更科学、更高效、可持续的方式完成自我迭代。希望我的经验和心法对你有所帮助。最后这句话送给希望成为专业高手的你："有条不紊地奋斗前行，持续不断地迭代精进。"

第 7 章

9 个实战案例，给你可复制的文案变现思路

这个世界上有两种学习方式，一种学习方式是通过研究和分析大量的案例学知识。我在初期做卖货文案的时候，深度拆解了数百篇爆款文案，研究案例让我的技能得到了突飞猛进的提升。同样，我做短视频时也是通过拆解数百个爆款账号和爆款脚本，快速抓到短视频的精髓。另一种学习方式是通过阅读专业书籍获得知识。比如我很喜欢的"营销大神"李叫兽，据说他就是通过阅读大量的书籍，思考总结，并把这些理论知识应用到工作和生活中去，最终取得很大的成就。事实上，拥有大智慧的人并不多，大部分人都像我一样，通过模仿和学习别人的案例和作品来学习和提升的。

这也是我写最后一章的目的，我从孵化培训的数万名学员中，挑选出不同形式的文案变现的典型案例，发现它们有一个共同点，就是那些学员都是从新手一步一步成长起来的。之所以选择他们的案例，是因为这些人都是普通人，他们现在已经取得了很不错的成绩，或者过上了自己喜欢的生活，只要你努力一下还是可以够得着的。

为了让你看到那些学员成长过程中的更多核心细节，我邀请他们围绕以下几个关键问题进行自我剖析和复盘：① 为什么要学文案？② 在学文案过程中，遇到了哪些障碍和困难，是怎么解决的？③ 为了快速掌握写文案技能，是怎么学习、怎么练习、怎么制订计划的？④ 靠文案成功变现的关键原因是什么？⑤顺利实现文案变现的几个关键点是什么？

我相信他们的成长经历、经验教训、实用建议，能给想实现文案变现的你一些思路和启发，至少你能看到别人的进阶路径和对待文案变现的态度。

我们前面讲到了文案变现的7大思维模型，其中一个非常重要的思维就是"对标思维"。你可以把他们当成你的对标学习对象，从他们的成长故事中，找到快速提升写文案技能，成功实现文案变现的方法。

案例一：失业宝妈，学文案3个月接单接到手软，次次一稿过！

大家好，我是兔妈的徒弟苏格。短短3个月，我从文案小白成长为次次一稿过的"靠谱文案人"、大家眼中的"接单红人"，目前是某平台拥有80万粉丝的卖货文案人员、兔妈文创的金牌教练。

如何从0到1快速掌握写文案技能，如何靠文案变现，实现个人成长，下面是我的文案逆袭之路和两大实战建议，希望能给你一点点启发。你会发现，小白实现文案变现，并没有你想象中那么难。

学好文案竟成了我的唯一出路

在学文案之前，我就是一条享图安稳的职场"咸鱼"。正因如此，我在公司不景气时深刻体会到了被时代的"抛弃"。待了6年多的公司，业绩每况愈下，我盲目辞职，尝试做过销售、文员、采购。没方向、没核心竞争力，一个步入中年的职场宝妈，却跟刚毕业的大学生一样，到处碰壁。新冠肺炎疫情发生后，我慌忙选择了一家不靠谱的公司。每月工资为4000元，常常无偿加班到凌晨，给孩子看病、开家长会想请假也要看人脸色，遭受指责。更过分的是，公司承诺给职工买的社保到我离职时也没买。

这一年对我的打击很大，我发现自己毫无价值。夜夜失眠，长痘、脱发、浮肿，身体也被拖垮了。

这个结果，其实早已注定。工作近 10 年没有好好读过一本书，工作得过且过，生活随遇而安，加上学历低、年龄大，这样的中年职场"咸鱼"被淘汰也是自然。但是我真的不甘心。

痛定思痛后，我开始看书，但看了很多，都没找到方向。偶然翻到兔妈的《爆款文案卖货指南》，看了十几页，越看越激动。我有种感觉，文案是我的出路。于是我开始苦学文案，但上手写时，总觉得哪里不对，又不知道问题出在哪儿。低效学习让我越学越着急。

兔妈一针见血地指出问题，我很快提升了写文案技能，越学越兴奋。接着就像打通任督二脉，3 个月后我开启爆发式成长：2020 年 4 月 1 日，兔妈帮我介绍了人生第一单，结果客户十分满意，马上追加 3 篇。再后来，口碑相传，我的接单量爆增，稿费也从 150 元一篇，涨到 500 元、1000 元、2000 元、3000 元。与此同时，凭借接单累积的案例，让从未做过文案工作的我，被多家公司邀请面试，最终选择了当地一家比较有影响力的文化传媒公司。谁曾想到，半年以前，我还在面试路上毫无价值。突然间，因为文案，我竟成了香饽饽。

3 个月从 0 到 1，小白如何快速学好文案？

在学习文案时，我和很多小伙伴一样，遇到过很多难题，甚至连 200 字的短文案也写不出来，但是跟着兔妈学习，3 个月快速获得学习成果，是我从未预料到的事。复盘时，我发现快速逆袭的原因在于提升高效学习力，而这 3 点对于小白尤为重要：

1. 制订学习计划

有学习目标，才能量化学习成果，所以首先得确定目标，再制订学习计划。

我的目标是尽快靠文案接单赚钱，再重新进入职场。根据学习内容倒推，我制订了 4 个月的学习进度表。2~3 天完成一节课程的学习和相关练习，每天至少花 5 小时，以保证学习进度。当遇到意外情况时，我就知道该如何去调节，甚至加量强化练习，保证整体学习进度按照目标进行。

结果，我不仅没有拖延，反而刚学完 3 个月，就达成了接单变现的目标。所以，我们的学习计划一定要包含时间进度、具体内容、花费时间、阶段性目标，以此跟进学习成果。

2. 建立正反馈，是强化练习的前提

强化练习是为了夯实文案基本功，但是没有反馈，我们就不知道在练习的过程中，进步在哪儿、问题在哪儿，也很难坚持下来。

我曾经在做补水护肤产品的痛点分析时，把补水、黑头、毛孔粗大混为一谈，兔妈提示我：黑头、毛孔粗大是清洁层面的功效，与产品主打补水偏离了方向。我才恍然大悟，这是痛点和卖点不匹配的问题，也是卖货文案的大忌。遇到卡点，我能及时解决，这种高效学习让我越来越有信心，学习动力也越来越足。毋庸置疑，找专业的老师给你反馈，一定是事半功倍的学习方式。

另外，你还可以在朋友圈、公众号、小红书等平台输出你对学习的理解，这些平台的数据也是你的正向反馈。所以，要让练习更高效，一定要去寻找正反馈，才能帮助你跳出自我视角的盲区。

231

3. 提升学习力的关键，是思考

很多小伙伴说，买了不少书、花了不少钱，但是学完没什么效果，这是学习思维的问题。线性思维是从 A 思考到 B，你只知道最表层的套路；而非线性思维是从 A 思考到 B、C，最后到 D，你才明白方法论背后的底层逻辑，才会学以致用，举一反三。

举个例子：

有个挖掘痛点的小方法是"角色代入"，比如用"减肥"目标群体做角色代入，用线性思维的听课方式是："你在减肥过程中，觉得最难的是什么？""答案是……"这就是问 A 问题听到 B 答案，一知半解。

而用非线性思维的听课方式是：

（1）为什么要问这个问题？

（2）因为它能让你了解用户在达到目标的过程中，痛苦、难以承受的情况都有哪些。比如说起节食、跑步，身边朋友都能产生共鸣，而说酵素很难喝，就没有太多人在意。

（3）所以，类似节食这样痛苦的情况才是让用户感触很深的点。

（4）找到感触最深、最痛苦的点，才能有效刺痛用户（理解深刻）。

（5）下次我写洗面奶产品的时候，是不是也能问：你在清洁脸的时候，你觉得最难的点是什么（举一反三）……

这就是从 A 问题→B 问题→C 答案→D 答案→E 举一反三，完全了解用户痛点。

以上 3 点，是我作为小白快速掌握写文案技能的重要原因。因为前期夯实文案基本功，所以 3 个月后第一次接单时，就开启了我的爆发式的个人成长。

如何实现文案变现？秘诀竟是"一稿过"

虽然我的成绩和大咖比起来微不足道，但这也说明，文案是普通人逆袭的最好赛道。零基础的我可以，相信你也可以。

可能有小伙伴会问：你没资源、没背景，是怎么接到那么多单子的？是如何做到次次一稿过的？

归根结底，"一稿过"是我实现文案变现的秘诀，也是客户源源不断转介绍的原因，下面分享 5 个"一稿过"的关键优化点，希望对你有帮助。

1. 逻辑梳理、调整

虽然我们写文案前会列框架，但实际撰写过程中容易出现逻辑漏洞。比如因果关系、痛点与产品匹配度、认知视角是否合理等。

比如之前我写某款养肝饮品的文案，开场切入养肝美肤的痛点，写熬夜失眠导致肝不好，所以使用产品解决问题。看起来好像正确，但实际一推敲，发现产品引导成解决熬夜、失眠的问题，反而对养肝内容过于牵强。在兔妈的建议下，我对逻辑进行了全新优化，改成同样是熬夜，有的人气色好，有的人气色不好，是肝功能解毒出了问题，这样产品和养肝痛点就匹配了。这个产品配合社群转化，最终 ROI（投资回报率）是 14.29%。

2. 开场吸睛度

开场的重要性，好比相亲时的眼缘，没有眼缘就没办法继续。而用户是否感兴趣，在很大程度取决于文案是否和用户强关联。

举个例子，我之前优化一篇文案，原文是这样写的："眼看天气越来越冷，又到了喝羊肉汤的季节。像羊肉这样的滋补食材，暖身御寒再好不过了……"虽然提到了季节，但内容不痛不痒。所以，我根据平台调性、权威背书、关联用户，做了优化："四川人常说'冬至喝了羊肉汤，一冬不会生冻疮。'虽然冬至未至，但已入寒冬，你吃羊肉了吗?《本草纲目》中记载……"

3. 用户获得感

简单说，文案需要明确产品给用户带来的具体好处，否则就是没有感情的产品说明书，更别说激发用户的购买欲望了。

举个例子，前不久优化的一款男士 Polo 衫产品的文案原文是这样写的："出门在外，穿上它不怕闷热难耐。""闷热难耐"是个形容词，含义笼统，很难使用户体验深刻，所以我进一步描述了透气舒适的感受："出门在外，穿上它不怕闷热、汗湿，就像身披散热小空调，清新又凉快。"

4. 引导下单环节

千万别以为前面的内容花了大工夫，用户就会顺理成章地购买产品。用户在掏钱下单时，是很痛苦的。所以，如果你的引导下单部分仓促简单，就给了用户不去下单的理由，而用心打磨引导用户下单，会让用户有种不买就亏的既视感。

比如，某 T 恤的文案："现在购买，原价 ××× 元，现在买一送一，只要 ××× 元 /2 件，活动截至 × 月 × 日，错过就没啦，快来抢购吧。"对于这样的促销信息，用户已经司空见惯。看完没有让人想购买的冲动。如果能给用户情绪价值上的强化刺激，更容易唤起对方立马下单的冲动。文案优化后："现在购买，原价 ××× 元，×× 为大家争取来了宠粉价，买一送一，只要 ××× 元，相当于实得 2 件，每件不到 ×× 元，也就是喝一次下午茶的钱，买到 2 件 ××× 大牌同款品质，并且春夏秋三季都能穿。注意，这个活动比"6·18"还划算，活动截至 × 月 × 日，聪明的你一定不会错过！"

5. 句式优化

比如用词重复、句子过长、代词过多、词句顺序调整等。

以上 5 个改稿方向希望对你有所帮助，写出"一稿过"的好文案。

2022 年巴菲特股东大会上，听众问：如果仅选择一只股票来对抗高通胀，你会选择什么？巴菲特表示：最好的一项投资就是投资自己，就不用担心钱因高通胀而贬值了。

案例二："85 后"小县城职员创业负债 10 万元，现靠文案每月副业增收 2 万多元

大家好，我是兔妈的徒弟暖心，现在担任兔妈团队的金牌教练，也是百万粉丝大号的文案签约写手，曾给 1000 人的微商团队做过文案培训。我靠一条朋友圈文案卖货 2000 元，帮助 1000 多人实现了文案变现，被学员称作"最靠谱的文案赚钱教练"，被客户评价为"一个人可以干掉一个小团队"，现在我靠着文案副业，收入赶超主业，不用再为钱发愁。

在很多人看来，我也算是小有成就了，但你知道吗？在接触文案之前，我连文案是什么都不知道。下面就给你分享我的文案进阶之旅，希望对你有所启发。

微商创业负债 10 万元，文案为我开启了一扇窗

"文案"让普通人逆袭成为可能。

我生活在甘肃的一个小城，有一份安稳的工作，每天勤勤恳恳上班，

但月工资只有 3000 元，而且一干就是 8 年。这 8 年里，物价翻倍，孩子出生，父母年迈，我每天省吃俭用，但还是没钱。过够了精打细算的生活，我开始寻找赚钱的方法。原来没有了解过副业，生活的圈子简单，消息又闭塞，只知道微商。所以，我做了微商，但根本卖不出去货，折腾了 3 年，也没有任何结果。

后来，遇到一位大咖，她通过运营朋友圈取得了很好的成果，我也想跟着她好好学做微商，刷信用卡投资了 10 多万元，每天为团队做事，很累且没有自己的时间，最后剩下的只有卖不出去的货和每月必须要还的外债。

原本拮据的日子更难了，两个年轻人，没有资源，没有人脉，工资少得可怜，这一切都让人失望，我不知道自己的未来究竟在哪里？

但上帝在为你关上一扇门的同时，肯定会为你打开一扇窗。我的这一扇窗，就是文案。

236

努力了但没结果，是我不适合学写文案吗？

就这样，我报名参加了一个文案训练营，开始疯狂学习，但一个月的学习结束后，我却发现自己什么都写不出来。我觉得自己写不出来，可能是因为文采不够，于是我又报名参加了写作训练营，开始研究句式表达，但依然无果。有人给我提建议，如果不知道怎么写好文案，就去抄书、抄文案，我照做了，每晚抄文案抄到凌晨，但最后，还是写不出一篇合格的文案。我也按照老师说的去拆解文案，但方法不对，一直没有太好的效果，写不出好文案，更无从变现。

努力了但没有结果，我陷入了自我怀疑，觉得自己是不是不适合文案这条赛道，不知道这样坚持下去能不能出结果，甚至想着换赛道。

正当我不知道怎么办的时候，我遇到了兔妈，买了她的《爆款文案卖货指南》，这本书帮我打通了文案的创作思路，用两天看完全书之后，我联系兔妈，跟她说我一直在坚持学写文案，但学习一年了还是没有好的结果。

跟对人用对方法，人人都能写出爆款文案

听了我的学习方法，兔妈告诉我：

1）文案学习，最重要的不是方法技巧，而是底层逻辑，只要掌握了文案的底层逻辑，人人都能写出一篇合格的文案。

2）拆解文案是文案进阶最有效的捷径，但拆解时一定要掌握方法，不能只拆解套路方法，而是要重视底层逻辑，这样拆解，才能一篇抵十篇。

3）文案学习，是"努力 + 反馈 + 复盘"的闭环，光有努力，没有反馈和复盘，你就不知道自己的问题究竟出在哪里，进步也非常有限。

原来，我不是不适合写文案，而是我没有掌握好的学习文案方法。于是我加入兔妈的师徒陪跑计划，跟着兔妈系统进阶文案。

那一年是 2020 年，我差不多已经花费了两年的时间在文案上，所以，我告诉自己，这一次一定要做出成果。最后，我也做到了。跟着兔妈学习的第二月，我靠着文案开始变现；第三个月，我成了百万粉丝大号的文案写手，单月稿费收入突破 2 万元；第七个月，我成长为一名文案教练，越来越多的人主动跟着我学文案，我开始了自己的陪跑教学；2021年，我晋升为"兔妈文案创业学堂"高级合伙人，带着学员一起学习文案、靠文案变现。我自己也靠文案实现了副业收入赶超主业。

经常有人对我说："暖心，我真挺佩服你的，上班的同时，副业也没落下，你哪来那么多时间和精力，看你每月副业收入那么高，你究竟做了什么，是怎么做到的呢？"

237

其实，学习文案并不难，靠文案实现变现也不难，现在我就告诉你，我是怎么靠着文案实现收入进阶的。

第一，严格执行"文案三件事"。

作为上班族，白天没有时间，为了更好地学习文案，我严格执行兔妈教的"文案三件事"。每天早晨，在便签纸上写下今日要做的"文案三件事"，贴在电脑上，做完一件划掉一个，直到把所有的事情都做完。我还设置了奖惩制度，如果这一周100%完成计划，我就会给自己一点奖励，比如看一部电影，买一件衣服或者买一本书，如果完不成，我就不会睡觉。一个好习惯的养成需要21天，所以我觉得还是很容易坚持的。比如，我今天的"文案三件事"是：① 小红书笔记1篇；② 文案拆解1篇；③ 新项目大纲。

我会按照稿件的紧急程度和重要性，以及自己的提升计划等相交叉制订计划，每天按照计划做事，就不会出现拖稿，也不会出现"三天打鱼，两天晒网"的状况。当然，制订的计划不能太难或太容易，太难容易使人放弃，太简单又浪费时间，要难易结合，充分利用自己有限的时间，高效完成。

第二，用好错题本和素材库。

进行每章节的学习时，我都会对兔妈的点评做笔记整理，形成自己的错题本反复看。自己写完文案，也会用错题本去自检，不断地告诫自己，每一步要注意什么。比如，在写产品卖点的时候，兔妈告诉我要用FABE法则去表达，我写完就会去自检，看是不是用到了这个法则，客户最在意的获得感有没有表达出来。另外，我会按照写文案的技巧去做笔记的分类，主要有畅销、竞品对比、借势权威、用户案例等，细化学习文案的技巧。

除此之外，我也会严格按照兔妈教授的方法做好素材整理，按照推文的核心点和素材来源划分素材库，主要有用户分析、痛点挖掘、秒懂卖点、标题、开场、激发欲望、信任背书、引导下单，以及公众号关键词清单、聊天启发等。

每当我写文案卡壳的时候，我就会去翻找笔记和素材库，总能从中找到好的灵感。所以，每次写的文案基本都是一稿过，客户对我也非常满意。与我合作的一个客户，很满意我的稿子质量，并邀请我参与她的小红书项目。

第三，多拆解优秀案例。

在没有跟兔妈学习之前，我自己也在坚持拆解文案，但拆解的效果并不明显。系统学习后，我才发现自己陷入了两个误区：第一个误区是只看表面套路，忽略底层逻辑。我拆解的时候，只简单分析每一段用到了什么套路，常常是我刚拆解完一篇减肥的文案，但要让我写一篇减肥的文案，我还是写不出来。第二个误区是误以为拆解等于模仿，盲目记句式。我练习拆解的时候，经常会有一种感叹："怎么她能写得这么好，为什么我写不出来呢？"所以，我就刻意背诵句式，然后在写文案的时候生搬硬套，短时间内感觉进步还挺快，但因为我没有理清文案的脉络，所以我一直都写不出逻辑清晰、说服力强的文案。

后来，跟着兔妈系统学习以后，我才发现真正有效的文案拆解是按照卖货文案的逻辑来做拆解的，先是标题，再是开场，然后是证据链和促成部分，最后还要进行总结。每拆解一个知识点，都要学会举一反三，带入自己的行业，举例练习。

比如，80% 的文案人都觉得开场是最难写的，那我们拆解开场的时候，就要思考开场是如何吸引用户注意和产生兴趣并快速切入主题的。这里有两个要点，首先如何吸引用户注意，是用新闻事件还是用明星消息，

239

以及如何从新闻和消息快速、巧妙过渡到主题。其次要看看主打的痛点是什么，有没有用热点来激活痛点，用到了什么热点。痛点的拆解又有两个细节，第一个细节是痛点是如何表达的？是用了负面场景，还是用户画像故事，有画面感的动作词；第二个细节是痛点不解决的严重后果是什么。

按照兔妈的方法坚持拆解文案，我的文案功力提升很快。对于什么产品应该要打什么痛点、用户群的核心痛点是什么，都能够精准地把握，更重要的是当我写同类产品推文的时候也有方向了。

最后，我也给那些想要通过卖货文案实现副业增收的人一点建议：跟一个有成就的人学习。关于这一点，我是非常有发言权的，文案学习是"努力＋反馈＋复盘"的闭环。其中，反馈是重中之重，这点我深有体会。我自己学习文案两年，也没有大的突破，跟着兔妈学习几个月，就有了收获，为什么？因为每次练习后，兔妈总是能给我高效地反馈，我能清楚地知道自己的问题出在哪里。现在，遇到一些棘手的问题，我还是会找兔妈帮我解惑，总是会有新的收获和启发。

案例三：高中没毕业的宝妈靠文案逆袭，从比稿被拒到被追着约稿，稿酬涨 15 倍

大家好，我是兔妈的徒弟团子麻麻，一个生活在三四线小城的全职宝妈。作为一个没资源、没人脉、没学历的普通宝妈，从来没想过有一天能够靠文案实现自己的人生价值，每个月能有 3000~5000 元的稳定收入。一篇短视频脚本的稿酬从 100 元涨到 1500 元，涨了 15 倍。

很多人好奇我是怎么在短时间内实现文案变现的，下面分享下我靠文案快速成长的经历和心得，希望对你有启发和帮助。

高中没毕业的我，为什么坚定要学文案

我从小生活在农村，在镇上读高中，因为成绩不理想就辍学外出打工。工作 5 年后回老家结婚生子。2018 年女儿团子出生后，我当起全职宝妈，老公一人负责赚钱养家，他是一名普通工人，有娃后日子过得紧巴巴的。所以，我就萌生了找一份兼职工作的想法，想一边照顾娃一边赚点零花钱。我开始在网上浏览各种兼职信息。2019 年，我在公众号上经常看到一些投稿信息，300~500 元 / 篇。虽然没有写作经验，但我太渴望有一份收入了。我开始付费加入一些情感文写作和新媒体写作社群，学了七八个月，我写的稿子不是被拒，就是只有几十元稿费。

难道自己辛辛苦苦写的文字就值这点钱吗？我不甘心。有一次，我在朋友圈看到兔妈 3 天文案课的海报，我了解到兔妈和我同样是宝妈，但兔妈一篇文案能为商家带来上千万元的营收，稿费 5 万元起。我不淡定了，决心跟着兔妈学习卖货文案。很幸运，经过层层选拔，2020 年 1 月我正式成为兔妈的徒弟。

在这半年的学习中，我非常努力，作业不合格时，也会经过兔妈的指点一遍遍修改。有时候为了一份作业要语音通话半小时以上来沟通修改，这样反复三四回，我才能写出一段像样的文案。兔妈非常注重细节，有时候因为一个用词不恰当，我们会讨论 5 分钟甚至更久。兔妈的一丝不苟，让我对文案有了更多的敬畏之心。在之后写文案的过程中，无论是一个词，还是一个字，我都会反复推敲。因此，我的文字也越来越值钱，不到 3 个月的时间，千字稿费从 300 元涨到 1500 元。

我是如何快速提升写文案技能的

我相信很多人像我一样，听完课觉得会了，但一写就废。为什么别

241

人学完能吸收老师讲的 80% 的内容，并且运用自如，而有的人学完一个星期就忘了？兔妈告诉我，根本原因在于学习方法不同。大多数人听完课的第一个动作就是记笔记，无论是用思维导图，还是用 Word 笔记。大多数人写完笔记后，很少再去翻看复习。

如果我们想真正掌握学习的内容，除了记笔记，更重要的是刻意练习。只有不断刻意练习，写文案水平才会越来越高。如何进行刻意练习呢？最高效的方法就是拆解。

关于拆解，我刚开始也走了很多弯路，以为把文案大纲提炼出来就可以了，再拆解一些语法和句式。但是每次拆解完，我还是写不出来好文案，包括我身边很多学文案的人，他们的拆解也都是止步于表层，并没有深入探究底层逻辑，结果辛辛苦苦拆解 100 篇文案，却依然写不出一篇好文案。

兔妈说："拆解文案，要像庖丁解牛一样找到底层逻辑，才能还原作者的脑回路，知道作者是如何构思、如何下笔的。"按照她的方法，我终于掌握了高效拆解文案的正确方法。

我举个例子大家就都明白了，有一个带货短视频，内容是一本关于教育孩子钱商知识的书，标题是："哭穷教育让我从小自卑，步入职场仍抗拒社交，你有类似的经历吗？"对这个标题，我们该如何下手去拆解呢？

我相信大多数人都会拆解出一个句式：……你有……的经历吗？事实上，作为职业文案人我们要拆解 3 点，分别是：

第一点，底层逻辑。这个标题针对的用户是"90 后"或者"80 后"的宝妈宝爸，小时候父母对我们的教育方式大多数都是"哭穷教育"，这里的"哭穷教育"和带货的"钱商教育"形成反差对比。哭穷教育会带来哪些问题呢？首先是导致孩子自卑，这是对性格产生的影响。长大成人后痛点升级，带入生活场景——职场。在职场中带来的严重后果就是抗拒社交。"你有类似的经历吗？"通过互动，引起用户的情感共鸣，同时激发用户的好奇心。

第二点，拆完文案后，我们还要去提炼标题模板。这个标题模板是"普遍痛点事件 + 导致严重后果 + 你有……的经历吗？"

第三点，用提炼的模板进行举一反三。当模板提炼出来后，我们可以把自己带货的产品代入进去拟一个标题。比如带一本小学生时间管理的书籍，我们可以这样起标题："孩子写作业磨蹭拖拉，高年级孩子再不集中注意力很难考上好大学，你家孩子是这样的吗？这里"孩子写作业磨蹭拖拉"是大多数小学生都有的非常普遍的痛点问题，这个问题导致的严重后果就是孩子将来很难考上好大学，最后引起共鸣"你家孩子是这样的吗"。

每次我们拆解完一篇文案，无论是标题还是段落，都要反复练习，这样才能提高写文案水平，提升文字表达力。

当你能写出一篇 80 分的文案时，如何跨出第一步实现文案变现呢？这是大多数文案人最关心的问题。其实，这个时候的重点是昭告天下，让别人知道你会写文案，要打造个人品牌影响力。

靠这两大绝招，使文案持续变现

很多人觉得打造个人品牌影响力很难，但我只用了两招，效果就很好，分别是：

第一招，隐性成交术。

首先，要打造你在文案方面的专家人设。打造文案专家形象最重要的渠道就是朋友圈。运营朋友圈是一个养客的过程，如何养客呢？很简单，在朋友圈持续输出价值，目的是赢得潜在用户的信任。输出什么呢？

可以是文案知识点、看书的心得体会或者文案拆解干货。这些内容都会让别人觉得你在文案方面很专业。

我通过坚持输出文案干货，才有了客户主动找上门。还有新加的好友看到我的朋友圈后，立刻跟我谈约稿合作。

如何挖掘可以输出的朋友圈素材呢？每天更新 2~3 条与文案相关的内容就可以了。比如看书时对其中某一段话的总结归纳、心得体会，或者对一小段文字的拆解。目前，我的朋友圈素材来源主要就是这两个地方，还有我帮客户修改文案时的一些感悟和体会。有些从来没和我说过话的好友，看到这些内容也会主动找我约稿，或者咨询一些与文案有关的问题。

第二招，高效拓客术。

拓客就是引流，如何高效拓客呢？答案就是混社群。

混社群很多人都在做，但效果都不太理想。大多数人进了社群就潜水，想在群里说话又不知道说什么。我曾经也付费参加过很多社群，总觉得自己技不如人，不敢表现自己，一直沉默不语。时间久了，我发现不但浪费金钱，还浪费时间。为什么不把社群里的潜在用户引流到自己的微信上呢？当我明白这一点后，就开始积极混社群，并且找到了很多长期合作的客户。混社群主要注意 3 个细节：

第一，混社群要有用户思维。当我们不再沉默后，要开始积极在群里发言，帮群主活跃气氛。

这里的用户思维，其实就是利他思维，想群主所想，为群主做一些力所能及的事情，主动承担责任，在自己能力范围之内主动帮助他人。不要怕麻烦，只有这样别人才能看到你的文案实力。我就是因为主动帮助他人修改短视频文案，进而成为团队的文案导师，也收获了很多精准客户。

第二，跟群主搞好关系。当你积极帮助群主解决一些问题后，他就会对你产生好感和信任。这时候，你就可以请求他多给你推荐几个高质量社群，我相信他一定非常乐意帮助你。

第三，主动认识比你厉害的人。要敢于去加那些比我们厉害的人。刚开始我有点不好意思，但迈出第一步就会发现价值非常大。我会主动请教他们问题，之后给他发 30 元、50 元红包，以表示我的诚意和礼貌。因为大咖的时间更宝贵，他能回复一句就表示他是认可你的。而且通过与大咖搞好关系，还能获得他们为你赋能的机会。

学会这两招，我相信会有源源不断的订单向你涌来，成功迈出文案变现第一步。最后，作为一个过来人，我也给想要学习文案的新人 3 个建议：

1）快就是慢，慢就是快。掌握文案这项技能没有捷径，只有多看、多拆解、多练习才能写出让用户忍不住下单的文案。这个过程非常考验一个人的耐心和毅力，那些坚持下来的人基础并不一定是最好的。但只要他们一直重复做这件事情，1 个月、3 个月、1 年后，你会发现自己进步神速，客户追着约稿。

2）想变现没错，但要对得起客户。很多零基础新人，学完文案后就想立马变现，如果是自己的产品可以拿来练手，看看用户的反馈。但如果给客户写，就一定要把基本功练扎实。只要基本功练好了，写得文案不会太差，你才会有源源不断的订单。否则，你写的文案一团糟，客户不满意，就是搬起石头砸自己的脚。所以，平时一定要刻意练习，提升基本功。

3）持之以恒，才能达到理想的高度。如果你想成为一名优秀的文案人，一定要踏踏实实地在文案这条路上走下去，把它变成你的终身事业。只有这样，你才可能成为真正的文案大咖。

案例四："90后"职场新手，6个月从人事转行文案，涨薪50%！她有两点实操心得

大家好，我是闯闯，现任广东一家电商公司的资深文案，中标过世界500强的文案竞标项目，也是微信生态排名前三美妆品牌的长期合作写手，很高兴给大家分享兔妈和我的文案故事。

在很多人看来，我在文案领域算有点成绩，应该在这行深耕了很久。但你知道吗？在接触文案之前，我是零基础的小白，先别惊讶，给你分享我的两点实操心得，你也可以做到。

不想当职场"小透明"，文案照进了一束光

两年前，我还是一家小公司的HR，行政、人事一把抓，每天被呼来唤去，拿着几千元的工资却不敢辞职。更扎心的是，我在家也是小透明。"你怎么这点小事都做不好""你看看弟弟怎么做的"这些话我从小听到大。不甘心的我开始琢磨副业赚钱。开始在朋友圈做微商，单子没多少，却被朋友屏蔽了。看着别人在头条写文章月入过万元，咬牙报名参加了写作训练营，偶尔接个比稿任务，写2000字的文章，中稿了也只有30元稿费，学费都赚不回来……

这时，迷茫又焦虑的我知道了卖货文案。别人一篇几千字的文案，就能把产品卖爆，稿费上万元！难怪大家都说好文案是"印钞机"。于是，满怀期待的我买了很多文案书，记了很多句式，但都是"照虎画猫"，没有找到感觉。直到朋友圈有人介绍了兔妈，我报了她的私教课程，开始系统地学习文案。才学了两个月，在兔妈的推荐下，我接到了第一个文案单子，稿费有600元！激动的我回信息的手都在抖。更让人高兴的是，客户对文案很满意，让我兼职打理其公众号，每月固定供稿4篇，每篇给

400 元，一个月多赚 1600 元，一年能多赚 2 万元。

然而，没开心多久，我上班的公司却倒闭了。不过，区别于同事们为失业而感到焦虑，我因为早早学了文案，顺势转行在一家电商公司当文案人员，工资比原来还高。这也算是因祸得福了吧。

在兔妈的指导下，我的文案越写越顺手。新岗位一个月转正，第三个月被任命负责公司的年度项目；第五个月，我负责了世界 500 强的竞标项目文案，还中标了！并成为公司的卖货文案担当，开始带新人。稿费也从每篇 600 元涨到现在的 2000 元，实现主业和副业两开花。

掌握这两点，零基础也能搭上文案变现快车道

有朋友问我："学文案的人这么多，为什么你能快速做出成果？"这里我想和大家说几句心里话："不是我厉害，而是我掌握了正确的方法。"复盘自己的成长过程，我认为最重要的是以下几点，希望对想要进入文案领域的朋友有所帮助。

1. 付费学习：把别人走过的弯路，变成自己向上的台阶

如果你不了解一项技能，那最快学会它的方法就是向已经掌握技能的人学习。因为别人的成功经验你可以复制，就绕开了很多弯路。但教文案的老师那么多，怎么找到好的老师呢？刚开始选择老师我也很盲目，也走了一些弯路。不过我也总结了一些找到好老师的技巧。

首先，老师必须是实战派的。这样的老师持续在行业深耕，从 0 到 1 做出成绩，早早把每个节点上可能会遇到的困惑都经历了一遍，自然能成为你前进路上的灯塔。

怎么找到实战派的老师呢？有 4 个小窍门：**第一，看老师的实际操盘的成绩**。比如一个单品卖了 2000 万元销售额，一晚卖空 3 万件库存，

这些好成绩就是老师水平的有力证明。头衔可以骗人，但真实的数据和案例不会。**第二，蹲点观察**。现在信息发达，可以关注老师的朋友圈、视频号、直播等，先听听他的日常分享。如果他的分享没价值，说的多是别人的成绩、别人的观点，你可以判断这个老师是个理论派，没有太多自己的干货。在报名兔妈的课程前，我就在她的朋友圈、知识星球默默观察了一段时间，我发现兔妈坚持日更，为人靠谱，教的方法也很实用。**第三，巧用答疑**。有些老师会在直播间设置答疑环节，这时你可以抓住机会提问。这种现场提问的机会很难得，就像是私教日常的一对一答疑，很考验老师的能力。如果老师能现场一针见血地指出你的问题，还能给出实用的建议，很可能是个有料的实力派。**第四，教学方式**。学好文案的关键是掌握文案的底层逻辑，好老师会把它掰开揉碎教给你，而不是仅停留在句式的表达上。刚开始自学文案那会儿，我每天花 2~3 个小时记句式、抄爆文，感觉自己懂了很多，但有一次在淘宝找了一款洗面奶想练手，结果憋不出一个字，后来看了几篇洗面奶的爆文再写，写出来的文案就像是这写爆款的复制品，只是换了个产品名字，根本不得其法。这一波瞎琢磨，其实只是自我感动，写文案的水平依然没有提升。

后来跟兔妈学文案，我开始总抓不准用户最关注的点。有一次写补水精华，描述缺水的皮肤，用的是"就像往气球里灌满水，虽然扎紧了口，但水分还是会流失"的比喻，兔妈及时地给我纠偏：提到皮肤很难让人联想到气球，而且只要气球里有水，无论多少，气球都是弹弹的，这个比喻和缺水的皮肤不吻合。试想一下，缺水的皮肤像不像葡萄干？水嘟嘟的皮肤像不像水灵的新鲜葡萄呢？我的第一反应是"这个比喻简直太形象了，我怎么就想不到呢？"这还没完，兔妈后面还提炼了写这类产品的几个注意点，干货满满。所以，好老师不仅能一针见血地纠偏，更会站在用户的角度，用让用户秒懂的方式进行表达，给你讲透用户底层的消费逻辑、消费心理，从是什么上升到为什么的思考层面。授人以鱼不如授人以渔，好老师就是那个手把手教会你打鱼的老渔夫。

2. 高效而可怕的勤奋

师傅领进门，修行靠个人。为了快速掌握写文案技能，还需要勤奋。但勤奋也讲究方法，低效的勤奋只能感动你自己，效果有限。我们要学会高效而可怕的勤奋。在这里分享一下高效勤奋的几点心得：

第一，妙用番茄钟。 每天保证至少两小时的文案学习时间。对于上班族来说，坚持每天抽出两小时并不是一件容易的事。我是怎么做的呢？早上先把当天的学习计划写在便签纸上，以便提醒自己。但有时坐在电脑前，就开始玩手机，磨磨蹭蹭不执行计划，所以我会先打开番茄钟，设定 25 分钟学习加 5 分钟休息的节律，然后戴上耳机，投入学习，听着番茄钟里的滴滴声，人也更容易专注下来，而且番茄钟采用的是倒计时模式，想偷懒的时候看看，还有几分钟就能休息了，更容易坚持下来。最后划掉已经完成的任务，你会觉得很有成就感。

第二，巧用手机 App，打造自己的私人知识库。 都说学习要死磕，但用科学的方法自然事半功倍。我会把课程中重要的知识点做成卡片，方便在手机里随时查看。强烈推荐 Anki 这个 App，卡片正面是问题，再点一下反面出现答案，平时坐车、坐地铁的时候刷一刷，知识点就巩固了。而且它是根据艾宾浩斯遗忘曲线设计的，你可以把答错的问题设置为 10 分钟内反复出现，多刷几遍，直到印象深刻，而掌握的知识点可以设置为过两周、1 个月再出现，方便巩固。

第三，反复练习。 为了掌握核心知识点，我还会找不同的产品来练手，直到完全掌握，才能推进到下一课。比如学文案，找用户痛点是重中之重，我会先找一款中老年人止痛贴来做练习，这些老人会有什么痛点呢？联系他们的生活场景，比如阴雨天风湿发作，腿疼得整晚睡不着，想帮忙接孙子却有心无力。然后，再换一款纤体霜，思考需要减肥的人有什么痛点呢？夏天来了，别人都是短裙背心，自己的衣柜清一色都是黑色 T 恤，小肚子上一抓一把肉，牛仔裤穿成了紧身裤。不同产品，针对的人群不同，挖掘的痛点自然也不一样。通过针对不同品类的反复练习，才能更好地夯实文案基本功。

第四，设置弹性最小目标。给自己定一个"50 字 OK 日"。什么意思呢？如果遇上出差、生病这些特殊情况，实在没办法完成两小时的学习，我会给自己调整一个最小目标，比如"这天只要写够 50 字，就算完成任务了"，这个看起来非常简单的任务，却让我保持了每天学习的习惯，同时产生了"今天也完成了最小目标"的心理，不会因为没有完成大目标而觉得愧疚，产生内耗情绪。

总之，学习一项新技能，找到好的老师，掌握正确的学习方法，再加上高效勤奋，结果都不会太差。与君共勉！

案例五："90 后"奶爸用文案撬动社交电商，单场招商 300 多名店主的实操心得

大家好，我是兔妈的徒弟文将军。一名互联网创业 5 年的个体创业者，某教育平台优秀合作伙伴，某社交电商的团队长，兔妈文创的金牌教练。

通过学习卖货文案，我的业务能力不仅得到了快速提升，收入也有了明显的增长。尤其是在个体创业，切入新项目快速起盘时，卖货文案给

我帮了大忙，助我直接实现了精准引流粉丝近 1000 名，单场招商 300 多人的小成就。下面我将分享我的文案成长之路，以及用卖货文案进行社群招商的经验，相信能给你一点点启发。你会发现文案就像是事业大厦的地基，你把基建做好之后，在上面建什么项目都可以。

靠卖货文案思维助力项目，成功引流粉丝近 1000 名

我的本职工作是帮某平台拓展客源。近几年，拓客成本逐年上升，拓客也越发艰难，为了突破事业瓶颈，我开始研究市面上的各种引流方法，最后发现引流能否成功的关键还是要看内容有没有吸引力，也就是文案功力。于是，我开始学习文案写作。网上、线下的文案课我都学过不少，钱也花了不少，笔记也做了，自认为对文案理论熟记于心，但一旦要动笔，还是毫无头绪，根本写不出来。

直到一次偶然的机会，我遇到了兔妈，她不仅帮我脱离了写不出来的窘境，还细致地指导我成功撰写出能直接赚钱的引流电子书，并引流近1000 名粉丝，实现项目的突破。

一篇演讲稿成功招商 300 多名新店主

2021 年我遇到一个新项目，因为有了卖货文案思维，再加上兔妈的贴心指导——专门找了招商推文以及结合了行业优秀的案例给我做参考，我成功梳理出自己的招商演讲稿，最终招商率达 10%，并从 30 多万店主中脱颖而出，晋升为千分之一的团队长，提升了团队的整体收益。

接下来，我结合这个案例，重点分享一下如何用卖货文案思维梳理出一篇实用的招商演讲稿。

我发现兔妈总结的卖货逻辑像是万能钥匙，哪里都能用上。我的这篇招商演讲也是用卖货逻辑去打造的。

什么是卖货逻辑呢？其实就是用户购买认知决策的五部曲：确认身份——认知竞品——产生信任——主动拔刺——决策成交。除了卖货逻辑，还有一个核心思维——用户思维。具体怎么用呢？看完下面的分享你就明白了。

首先是开场。这里我把确认身份跟认知竞品结合起来运用，形成了开场。好的开场直接决定了一场招商演讲的效果，那么，如何打造好一个好的开场白呢？除了常规的问候破冰，更重要的是你要抛出能吸引用户听下去的主题，那什么内容能吸引用户呢？就是说和用户有关的内容。所以，我们需要先思考清楚目标用户是谁，他们想听什么、想要什么，才能投其所好，说他们喜欢听的。

运用兔妈教的分析用户的方法，我很快找出目标用户人群以及常见痛点。通过分析发现，现在是副业刚需的时代，用户都想找一个能赚钱的项目，这是大家的需求。我花了一周的时间，梳理了市面上比较热门的项目，发现很多项目需要买个大礼包作为开启运作的门槛，很多项目其实就是赚门槛费的，是"割韭菜"的项目。还有些项目宣传得很好，但实际上并没有强大后台做支撑，做不长久也赚不到钱，甚至会亏钱。用户不懂项目评估，被"割韭菜"、踩坑掉坑、赚不到钱是用户的常见痛点。用户有需求又有痛点，缺的是什么呢？缺一个真正的好项目，但什么才是好项目呢？用户并不懂得具体判定。接下来，我用教用户评估一个项目好坏的方法作为理由，吸引用户继续听下去。

比如我说，现在市面上的很多项目都是"割韭菜"的项目，如果不懂得评估项目的好坏，很可能会掉坑里，评估一个项目的好坏其实有一套标准，按照这个标准给项目打分，满分为 100 分，至少超过 70 分以上再考虑参与。接下来我就结合这个项目给大家分享怎么评估一个项目的好坏，怎么样能够避免踩坑。在这里，我不仅用痛点成功吸引了用户的注意力，也很好地打造了我的专家人设，让别人觉得我很专业，而且非常真诚。

总结一下，我的开场主要由三部分组成：问候破冰＋戳痛点＋预告收获。在开场部分，我还为后面推荐项目埋下了伏笔，在产生信任部分就可以顺其自然过渡到项目。

接下来，是招商演讲的中场部分。这部分的核心是如何赢得用户的信任。

很多时候招商结果不好，本质上是没有在用户脑海里建立充分的信任。在社群里，大家一开始对你是不了解、不信任的。如何建立初步的信任呢？给大家分享一个兔妈借势权威课程里的方法，就是自我赋能，树立专业形象。如何自我赋能呢？自我介绍这一个环节很重要。

在自我介绍时，一定要重点突出自己的成果，把成绩晒出来。晒成绩有两个作用，一是有成功案例为这个项目做背书；二是证明了你在这个项目上是有实战经验的，可以带大家一起干。

如果刚做项目不久，还没有很好的成绩怎么办呢？可以晒一些你以往在其他领域做出的成绩，你的实力可以在这个项目上得到证明。比如我就把自己曾经在社群方面的成绩晒出来，把卖货文案的专业度展现出来，建立用户对我的初步信任。

建立了初步信任后，就可以切入项目说明了。除了介绍清楚你的项目是什么，还要有充分的事实和证据，证明你的项目是个好项目。我是怎么做的呢？我围绕前面提到的项目评估的几个标准进行展开论证，分别从品牌维度、产品维度、团队维度、市场红利维度去分析，用具体的证据去证明我推荐的项目在这四个维度都是高分的，从而让大家得出结论，这个项目确实是一个好项目。

253

这里需要注意，除了介绍清楚项目的优势，还要把这些优势给用户带来的具体好处描述出来，让用户更好地感知到这些好处，这样他才会产生参与的冲动。

然后，是招商演讲的高潮部分。我用到了"主动拔刺"这个卖货方法。任何人听到别人给他推荐项目时，本能的反应都是抗拒，他会质疑、不相信。他们会想：项目是真的吗？合法吗？有什么风险？赚钱吗？为什么要现在干？为什么要跟你干？这些问题都会深藏在用户心里，不会显露出来，如果你没有解决这些疑问，后面的成交环节一定做不好。如何去解决这些疑问，并显得没那么突兀呢？

非常简单，用自身案例来说明。我就把自己做这个项目的经历讲出来，包括初期自己是怎么质疑的，用了什么方法去证实，后面结果又如何等，通过自己的经历把大家的疑问带出来，又用证据消除了这些疑惑。我特别强调自己刚接触这个项目时，也是和大家一样困惑，然后是什么打动了我。

最后是收尾部分，目的是引导目标用户做出决策。

当前面的环节都做好了，最后感召大家加入就顺理成章了。你只需要再次抛出用户加入后能享受的利益和好处，比如，能获得学习成长的机会、结识优质人脉、建立团队、抢占先机赚钱，再加上赠送限量的超值赠品等，促使用户马上做出决策。

总结自己的实战经验，我也给想通过文案拓展事业的伙伴几点建议：

1）不管做什么项目，卖货逻辑都是通用的，都是如何攻陷用户心智。前提是我们需要先建立正确、完整的卖货逻辑思维框架，这点非常重要。就像多米诺骨牌一样，如果中间有一块骨牌没有按正确的方向倒下，后面的骨牌就不会动。想建立系统、正确的卖货逻辑思维，最好是找有实战经验的导师辅助搭建，兔妈是我见过在卖货文案领域卖货框架最系统、全面的导师。

2）不要成为学习高手，而要成为实战高手。卖货文案是一种技能，不是学术，只有写出来了，才算真正掌握。想快速写出一篇优秀的卖货文案，离不开思考及实用的模板，兔妈提炼出来的很多模板和方法，拿来就能用，一用就有效果。多用多实战，你的写文案水平就会越来越高。

案例六：第一次写稿被客户骂"没法用"的她，6 个月稿费破 2 万元

大家好，我是木小棉，一名有着 8 年经验的文案撰稿人，也是兔妈的徒弟。2020 年年初，我加入"兔妈师徒陪跑计划"，开始跟随兔妈系统学习卖货文案。那一年，我经历了很多第一次：

第一次在兔妈的推荐下接单写卖货推文。

第一次帮客户把推文的打开率提升了 300%。

第一次用 6 个月时间赚回 2 倍学费。

第一次单月文案收入超过工资。

第一次有人要跟我学文案，还是来自字节跳动的大厂员工。

……

下面分享一下文案精进的心法和变现经验，希望能给到你一点点启发。

外企裸辞，我再也用不起大牌护肤品

你可能听过很多普通人逆袭的故事，我的经历正好相反。

曾经的我是个幸运儿，大学一毕业就进入了世界 500 强化妆品公司。在外企做白领，外表光鲜亮丽，可实际上工作强度和心理压力都很大。长期加班、熬夜，再加上频繁出差，一年之后，我因为身体吃不消决定裸辞。短暂调整之后，我回到老家，在某国企下属的杂志社找了一份编辑工作。虽然不需要"996"了，但收入却呈断崖式下跌，曾经用惯了的大牌护肤品，再也买不起。

不甘心一手好牌被自己打烂，我利用下班时间，开始尝试给各大时尚媒体投稿。靠着自己在化妆品公司积累的经验，三年时间，我从不知名的小媒体一路写到国内排名前五的时尚大刊，稿费从 30 元一篇涨到千字千元，合作的都是迪奥、香奈儿、资生堂这些一线国际大牌。

受新冠肺炎疫情影响，2020 年开始，品牌的媒体投放缩减，我的收入也再度下跌。强烈的危机感推着我去开拓新技能、新机会。

学习卖货文案，我打通了全新的技能点

跟随兔妈开始执行"师徒陪跑计划"后，我好像回到了学生时代：无数个夜晚，我一遍遍地听课、做笔记、写练笔、写反馈总结。不管是写作业遇到琢磨不透的问题，还是个人成长遇到卡点，兔妈都会给到对应的指导和鼓励。

三年时间，我从当初写稿被客户指责"没法用"，到现在写一篇长文案 2000 元起；我写的课程裂变文案，10 个人看了有 6 个人付款；分销招募文案，发出后 2 小时内首批种子分销商全部招满；新加的粉丝聊天 2 小时后转账 5000 元一对一跟我学习文案。

现在的我，靠文案每月平均收入 15000~20000 元。复盘自己的文案之路，我整理了一些"文案人成长变现攻略"，相信会给你一些启发。

零基础小白如何快速上手、打好文案基本功

很多人好奇，我是怎么做到如此快速成长的？

在跟随兔妈学习文案的过程中，我摸索出一套"两段四步"学习法："两段"分别是学习的两个阶段——输入和输出；"四步"，是在"两段"的基础上再细分为 4 个环节——听课、总结、练笔、教学。

1. 输入阶段：先听课，后总结

学习的本质，是把我们原本不知道的知识、技能"输入"大脑，然后在需要时"输出"出来。所以在"输入"阶段，我采取了先听课、后总结的方法。无论是视频课、讲义，还是书籍，第一遍先集中精神听课、阅读，紧跟兔妈的思路，掌握整体的知识概况；第二遍，一边听课一边做笔记，对干货进行逻辑归类，并且在做笔记的过程中加深印象。

说到做笔记，我喜欢用"幕布"这个工具，它能形成逻辑清晰的思维导图，帮助我建立框架式的知识体系。而且还可以导出图片，方便随时查看相关知识点。

另外有两个细节分享：其一，记笔记不要只记老师本节所讲的内容，相关的知识点、自己的延伸性思考、适合的案例，都可以记上。其二，记完笔记后，还可以在后续的学习中不断补充、完善。比如在读兔妈《爆款文案卖货指南》这本书时，在"爆款标题"这一小节的笔记中，我除了整理兔妈书中提到过的案例，后续还加上了一些自己觉得吸引人的标题，并进行了拆解，把笔记变成了一个"微型资源库"。

2. 输出阶段：先练笔，后教学

"书上讲的全懂，自己一写全蒙。"学文案如果不去实操练笔，一定不会有任何结果。

在跟随兔妈学文案的过程中，我认真完成兔妈布置的作业。对于有些重要章节，我甚至主动要求"加练"。每次兔妈批改完作业，我都会把兔妈的反馈整理标注在作业文档中，然后再进行修改。

比如，在一篇卖无叶风扇的推文练笔中，我开头就把无叶风扇和传统风扇做对比，说"传统风扇有危险，容易伤到小朋友"。但兔妈一针见血地指出："现在连农村的大部分家庭都安装了空调，为什么还要买风扇？这个理由不够充分。"这也让我意识到，写文案不能凭想象，要围绕用户，更离不开生活。

也因为有了"练习—反馈—修正—提升"的正向循环，我才能这么快速地成长。这是学习任何知识、技能的必要路径，也是我学习文案最大的体会。

除了实操练习和即时反馈的正向循环，还有一种重要的输出方式，就是教学。正所谓"教学相长"，一个知识点，你自己掌握了，还能给别人讲明白，能教别人怎么运用，才算真正学透了。所以，在接文案订单之余，我也开设了自己的文案课，在写讲义和批改学员作业的时候，其实也是一遍遍复习、巩固自己学过的知识点。

当然，在学文案初期，不建议采用这种形式。按照兔妈的方法，在朋友圈、公众号等渠道输出一些干货文，给文案学习者提供一些具体的、可操作执行的解决方法，同样能起到很好的效果。

接单不断、长期稳定变现的秘诀

很多想学文案的小伙伴都会问我：

小棉，你都是去哪儿找客户的？

小棉，你怎么保证手上一直有文案单子？

小棉，如果我跟你学文案，你会介绍单子给我吗？

据我了解，有文案需求的客户其实很多，他们大多是企业老板、创业者、营销负责人等，和文案人完全是两个圈子！这就导致了老板们苦于找不到好文案人，文案人发愁接不到单……

想打破这个局面也不难，就是从你遇到的第一位客户入手，把他服务好，让他对你认可、满意，然后给你介绍圈子里有需求的朋友。事实上，几乎我服务过的每一位客户，后续都帮我介绍了有文案需求的朋友，朋友的朋友再介绍，资源一下子又拓宽了。这也是我手上一直有文案单子的关键。

我是怎么做到的呢？答案是 4 个字：超值交付。

1. 3 个方面做到超值交付

让用户掏钱买产品的底层逻辑，是他觉得自己获得的价值超出了付出的金钱。服务客户也是同理。我会把提供给客户的价值细化为 3 个方面：

内容上超值交付。除了交付相应的稿件，我会尽可能地给客户提供一些营销、渠道方面的建议。比如，对做美妆产品的客户，我会推荐一些适合投放的大号，分享一些业内的调研数据或者其他品牌的营销玩法。

视觉上超值交付。曾经我以为，文案人把稿子写完交上去就可以，但兔妈却要求，写长文案一定要排好版再交付，因为这样才能让客户更好地感知整体效果。所以，现在我写卖货推文，在写好后都会用秀米精心配图、排版，然后再发给客户。用更高级的视觉效果给客户惊喜！

情感上超值交付。在我看来，和客户的合作不是"一锤子买卖"，写稿子，更要交朋友。所以我会常去合作过的客户朋友圈点赞评论，逢年过节发红包、发问候，对于长期合作的客户，我还会特意准备一些走心的礼物。一位做餐饮的老板，跟我合作超过两年，一直无条件信任我。过年的时候，

259

我就送了他一套寓意吉祥的装饰摆放在店面里，让对方惊喜又感动。

2. 打造个人品牌，学会自己"造血"

提到文案变现，很多人有个错误的观点，就是"坐等别人推荐客户"。如果你有这样的想法，很难实现稳定、持续变现。怎么办？

建议你先按照兔妈这本书里教的方法，打造自己的个人品牌，学会开拓自己的"鱼塘"，找到第一位客户；再通过超值交付服务好他，让他转介绍更多资源，之后循环这个模式。这也是我接单不断的秘密。

还有一点，就是要打造你自己的核心领域。比如，我在护肤美容知识、科技成分功效、消费者变美痛点、产品使用场景等方面有比较多的积累，再加上个人品牌形象和干货知识两个方面的强化输出，我就为自己打造了一个"美妆文案"的标签。无论是客户还是文案圈子里的伙伴，如果遇到有美妆需求的话，大家都会想到我、推荐我，这也帮我开拓了不少接单资源。但是，如果你刚开始学文案，不建议你把自己的接单范围局限在某一品类。记得要"先吃饱，再吃好"，当你有了能力和案例的双重积累，再去聚焦一两个核心领域，才有可能在细分赛道上领跑。

最后，我要再次感谢兔妈一次次的耐心指导点拨、一次次为我赋能，无以为谢，只有更加努力，对客户和学员更加负责，才对得起"兔妈徒弟"这个称呼。愿看本书的你能早日迈出文案变现第一步。

案例七：学好文案，打造个人微型商业变现闭环

我是房梓，拥有 10 多年策略文案、品牌营销实战经历，曾任国内十大营销策划机构资深策划，红星美凯龙品牌经理。在分享前，我先说下收获吧。

在参与"兔妈师徒陪跑计划"后，我成功拿下了前公司的业务，并通过朋友圈的影响，吸引了几个合作客户，每个客户的服务费都超过了 6 位数。

我做文案很多年了，也在广告公司待过，写了不少广告片脚本、软文广告、宣传手册等，文案涉及的品类，我几乎都做过了。接触的客户不少，但只有我自己知道，我的文案功底还缺少章法。在成为兔妈的学生前，我其实已经关注她近两年了。这两年，我看着兔妈通过文案帮助客户从百万、千万到积累上亿元的销售额，就觉得这种接地气、与市场接轨、有实实在在业绩反馈的文案，是我所追求的。

通过两年的观察，我发现一方面是兔妈有不断累积的真金白银的案例，另一方面是兔妈为人谦虚，明明做出了上亿元的业绩，但自己的文案课程推广却非常低调，不乱搞流量成交。特别是兔妈的文案私房课，不是每个人都能上的，要经过笔试、电话面试考核。就冲这一点，我就知道兔妈非常爱惜自己的羽毛，不为成交而成交。很幸运，我过关了，与兔妈结为师徒，开始一对一跟踪、系统、反馈式学习文案。

至于为什么要选择这种方式学习，我想反问大家一句：做文案的你，身边至少有一本文案书吧，但你的写文案技能精进了吗？后来我才知道，没有反馈的学习，都是浪费功夫。而兔妈的文案学习方式，恰恰是最有价值的部分，对于我写的每一个字，她都给予了反馈。她提出的修改意见有时比我写的文案都多。也正是在这样的反馈中，我的文案慢慢得到了正向的反馈。

第一个是公司里的反馈。我在给公司的课程产品写包装软文，需要放到新榜平台，当时公司的人几乎全票通过了我的文案。后来另外一个知识付费平台，因为看到我们的软文不错，说看了就想买，想分销我们的课

261

程。没想到我居然通过文案，拓宽了合作渠道。

第二个反馈是明显感觉自己在文案方面更得心应手、更自信了，这种是心理的自我反馈，因为得到了认可。

当然，还有意外的惊喜，在跟与公司合作的经销商多次接触中，我帮某位经销商想了一个很棒的主题文案，又顺手帮另一位经销商写了海报文案，两项都带来了真实的流量，后来这些合作商跑到我老板那边反馈答谢，其实这也为我后期离职还能拿下公司文案方面的业务做了很好的铺垫。

你做的每一个动作，都会在将来的某个时刻回馈你，而平时我们只需要磨炼自己的基本功。

我是如何用卖货文案思维拿下客户的？

文案的目的是什么？是卖货。那我们有没考虑过，如何将"自己"这个产品，卖给客户呢？

分享一个我如何用文案思维拿下客户的案例：这位客户来自朋友圈，是做健康类产品的。首先是了解客户需求，这跟我们在写产品卖货文时一样，先了解产品。接着，根据对方的需求，亮出与之需求匹配的优势亮点，让对方对我的能力感兴趣，这样为合作增加概率。通过一番沟通后，我发现对方就是想卖货，通过自身的短视频自媒体，还有部分合作商渠道。而我的优势是能写带货软文，有丰富的活动策划经验。但空口无凭，我们得摆出靠谱的证据。这里提醒下大家，日常工作要有复盘总结的习惯。我有一个公众号，放了一些作品，还有一些比较好的、数据可观的全流程复盘分享。

比如我在今日头条上真实的卖货数据截图，配上复盘文，完整展示了我的文案功底，以及我的逻辑思考力，这比单独拿出一个文案作品更有说服力，因为客户通过文案看到了我的商业思维。我在公众号的复盘分享，不仅是证据，也赢得了客户的信任。在分享公众号时，客户也顺带会查看公号里的其他文章，对方会发现，原来你一直在做文案、做营销策划，他会觉得你是专业的，以专业赢得信任。这也是兔妈说的"作品思维"。

做到以上这些事，还不一定能签下客户。如何快速、顺利签下客户呢？

我每次都会跟我的客户说："我在一段时间内只服务一个客户。"然后"无意"抛出其他客户的合作意向信息。比如"王总，不好意思啊，今天的时间有限，我们只能聊两个小时，因为下午约了 × × 公司的陈总见面。"

不过，我们要确保自己说出的每一句都是真实的，比如我是顾问式服务，没有成立团队，精力比较有限，真的是一段时间内只服务一个客户。

263

总结一下，根据客户需求，亮出自己独特的能力卖点，然后找证据证明自己，还要让客户相信你能做到，最后通过施压策略制造紧迫感，促进成交。

文案变现，得有打造个人品牌思维

想要文案变现，得让别人知道你是做文案的。

这里首先涉及的是个人职业定位问题，即不能频繁地换职业赛道，模糊别人对你的印象，别人对你的印象即是你的定位。谁会相信一个今天做文案，明天做销售，后天又去做运营的人呢？比如我进入职场后，虽然甲乙双方都做过，但一直在做市场文案的工作，这么多年来从未换过。时间长了，即使你的能力不是特别强，但别人一提到你，就会想到你是做文案的，有需要时，必然也是第一时间想到你。其次，坚持分享，展示专业性。自从加入"兔妈师徒陪跑计划"后，我也默默地开启了另外一个计划，就是每天坚持在朋友圈分享文案、营销策划、品牌方面的纯干货，有文案小技巧、营销思路、品牌见解，就连转发的内容也与此有关。这样不仅增加了别人对我的定位印象，更通过我原创的内容干货，展示了我的专业性。这个每天在朋友圈分享干货的计划，我坚持了一年半后，签了第一张 6 位数的单子。

坚持分享，就有收获。做个人品牌，讲究长期主义。当然，想要做个人品牌，每个人都应该去精进自己的文案技能。在这个网络发达的时代，离不开文案的表达，即使你是做直播、短视频，哪个不需要文案脚本？好的文案，让你打造个人品牌成功了一半。

给文案新人的 4 点建议

写文案不是一个会马上见效的活，即使是老练的文案人，也不能保证每次都出爆品。

单纯写文案枯燥无趣，尤其是在看不见市场数据反馈时，甚至有时还会觉得，写文案就是码字，只要会写字，任何人都可以做。也因此，很多文案新人因为看不到价值，产生自我怀疑，甚至对自己的职业前景感到迷茫。

文案新人如何突破迷茫期，从菜鸟进阶到高手，成为不可替代的人。作为过来人，我虽然还没通过文案实现财务自由，但以收费 6 位数的经历，有几点建议想跟大家分享：

1）摆脱新人的身份，最快的方式是找一位靠谱的文案老师，最好能以一对一的方式辅导。跟有结果的人贴身学习，才能有针对性、有计划、有步骤地消除你的盲点，放大你的优点，让你尽快摘掉新人的标签。

2）先去乙方锻炼，因为乙方服务不同行业的客户，可提供大量的锻炼机会，思维也不会局限在单一领域。比如你将 A 行业经验跨界应用到 B 行业，也许会带来不一样的效果。

3）尽量去一线市场感受销售的战争，这是看文案是否有效果的最快反馈方式。比如公司要做一个活动，发海报引流，可以多试几个版本，看看哪个海报引流效果明显。淘宝详情页的转化率、今日头条上标题引发的点击率、朋友圈的点赞和评论量，都能直观反映文案效果。

4）如果方便，可以自己尝试着靠文案做一些小生意。比如去分销一些产品，最好选择线上的不需要压货的虚拟产品，如课程、平台带货分销。今日头条有分销带货功能，试着写一篇书评看看能不能分销几本书；在新版小鹅通知识付费平台，试试看能够卖出几份课程。甚至是现有的短视频平台，也可以分销平台的产品，看看能卖出去几件货。

总之，做好文案，得沉住心，刻意练习，最后用文案思维把自己"卖"出去。你发现了吗？学好文案，就等于完成了一个可实操、见效快的微型商业闭环，且人人可复制。

265

案例八：微商团队长用文案撬动百万元业绩，每月多赚 3 万元的实操心得

大家好，我是王玲，是兔妈的徒弟，也是一名微商团队长。我通过将文案运用到互联网上，成功吸纳上千人加入个人社群，做微商 6 个月创造 300 万元业绩，单月纯利润曾超过主业年收入。

如何靠文案变现？如何靠文案实现微商业绩的大幅增长？下面是我的文案进阶之路和两大实战建议，希望能给你带去一点点启发和灵感。你

会发现，掌握正确的卖货文案方法，提升产品销量，实现文案变现，并没有你想象得那么难。

我邂逅文案的经历

大学毕业后，我进入了一家 IT 公司，专心做技术，从没想过还能靠文字变现。

可能你会觉得奇怪，IT 和文案完全是八竿子打不着的两个领域，为什么我要学文案呢？四个字：副业变现。

2019 年，爸爸确诊狼疮性肾炎，那段时间孩子也反复生病住院，老公的餐馆也难以为继，被迫关门……

我每个月 6000 元的工资，都还没捂热，就交了住院费，甚至要靠信用卡和借钱支撑。经济的压力，让我顿感无助。没资源、没人脉的我能想到的最好方法，就是做一份副业，多一份收入。做什么呢？正在我迷茫无措时，我认识了兔妈，了解了她的励志故事，我大受鼓舞，同时我也意识到卖货文案的重要性。于是，我果断联系兔妈，成为她的私教学员。

我按照她制订的学习计划，练习文案。每次写完作业，她都会非常细致地给我点评，我问一个问题，她能用十条语音分析解答，不仅把问题解答得明明白白，还把背后的逻辑诠释得清清楚楚。慢慢地，我也开始体验到卖货文案带给我的惊喜……

首先，我收到人生中的第一笔能带货的文案稿费——600 元。虽然并不多，但这意味着我正式迈出了文案变现的第一步。接着，我收到第二笔、第三笔……

同时，文案还帮我解锁了其他技能，让我获得了更多机会。因为优秀的文案力，我成为一名"朋友圈营销老司机"社群的采访官；因为写出优秀的卖课文案，我获得免费进群学习摄影技能的资格；因为用心和有实力，还有优秀的文案表达力，我吸纳上千人进入我的卖货社群⋯这种感觉真的太好了，不过真正让我把卖货文案发挥到极致的，是微商卖货实战经历！

我是 2019 年 4 月末开始做微商的，5 月正式起航，5 月 13 日卖出我的第一单 7000 多元。5 月末业绩突破 10 万元。6 月份，我不仅有了不少零售顾客，还吸引了更多人跟着我做微商，组建起自己的团队。7 月份，我的业绩做到了 75 万元⋯⋯半年时间，我的业绩接近 300 万元，产品也做出了不同的矩阵，级别从最低升到了最高。记得在 12 月的某一天，产品零售、招代理商以及公司奖励的收入，抵得上曾经上一年班的工资。

你可能会好奇，我是怎么做到的，我是如何从一个微商小白成长为半年业绩 300 万元的团队长的？下面给你分享我的两大实战心法。

两大实战心法，半年业绩做到 300 万元

1. 用文案发朋友圈，提高零售业绩

对微商来说，发朋友圈是一项核心能力。朋友圈发得好不好，直接关乎产品的订单量。很多人发朋友圈，就是复制上级代理或者同行的文案，直接说产品有什么卖点，有什么优势，非常生硬，效果自然不会太好。而我每次发朋友圈，都会去思考：我们的目标客户是谁？他们的需求和痛点是什么？为什么从"我"这里买这款产品？这也是卖货文案的基本功。

这让我的朋友圈没有浓浓的广告味，显得更走心，转化率也高出同行 2~3 倍。最好的成绩是一条朋友圈文案产生了 12.5 万元的业绩，真正打造出了一个能创收的朋友圈。具体怎么做呢？

（1）用文案解决产品是什么的问题

先罗列产品的卖点，再提炼核心卖点。以我做的减肥产品为例，朋

友圈产品文案以阐述减肥、调代谢的核心卖点为主，调脾胃、祛湿补血等卖点为辅。除此之外，还会讲产品的原料组成、制作工艺、匠心迭代产品的故事等，让用户对产品更加信服。

（2）理清你的目标顾客是谁

想写出好的卖货文案，一定要做好目标用户分析。我们的产品单价比较高，如果目标都锁定在学生群体或者低收入人群，就很难出单。所以，我一开始就很明确，我们的文案是要写给有一定经济实力，想变美、变瘦的肥胖人士，或者虽然不胖，但追求更匀称紧致的体型、调理脾胃养气血的精致女性。锁定了目标客户，研究她们的所思所想，什么生活场景会触发他们产生想减肥的欲望，能做到有的放矢。让她们产生强烈共鸣"这说的不就是我吗"，然后对号入座，进而做出购买产品的行为。

（3）挖掘目标用户的需求、痛点，制造爽点

这个步骤要做得好，就要走到群众中去。我会经常去抖音、小红书、淘宝的评论区看减肥产品的评论，搞清楚目标用户为什么想减肥、减肥过程中最痛苦的事是什么。比如买的裤子拉不上拉链了，夏天想穿好看的衣服怕露出游泳圈，因为肥胖总被人取绰号而自卑，拍照永远不上镜等。而传统的解决方案——运动太辛苦，下班后已经很累了无法坚持。节食控制不住食欲，一味地节食还会导致营养不良。最后，用"痛点+场景"描写的方法写出她们的心声，激发目标用户减肥的欲望。

同时，还要为她制造爽点，也就是瘦下来的美好场景。这个做法就简单了，多用用户瘦身前后的对比反馈图+用户证言+憧憬或对比式文案凸显出来，让用户感觉用了这款产品，也能像别人一样拥有好身材。

（4）如何赢得用户信任

朋友圈的减肥产品那么多，用户凭什么要买这款？又凭什么要找我买这款？无信任不成交，所以赢得用户的信任，很重要。那么，如何赢得用户信任呢？我通常是用文案中的故事思维。除了讲产品的研发、匠心迭代、权威背书故事外，还有自己的瘦身打卡文案、用户的瘦身故事。无论你做任何产品，"你在用"并且"有效果"，是非常有说服力的。

打卡文案，通常是由"原来情况、表达需求（我要减肥或为什么要减肥）、分享收货、瘦身过程、展示最终成果"这几步构成，真实地呈现当初我选择这款产品时的谨慎态度、轻松减肥的过程，并在其中融入产品的卖点以及我对产品的喜爱、对结果的满意，这样的文案打动很多人主动找我下单。

除此之外，我还会发服务用户的聊天截图和科学的减肥知识，体现自己的专业服务能力以及对用户的用心、用户的满意度高，让用户下决心找我买。

当用户产生了信任想买产品，她可能还会有顾虑。比如哺乳期减肥会不会导致母乳减少、会不会不安全，或者家人反对哺乳期减肥。那么我们就要在朋友圈讲清楚，为什么哺乳期是减肥的黄金时间，且我们的产品非常安全，打消用户的顾虑。

把以上这些细节做到位，最后只需临门一脚。我通常会讲买减肥产品的附加值，让用户感觉找我买产品，结果一定是超值的，引导用户爽快成交。

不管你做的是什么产品，用以上方法来梳理，你就知道朋友圈文案应该写什么、怎么写，让你的朋友圈文案自动吸金。

2. 如何用卖货文案方法提升招商业绩

在微商中，招代理能让团队快速裂变，创造翻倍的业绩。怎么做招商呢？我通常有 3 个路径：社群招商、朋友圈发布招商文案、公众号长文案写个人的创业故事。由于篇幅有限，我着重来分享下朋友圈发布招商文案的写法。

想让一个陌生人把钱交给你，跟着你一起做生意，并不是简单承诺"这个项目能赚钱"就能打动人的。你必须有真材实料，不要藏着掖着，把这些内容通过文案表达出来，再配合各种聊天截图和海报等，全方位地摆事实、晒证据，才能吸引更多人加入。圈层主要包括：公司圈、老板圈、团队圈、上家圈、代理圈和个人圈，对应的内容分别是塑造公司合规靠谱；老板匠心做产品，愿意扶持代理；团队好；上家好；代理卖得好；自己选品谨慎、自用产品有效果、专业知识过硬、服务力到位，能帮助代理做出成果。

除此之外，还有一个非常重要、效果也非常好的方法：讲述自己加入代理前后的改变，讲述其他代理改变的故事。文案公式是：价格 + 代理现在的状态 + 代理之前的状态 + 升华。这种方法会让招商文案更有可读性，而且通过讲述自己和代理改变的故事，能引导想要副业创业的人行动起来。

注意，尽管朋友圈是做微商的重要输出渠道，但朋友圈的篇幅有限，很难把一件事讲透彻，这也是很多人会忽略的。怎么办？我的办法是：用长文案做补充。长文案要写什么呢？主要写自己当初代理这款产品的初衷、代理这款产品后的心路历程以及个人创业的故事。

我有好几个代理商就是读了我的公众号创业故事后，来找我买产品的，使用之后很认可产品的效果，又选择跟着我做代理。而今年还有人找我，就是因为她翻看了一位大咖的公众号文章，被我的故事吸引。所以，做微商一定要重视长文案，它能给你带来持久的影响力背书。

很感谢兔妈给我的引领，她至今都经常为我点评文案，让我的文案更吸睛和吸金。不管在哪个行业，卖货文案都能给你很好的助力，让你做得更好，机会更多，轻松领跑同行。最后，如果你想学习卖货文案，我也给你两个小忠告：第一，一定要找做出成绩的人学习；第二，要扎扎实实把它当成一项技能去修炼。想要学好文案，不是你简单看几本书、听几节课就可以了，你要多做刻意练习，坚持做刻意练习，才能做到"手到擒来"。

案例九："90后"职场宝妈用文案经营闲鱼副业，每月多赚5000多元的实操心得

大家好，我是兔妈的徒弟于蓝。在认识兔妈前，我唯一的标签是"90后职场宝妈"，而身份的转变是从遇到兔妈开始的。自从跟着兔妈学习文案后，在说长不长，说短不短的8个月里，我的转变有三个方面：

（1）在闲鱼的副业收入，超过了我本职工作的收入。

（2）从写作小白，变成上稿作者，拿到稿费，顺利开启写作副业。

（3）因为文案的加持，我成为某出版社的特约书评人。

学文案的初心

自我成长动机最强烈的时刻，是在成为妈妈以后，我想尽所能给孩子更好的生活，而文案是众多职业中主动性非常强的一项工作，不仅操作起来灵活，而且它的应用非常广泛。最吸引我的是，文案的市场需求非常大，卖货需要文案，朋友圈也需要文案，个人品牌的打造更是离不开文案。这两年，5G时代到来，写文章、拍短视频的底层能力，都和文案息息相关。

当我明确了要学习文案这个大目标后，我在知乎上看到一位拥有25K高赞的回答者，同时也是前奥美的金牌广告人关健明老师，他立马引

起了我的关注。随着深入了解，关老师总是提到一位厉害的文案人——兔妈。在联系上兔妈后，我并没有立马跟着兔妈学文案，而是每天关注她的动态，发现兔妈的朋友圈里全是干货文案，更重要的是兔妈的普通人通过文案逆袭的故事，深深鼓舞着我。365 天，兔妈的朋友圈干货文案从不会缺席，我当时就觉得兔妈靠谱，冲着这一点，我第一次给兔妈发信息，告诉她我想跟她学文案。

好教练是解决困难的关键

其实，在决心跟着兔妈学文案之前，我也尝试看过文案书，听过文案课，自己也练习过，但每次练习完都不知道自己写得怎么样。这也是学习文案过程中最大的困难。你不知道自己做得对不对，该如何提高。

最幸运的事情是，我遇到了一位特别负责，而且水平非常高的文案老师——兔妈。让我感到非常震撼的事是师徒陪跑的前三节课，我设想的任何文案技巧，兔妈一个没讲，只是让我踏踏实实学习文案的底层逻辑。这和我设想的完全不同。看我一脸懵的表情，兔妈告诉我："打好文案底层逻辑的基础，就抓住了文案 80% 的精髓。你最想学的文案技巧和底层逻辑比起来，只是锦上添花。"

这样的场景是我做梦都想不到的，只在电影中似曾相识，高人传授武林秘籍，往往就是意想不到的几招，好好练习，必有名扬四海之日。

在师徒陪跑中，对于每一次文案作业，兔妈都会一对一指导。她不仅会告诉我该怎么写，还会告诉我为什么要这样写，从而让我在一次次指导中，更清晰了文案的底层逻辑。兔妈反复叮嘱，一定要多拆解优秀的卖货文案，只要自己肯钻研，完全可以做到举一反三。正因为有了这样高效的学习，我才能在几个月后顺利拿到优异成绩。下面我着重分享一下，我是如何把卖货文案用到自己的闲鱼副业中的，每月多赚 5000 多元，希望对你有所帮助。

我是如何用文案思维，每月轻松在闲鱼多赚 5000 元

在跟着兔妈学习了卖货文案后，我直接把所学到的本领运用到了我自己的闲鱼商店里，并靠着这份副业，每月多赚 5000 元，赶超我的主业收入。在应用卖货文案的过程中，以下 3 点是最重要的，也是直接影响收入高低的核心影响要素。

1. 用卖货文案思维选爆品

很多人选产品都是拍脑袋选，这是大忌。事实上，爆款已经存在，你要做的是找到爆款产品，然后分析模仿。具体怎么做呢？很简单，盘点你从事的领域，搜索关键字。以我为例，我是一个有两岁孩子的妈妈，对母婴产品会更了解，我卖的产品大多也是母婴产品。当我搜索关键词"母婴"后，找到热门或者位置比较靠前的产品——一款奶粉袋。我就用学到的用户分析方法，去初步分析这款产品的目标用户及其需求场景，了解到很多宝妈带孩子出门的时候，都有一个普遍的痛点，就是带一大罐奶粉很麻烦，不带又没办法。用这个方法锁定了我的橱窗产品，它也成了我日后的明星爆款产品。

2. 优化产品推广文案，提升用户点击率

选到了好的产品，怎么更好地推荐给潜在用户呢？最重要的就是产品推广的标题。如果标题的文案没有吸引力，用户手指就会秒划走。即便你的产品再好，用户都没有购买的可能。毕竟有了点击率，才会有购买率。我是怎么优化产品标题的推广文案，来提升用户点击率的呢？

还是以奶粉袋为例，同一个产品，不同的标题，我发布了两个链接。标题分别是"妈妈们不知道这个外出神器，我会伤心"和"超好用的奶粉

袋,就在这里"。结果,第一个标题把我的奶粉袋送上了爆款明星产品的位置。

当时,我分析复盘"妈妈们不知道这个外出神器,我会伤心",这个标题的成功之处就在于,它精准筛选了目标顾客——妈妈们。而且我是以第一人称种草分享的,就像和小区的妈妈们聊天一样,让人觉得不像是讨厌的推销广告。而且"外出神器"这四个字,也激发了妈妈们的好奇心,"外出神器"到底是什么呢?所以,快速抓住了妈妈们的眼球,从而引导大家点开这个链接,进入产品的详情页。所以,再好的产品,也需要好文案的加持。

3. 用卖货文案提升咨询成功率

很多人在决心购买产品之前,都会问很多问题,刚开始我也有点抓不住重点,特别容易被别人的问题牵着走,白白损失了很多订单。

我就复习卖货文案底层逻辑,意识到用户决定购买每一款产品时,都会经过一系列的心理活动,这也是兔妈讲到的认知决策因素。

还是以奶粉袋这款产品为例,为了更清晰地掌握用户的认知决策因素,我先复盘了自己最初购买这款奶粉袋的心理动态过程以及考虑的因素。我第一次购买是因为外出需要,孩子小,短时间内就要喂一次奶粉,但是带着整罐奶粉太重、太占空间了,这很让我头疼,而且每次出门大包小包,非常不便,离我理想中的辣妈形象太遥远了,于是我就到网上搜索"便携神器",最终发现了这款奶粉袋,比对了几款类似的产品之后,发现它卫生又方便,而且还是大厂生产的,品质也有保证,当时还有一个优惠券可以用,最后就下单了。

想明白了我自己购买奶粉袋的底层逻辑,每次遇到宝妈用户犹豫要不要下单时,我都会说:"有了这款奶粉袋,你再也不用带着整罐奶粉,解放的不只是包包空间。整理好妈妈包，是成为智慧辣妈的第一步。"这样说，成交率基本在 80% 以上，屡试不爽。只要引发了共鸣，就很容易打动目标用户。

事实证明，卖货文案适用于各种商业成交场景。我希望自己总结的这三点实战经验对你有帮助。最后，如果你想学习卖货文案，我也给你一个小忠告，一定要多实操、多练习，只有练习才能把学到的技能变成自己的本领。